W0171602

Hanno Beck, Aloys Prinz
Die große Geldschmelze

Hanno Beck, Aloys Prinz

Die große Geldschmelze

Wie Politik und Notenbanken
unser Geld ruinieren

MIX
Papier aus verantwor-
tungsvollen Quellen
FSC® C014889

Bibliografische Information der Deutschen Nationalbibliothek
Die Deutsche Nationalbibliothek verzeichnet diese Publikation in der
Deutschen Nationalbibliografie; detaillierte bibliografische Daten
sind im Internet über http://dnb.d-nb.de abrufbar.

1 2 3 4 5   18 17 16 15 14

© 2014 Carl Hanser Verlag München
Internet: http://www.hanser-literaturverlage.de
Lektorat: Martin Janik
Herstellung: Andrea Reffke
Umschlaggestaltung: Hauptmann & Kompanie Werbeagentur, Zürich
Satz: Kösel Media GmbH, Krugzell
Druck und Bindung: Friedrich Pustet, Regensburg
Printed in Germany
ISBN 978-3-446-44031-9
E-Book-ISBN 978-3-446-44059-3

Inhalt

Statt einer Einleitung:
Was wird aus unserem Geld?

Schwer zu sagen, wann es uns das erste Mal aufgefallen ist, es kam eher schleichend: Bei Gesprächen mit Kollegen, Bekannten, Freunden, auf Partys, bei Vorträgen und in Vorlesungen – irgendwann bemerkten wir, dass immer die gleichen Fragen an uns herangetragen wurden. Freunde hatten ihr Haus verkauft und fragten uns, was sie nun mit dem Verkaufserlös machen sollten – wo könne man denn noch seriös investieren? Eine Kollegin hatte einen neuen Job angetreten – ob sie nun eine Lebensversicherung abschließen solle? Bekannte fragten, ob sie nicht lieber ihre Lebensversicherung verkaufen sollten. Oder zumindest beitragsfrei stellen? Die Fragen häuften sich: Soll ich ein Haus kaufen? Oder mehr Geld in die Renovierung meines Häuschens stecken? Was passiert mit meiner Lebensversicherung? Kann man noch in Aktien investieren? Ist Gold eine gute Idee? Ist meine Rente sicher? Wo soll ich meine Ersparnisse anlegen? Oder soll ich lieber alles ausgeben?
Die Fragen nahmen an Heftigkeit zu, die Sorgen wurden größer: Kommt sie denn nun, die Inflation? Überlebt der Euro? Bricht unser Währungssystem zusammen? Bekommen wir eine Währungsreform? Und was wird dann aus meinem Geld? Die besorgten Fragen unserer Gesprächspartner speisten sich aus einer gemeinsamen Angst: Auch wenn man nicht so genau ver-

steht, was da vor sich geht, so erkennt man doch, dass die Welt aus den Fugen geraten ist – gigantische Rettungsprogramme für Banken und Staaten, Notenbanken, die mit dem Geld nur so um sich werfen, und Politiker, die beteuern, dass das alles ganz harmlos und richtig sei – vor allem Letzteres macht misstrauisch.

Und je teurer die Rettungsprogramme werden, umso größer wird auch die Verunsicherung der Bevölkerung, ahnt sie doch, dass sie die Zeche zahlen wird – fragt sich nur noch, wie, wann und in welcher Höhe. In einer solchen Zeit des Umbruchs und der Verunsicherung haben Krisenpropheten, Katastrophenseher und Demagogen ebenso Hochkonjunktur wie falsche Heilsbringer, die vorgeben, uns retten zu können, indem sie uns dubiose Finanzprodukte und Anlagestrategien ebenso andrehen wie vermeintlich seriösen wirtschaftspolitischen Rat.

Die Verhaltensmuster der Menschen im Angesicht von Krisen und Umbrüchen sind vorhersehbar: Es dominiert der Wunsch nach Rettung, die von der Furcht um das eigene Vermögen motiviert ist, begleitet von der Suche nach Schuldigen, nach Sündenböcken, die vor allem von Missgunst, Angst, Neid und Hass geprägt ist.

Doch Angst, gepaart mit Unwissenheit, ist ein schlechter Ratgeber. Wer – ob Politiker oder Sparer – wissen will, was nun zu tun ist, muss erst verstehen, was passiert ist, bevor er mit hoffentlich kühlem Kopf handelt. Dieses Buch ist der Versuch, ohne Fachchinesisch, Imponiervokabular und Verschwörungstheorien zu erklären, was in den vergangenen Jahren passiert ist und welche Folgen das haben könnte. Auf diesen Erkenntnissen aufbauend wollen wir zeigen, welche Optionen sowohl der Politiker als auch der Sparer hat. Wir wollen keine Panik schüren, sondern aufklären; wir wollen keine Verzweiflung wecken, sondern zeigen, dass die Welt nicht untergehen wird – aber wir wollen auch nichts beschönigen, und wir werden zeigen, wer das alles zahlen wird. Wer es jetzt genauer wissen will, sollte dieses Buch lesen. Doch zuvor – eine kurze Gebrauchsanleitung.

Eine Gebrauchsanleitung
für dieses Buch

Eigentlich ist ein Buch eine lineare Veranstaltung: Man liest es von vorne nach hinten. Doch Lesegewohnheiten ändern sich – viele Menschen lesen ein Buch nicht mehr komplett, sondern nur ausgewählte Kapitel. Um diesen neuen Lesegewohnheiten gerecht zu werden, haben wir das Buch modular aufgebaut: Die Kapitel stehen einzeln für sich und sind auch unabhängig voneinander lesbar. Wer will, kann (und sollte, wie wir finden) das Buch komplett lesen, man kann sich aber auch gezielt einzelne Kapitel herauspicken. Wer beispielsweise wissen will, wie ein modernes Geldsystem funktioniert, sollte Kapitel 2 zurate ziehen. Wer hingegen verstehen will, wie moderne Geschäftsbanken arbeiten, dem empfehlen wir Kapitel 4. Wer einen grundlegenden Überblick über moderne Geld- und Finanzsysteme bekommen möchte, sollte die Kapitel 2 bis 4 lesen. Sie können sich also wie in einem Restaurant ein Themenmenü zusammenstellen. Was also erwartet die Leserin und den Leser in den jeweiligen Kapiteln?

Kapitel 1 enthält eine Zusammenfassung aller Thesen dieses Buches. Es gibt Ihnen einen Überblick darüber, was in den vergangenen Jahren in der Welt der Notenbanken und Finanzmärkte passiert ist und welches die drohenden Gefahren für die kommenden Jahrzehnte sind. Außerdem sagen wir ihnen bereits hier in komprimierter Form, was Sie unseres Erachtens besser *nicht* tun sollten.

Kapitel 2 zeigt, wie kreditbasiertes Geld entsteht und in welchem Zusammenhang dieses Geld mit unserem Wohlstand steht. Wer wissen will, warum wir mit an sich wertlosen Geldscheinen bezahlen können und was den Wert unseres Geldes bestimmt, erfährt es hier.

Kapitel 3 erklärt den Zusammenhang zwischen modernen Geldsystemen und Inflation; es zeigt auch auf, wie die Zentralbanken der Welt in den vergangenen Jahren systematisch die Stabilität unseres Geldes aufs Spiel gesetzt haben. Dieses Kapitel ist für alle Leser bestimmt, die erfahren wollen, was die Zentralbanken in den vergangenen Jahren gemacht haben, und enttarnt die wichtigsten verbalen Nebelkerzen, hinter denen sich Notenbanken und Politik verstecken.

Kapitel 4 zeigt, wie moderne Bankensysteme funktionieren und wie es zu Bankenpaniken kommen kann. Wer verstehen will, was in den Jahren nach 2007 im Bankensektor passiert ist, warum moderne Bankensysteme so krisenanfällig sind und wieso wir eine kluge Bankenregulierung benötigen, sollte dieses Kapitel lesen.

Kapitel 5 enthält eine kompakte Darstellung der Krise der mittlerweile nahezu vergessenen »Neuen Ökonomie« im Jahr 2000 – wer wissen will, warum man im Jahr 2000 lächerliche Internet-Geschäftsmodelle für Millionen handelte und welche Rolle die Geldpolitik dabei spielte, findet die Antworten hier. Außerdem erfährt man in diesem Kapitel, wie und warum Herdenverhalten ins Verderben führen kann.

Kapitel 6 widmet sich der Immobilienkrise des Jahres 2007. Es erklärt, warum eine ganze Nation sich 2007 dem Häuserwahn hingab und mit diesem Fieber den Rest der Welt infizierte. Auch hier spielte die Geldpolitik eine wesentliche Rolle. Man muss diese Krise – ebenso wie die Krise der Neuen Ökonomie im Jahr 2000 – kennen, um zu verstehen, was in den vergangenen Jahren passiert ist, denn beide Krisen sind die Keimzelle unserer heutigen Probleme – und sie wurden unter anderem von der Geldpolitik mitausgelöst. Dieses Kapitel ist keine leichte Kost, aber man kann dem Buch auch folgen, ohne die Details der komplexen Immobiliengeschäfte zu kennen.

Kapitel 7 schließlich zeigt, wohin uns die Geldpolitik des ersten Jahrzehnts dieses Jahrtausends geführt hat: Vorbereitet von einer der größten wirtschaftspolitischen Fehleinschätzungen der modernen Wirtschaftsgeschichte, brachte sie einen ganzen Kontinent ins Wanken. Dieses Kapitel enthält eine kurze und kompakte Darstellung der Euro-Krise, die uns spätestens seit 2009 beschäftigt; es erklärt, wie es dazu kommen konnte, dass ein kleines Land wie Griechenland einen ganzen Kontinent erzittern lässt.

Kapitel 8 ist eines der zentralen Kapitel für die Argumentation dieses Buches. Deswegen empfehlen wir, sich damit auseinanderzusetzen. Es enthält eine der wichtigsten Lehren der drei großen Krisen des vergangenen Jahrzehnts: Inflation ist nicht mehr das, was sie einmal war; sie hat ihr Gesicht verändert und begegnet uns heutzutage bisweilen in viel gefährlicherer Form, als dies in der Vergangenheit der Fall war.

Kapitel 9 zeigt das Dilemma der Geldpolitik im 21. Jahrhundert: Sie kämpft derzeit einen Drei-Fronten-Krieg – drei Krisenherde, die sich gegenseitig beeinflussen, verstärken und hochschaukeln. Dieses Kapitel beleuchtet die Zusammenhänge und aktuellen Schwierigkeiten der Politik und der Notenbanker; es erläutert darüber hinaus den Mechanismus, den wir Staatsschuldenschrottrecycling nennen – alleine der Begriff zeigt, dass wir diese Entwicklung für sehr gefährlich halten.

Kapitel 10 erklärt, dass die Gefahren für die Anleger weniger aus der Güterpreisinflation rühren, sondern aus den massiven Preisanstiegen an den Kapitalmärkten – die neue Bedrohung heißt Sachwertinflation. Zudem zeigen wir, warum es so schwierig ist, dieser Form der Inflation zu entkommen – am Ende wird der Sparer wohl der Dumme sein.

In **Kapitel 11** erfahren Sie, warum die Notenbanken gar nicht anders konnten, als die Welt mit Geld zu fluten – und warum es schwierig wird, den Teufelskreislauf aus Bankenrettung, Staatenfinanzierung und Gelddrucken zu durchbrechen. Die Notenbanken stehen vor dem, was wir das *Balu-Dilemma* nennen: Hat man den Tiger erst einmal beim Schwanz gepackt (also die Finanzmärkte mit billigem Geld gerettet), ist es extrem schwierig, den Tiger wieder loszulassen (die überschüssige Geldmenge wieder einzusammeln), ohne dabei zu Schaden zu kommen.

Kapitel 12 erklärt, welche Politik das Finanzsystem und vor allem unsere Banken wetterfest machen kann, und wie der Teufelskreis zwischen Banken- und Staatenrettung zu durchbrechen ist.

Kapitel 13 beschäftigt sich mit der Reform der Europäischen Währungsunion. Es zeigt, dass wir letztlich nur die Wahl zwischen zwei Modellen der Währungsunion haben – einem Modell, das auf Solidarität, zwischenstaatlichen Transfers und gemeinsamer Fiskalpolitik aufbaut, und einem Modell, das auf Eigenverantwortung setzt und verhindern soll, dass Verluste privatisiert und Gewinne sozialisiert werden. Wer wissen will, wie die Zukunft der Währungsunion aussehen könnte, sollte dieses Kapitel lesen.

Den Abschluss des Buches bildet **Kapitel 14**. Hier haben wir Überlegungen zusammengestellt, was sich für den Sparer in turbulenten Zeiten wie diesen ändert. Es soll Ihnen zeigen, dass Panik ein schlechter Ratgeber bei der Geldanlage ist.

1 So sterben Sterne

Die Supernovas des Finanzsystems

Das Spektakel dauert nur fünf Minuten, doch die Explosion sieht man noch 90 Millionen Lichtjahre entfernt: Als sich »SN 2008D« mit einem Lichtblitz von der kosmischen Bühne verabschiedet, schaut ein Team der Princeton University mithilfe des »Swift«-Weltraumteleskops dem Stern beim Sterben zu und genießt einen sensationellen Blick auf eine riesige Sternenexplosion.

Leben und Sterben eines solchen Sterns sind eine spektakuläre Veranstaltung: Geht einem Stern sein Treibstoff, das Helium, aus, so bläht er sich auf, erhöht seine Leuchtkraft um etwa das 1000- bis 10 000-Fache und wird zum Roten Riesen. Das Gastspiel des Riesen ist kurz, er stirbt nach einem kurzen Aufleuchten, bei dem seine Helligkeit millionenfach ansteigt. Dieses letzte Aufleuchten eines Sternes, bevor er stirbt, eine Explosion, bei der seine Leuchtkraft um das Millionen- bis Milliardenfache ansteigt, nennen Physiker Supernova.

Dass Supernovas für uns ungefährlich sind, liegt daran, dass sie nicht in der Nachbarschaft rumhängen – selbst der kosmische Hopser von 600 Lichtjahren bis zu Beteigeuze, dem Supernova-Kandidaten, der uns am nächsten kommt, ist weit genug, um uns vor schädlichen Folgen solcher Ereignisse – kosmische Strahlen und Trümmer – zu schützen. Anders wäre das, würde eine solche Supernova vor unserer Haustüre explodieren: in unserem Finanzsystem.

Betrachtet man den Lebensweg einer Supernova, so findet man verblüffende Parallelen zu den Fixsternen unseres Finanzsystems, den Notenbanken: Angetrieben von einem Prozess namens Geldschöpfung, für Normalsterbliche so rätselhaft wie die Kernfusion im Inneren eines Sterns, haben sie sich in den vergangenen Jahren zu Roten Riesen unseres Wirtschaftssystems aufgebläht. Wie sehr, kann man anhand der Summen sehen, mit denen sie jonglieren: Ob die Europäische oder britische Zentralbank oder das amerikanische Notenbanksystem, das Federal Reserve System (kurz Fed) – sie alle haben in den vergangenen Jahren innerhalb kürzester Zeit mit unglaublichen Mengen an neu geschaffenem Geld um sich geworfen und damit ihre finanzielle Leuchtkraft dramatisch erhöht.

Will man die Verwandlung der Notenbanken in Rote Riesen besichtigen, so reicht ein Blick in ihre Bilanzen: Die Europäische Zentralbank hat in weniger als fünf Jahren ihr Geschäftsvolumen mehr als verdoppelt, in den USA hat die Notenbank ihr Geschäft verdreifacht, die Bank of England bringt es sogar auf das Fünffache des früheren Geschäfts. Die Welt erlebt ein historisch einmaliges Experiment – noch nie ist so viel Geld in die Adern des Weltwirtschaftssystems gepumpt worden. Der Ausgang des Experiments: ungewiss.

Das Aufblähen der Zentralbanksonnen tarnt sich hinter drögem Fachchinesisch: »Quantitative Easing« oder »Qualitative Easing«. »Tendergeschäfte« und »langfristige Finanzierungsgeschäfte« nennen steife Notenbanker das; Politik und Medien bevorzugen eher kriegerische Ausdrücke, sprechen von der »Dicken Bertha« oder der »Bazooka«. Solche mehr oder weniger fantasievollen Namen bezeichnen ein und dieselbe Veranstaltung: Die Notenbanken Europas und der USA blähen sich auf wie Rote Riesen, und je mehr sie sich aufblähen, umso mehr steigt die Gefahr, dass unser Geldsystem explodiert. Angesichts der möglichen Folgen wünscht man sich, rasch 600 Lichtjahre zwischen sich und die Notenbanken zu bringen. Eine Supernova, direkt vor unserer Haustür.

Im Gegensatz zu den kosmischen Supernovas ist das kein Naturereignis, sondern eine von Menschenhand geschaffene Bedrohung. Aber man kann den Notenbanken nicht die Alleinschuld an dieser Entwicklung geben; sie haben und hatten keine Wahl. Das liegt zum einen an denjenigen, die immer behaupten, unser Bestes zu wollen – und es sich nehmen: Es ist die Politik, welche die Notenbanken entmachtet hat, sie führt die einstmals so stolzen, unabhängigen Notenbanken am Nasenring durch die politische Manege. In ihrer Unfähigkeit, der Droge Staatsverschuldung zu entsagen, in ihrem Unverständnis über das, was an den Finanzmärkten passiert, wie eine Währungsunion funktioniert, wie Banken zu regulieren und Finanzsysteme zu stabilisieren sind, hat die Politik eine Katastrophe nach der anderen heraufbeschworen und sich in eine ausweglose Lage manövriert, in der die Notenbanken die letzte Hoffnung sind. Sie müssen das Versagen der Finanzpolitik mit immer mehr Geld zukleistern, um die Weltwirtschaft vor dem Kollaps zu retten.

Vielleicht wäre das zu verschmerzen, wenn es helfen würde – doch es kommt noch dicker: Es scheint, dass die Instrumente der Notenbanken an Schlagkraft verloren haben – alle Ideen, Theorien und Werkzeuge, mit denen sie jahrzehntelang die Geschicke des Geldsystems erfolgreich steuerten, scheinen zunehmend zu versagen. Die Welt hat sich verändert, Notenbanker, Politiker und Wissenschaftler müssen neue Antworten auf neue Fragen finden, die eine aus dem Ruder laufende Weltwirtschaft stellt.

Mutieren unsere Notenbanksysteme tatsächlich zum Roten Riesen, wird ein Geld-Tsunami unser Finanzsystem und unsere Ersparnisse treffen, werden Vermögenswerte Achterbahn fahren. Notenbanken wandeln sich von Roten Riesen zu Schwarzen Löchern, Staaten führen Währungskriege, Ersparnisse und Vermögen verdampfen und Volkswirtschaften geraten ins Trudeln. Ironischerweise geht dem Kollaps ein Aufbäumen des

Systems voraus, in dem die Vermögenswerte explodieren: Immobilien erleben grandiose Wertsteigerungen, die Aktienkurse laufen von Rekord zu Rekord. Nichts täuscht mehr als solche Vermögenspreisexplosionen: Vermeintliche reale Wertzuwächse sind aufgeblähte Zeugen der Geldexzesse der Notenbanken. Eine toxische Kombination aus exzessiven Staatsschulden und explodierenden Notenbankbilanzen bedroht Finanzgiganten an der Wall Street ebenso wie unseren Sparstrumpf, egal, ob wir in Gold oder Eigenheime flüchten oder unsere Altersvorsorge unters Kopfkissen stopfen. Nichts scheint mehr sicher. Und den Stoff, aus dem die Krise ist, tragen wir täglich mit uns herum. In unserer Brieftasche.

Der Stoff, aus dem die Krisen sind

Keine Frage – Geld ist unverzichtbar, und je entwickelter und fortgeschrittener eine Volkswirtschaft ist, umso abhängiger ist sie von einem funktionierenden Geldwesen. Die moderne Welt hängt am Tropf des Geldes, allen voran die Finanzmärkte, durch deren Adern es fließt. Sie sind im Endspiel um unsere Währungsordnung Dreh- und Angelpunkt, denn die Bedeutung des Produktionsfaktors Kapital und der weltweiten Finanzmärkte hat in den vergangenen Jahrzehnten drastisch zugenommen: Banken, Versicherungen und Kapitalanlagegesellschaften schieben Billionenvermögen rund um den Erdball, um diese zu investieren und zu vermehren. Der positive Effekt dieser Entwicklung ist eine beispiellose Zunahme der weltweiten Produktivität und des Wohlstands – das Kapital strömt dorthin, wo es am dringendsten gebraucht wird, gelenkt von Zinsen und Dividenden, welche die Kreditnehmer ihren Investoren versprechen. Und wo Kapital auftaucht, steigen die Chancen auf Wachstum und Reichtum – aber auch die Probleme. Der grandiose Aufstieg der Finanzmärkte hat Folgen, mit denen wir uns schwertun: Immer enger ist das Schicksal von Unternehmen, Staaten und Regierungen mit dem Geschehen auf den Finanzmärkten verbunden.

Will man dieser gegenseitigen Abhängigkeit von Kapitalmärkten und Wirtschaftspolitik ein Gesicht geben, so ist es zerknautscht, mit schmuckloser Brille, lichtem Haar und einem verschmitzten Gesichtsausdruck. »Wenn Sie glauben, mich verstanden zu haben, habe ich mich nicht unverständlich genug ausgedrückt«. hat dieses Gesicht einmal gesagt, als es noch das Gesicht der amerikanischen Notenbank, des Federal Reserve System, war. Alan Greenspan ist der Name, der zu diesem Gesicht gehört, und unter seiner Amtszeit begann das, was man den Greenspan-Effekt nennen kann: Die Geschicke der Notenbanken und der Finanzmärkte verzahnen sich immer stärker. Die Notenbanken schielen immer ängstlicher auf die Ereignisse an den Finanzmärkten, die Finanzmärkte verfolgen zunehmend hektischer die Bewegungen der Notenbanken. Das klingt wie strukturierter Wahnsinn: Die Ereignisse an den Finanzmärkten bestimmen die Notenbankpolitik, die wiederum das Geschehen auf den Finanzmärkten beeinflusst. Je wichtiger die Finanzmärkte für die Weltwirtschaft werden, umso mehr geraten die Notenbanken in ihr Schlepptau – und andersherum.

Mit fatalen Folgen: Ob Aktien oder Anleihen, Immobilien, Gold, Rohstoffe oder Gewürze – alles, was Wert hat, wird auf Finanzmärkten gehandelt, und damit hat alles, was wir zur Herstellung von Gütern und Dienstleistungen benötigen und was uns wertvoll ist, Bedeutung für die Geldpolitik, für die Wirtschaftspolitik – für uns. Umso schlimmer, dass der Zusammenhang zwischen Vermögenspreisen, Geldpolitik, Finanzbranche und Realwirtschaft kaum verstanden ist – wir wissen zwar, dass die Preise für Produktionskapital, Immobilien, Rohstoffe und alle anderen Vermögensgüter die Geldpolitik beeinflussen, wir wissen auch, dass die Geldpolitik die Preise dieser Vermögensgüter mitbestimmt, und wir wissen, dass alle zusammen Beschäftigung, Produktion und Wohlstand ausmachen – nur wie das alles genau zusammenhängt, das wissen wir nicht. Wir stochern im Nebel.

Früher, in den 60er- und 70er-Jahren des vergangenen Jahrhunderts, war das einfach: Wenn der Motor der heimischen Wirtschaft stotterte, packte man die Rezepte eines verstorbenen Jahrhundertökonomen aus, die man dem Wähler als »Keynesianismus« oder »Konjunkturpolitik« verkaufte. Man verschuldete sich, gab das Geld aus und hoffte, dass der Motor dadurch wieder in Schwung kommt. Und damit das reibungslos lief, verdonnerte man die Notenbank dazu, das Ganze mit billigem Geld zu finanzieren. Man kann sich darüber streiten, ob das funktioniert hat, doch eines ist unstrittig: Mit dem beispiellosen Aufstieg der Finanz- und Kapitalmärkte haben sich die Spielregeln ganzer Volkswirtschaften verändert; das, was Politik und Wirtschaftstheorie gestern predigten, funktioniert heute nicht mehr reibungslos. Die Spielregeln haben sich geändert – aber leider wissen wir nicht genau, wie die neuen Spielregeln aussehen.

Wenn man aber nicht weiß, wie die neuen Spielregeln aussehen, was soll man tun? Die Politik hat sich dafür entschieden, so zu tun, als würden die alten Spielregeln weiter gelten: Staaten haben in den vergangenen Jahren Schulden auf Schulden getürmt, immer mit Verweis auf die alten Spielregeln, die ja besagen, dass man Rezessionen mit Schulden bekämpft, und die Notenbanken haben das Ganze – willig oder unwillig – mit billigem Geld gefüttert. Und irgendwie sah es so aus, als sei das richtig: Die Notenbanken öffneten die Geldschleusen, doch die negativen Folgen schienen auszubleiben. Die Inflation erhob nicht ihr hässliches Haupt, einer der schlimmsten Gegner der Notenbanken schien besiegt. Noch in den 80er-Jahren glaubte man, dass es einen festen Zusammenhang zwischen Geldmenge und Inflation gibt – steigt die Geldmenge, so kommt es irgendwann zu Inflation, lautete das Credo. Doch in den goldenen 90er-Jahren schien dieser Zusammenhang nicht mehr zu gelten – also legte man diese Regel zu den Akten und verkündete den Tod der Inflation.

Ein teurer Irrtum, wie sich bald zeigen könnte: Heute, im Zeitalter der Finanzmärkte, sind es nicht mehr die Güterpreise, die steigen. Der Verbraucherpreisindex, dessen Veränderung wir aus der *Tagesschau* als Inflationsrate kennen, ist bemerkenswert stabil – keine Angst vor Inflation, scheint er uns zu signalisieren. Doch das ist eine trügerische Ruhe: Die Inflation ist nicht tot, sie hat sich nur verkleidet. Es sind heute nicht die Güterpreise, die steigen, es sind die Preise für Vermögensbestandteile, also die Preise (auch »Kurse« genannt) für Aktien, Anleihen, Immobilien, Rohstoffe, die uns Sorgen machen müssen – sie eilen von Rekord zu Rekord. »Vermögenspreisinflation« nennen Experten das. Das viele Geld, das die Notenbanken in die Adern der Weltwirtschaft pumpen, führt nicht zum klassischen Fieber der Inflation, sondern zu einer anderen Krankheit, der Inflationierung der Vermögenswerte – Vermögensanlagen werden immer teurer, aber nicht notwendigerweise wertvoller. Einen Vorgeschmack darauf, was solche Vermögenspreisinflationen anrichten können, haben wir bereits im Jahr 2000 bekommen, als die Aktienkurse in absurde Höhen kletterten; die Immobilienkrise des Jahres 2007 war ein weiterer Bote dieser neuen Zeit, in der wir für neue Probleme neue Lösungen finden müssen.

Die wir nicht kennen. Wir wissen wenig darüber, welche Folgen uns erwarten, wenn uns die Preise für Vermögenswerte um die Ohren fliegen – aber das Beispiel Japans, wo nach einer massiven Ausweitung der Geldmenge ein Grundstück in Tokio so viel kostete wie ganz Kalifornien, und das mittlerweile seit zwei Jahrzehnten in der Krise steckt, zeigt, dass wir diese spezielle Form der Inflation nicht auf die leichte Schulter nehmen dürfen.

Heute, im Jahr 2014, spielen wir ein anderes Spiel: Die Welt steckt in einer Schuldenfalle, aus der sie sich selbst nicht mehr befreien kann, weil die Schuldenlast zu groß und der Mut, dem Wähler die Wahrheit zu sagen, zu klein ist. Die Wahrheit ist nämlich unangenehm: Die Schulden des einen sind ja die Forderungen respektive das Vermögen des anderen. Die Vermögen, deren Preise in die Höhe geschossen sind, sind also das Gegenstück zu den Schulden, die in die Höhe geschossen sind – und wenn diese Schulden nicht zurückgezahlt werden, dann sind auch die Vermögen wertlos. In dieser Situation ruft man die Geldpolitik als Retterin in der Not. Bazookas, Dicke Berthas – kein Ausdruck ist martialisch genug, um die Notenbanken zu nötigen, das zu richten, was Politik und fehlerhaft regulierte Finanzmärkte verbockt haben. Die Folge: Die Weltgeldmenge, gemessen an den Bilanzen der Notenbanken, bläht sich auf, Notenbanken werden zu Roten Riesen. Und nun warten wir auf den großen Knall, die Supernova.

Verschlimmert wird das Ganze durch die Finanzmärkte, die das Geld bereitstellen, das die Politik durchbringt – sie haben die Spendierhosen der Politik ausgepolstert und sich so von der Politik abhängig gemacht. Zahlt eine Regierung ihre Schulden nicht zurück, wackeln weltweit die Bankentürme. Das gilt auch umgekehrt: Wackeln Banken, wird die Politik aktiv, um diese zu retten, mit der Folge, dass die Zahlungsfähigkeit des Staates selbst in Gefahr gerät – ein Teufelskreis. Jedes Anzeichen dafür, dass die Regierungen zahlungsunfähig oder -unwillig sind, sendet Schockwellen durch die internationalen Finanzmärkte, was die Notenbanken auf den Plan ruft, die sich noch mehr gezwungen sehen, die Dicke Bertha in Stellung zu bringen. Und da heute – anders als vor 40 Jahren – die Finanzmärkte globalisiert und allgegenwärtig sind, schaffen Krisen, die vor 40 Jahren regional gewesen wären, weltweite Probleme.

Die jeden von uns treffen: Kaum jemand, der sich nicht fragt, wie er seine Ersparnisse, seine Altersvorsorge, sein Vermögen vor der Lawine aus Geld schützen kann, die auf uns zurollt. Das Schlimme daran: Die Chancen, dieser Geldflut zu entgehen, stehen schlecht. Die Flucht der Sparer in Immobilien oder andere Sachwerte wird vermutlich weniger erfolgreich sein, als sie es hoffen – wenn eine Masse von Anlegern sich in Bewegung setzt, alle mit dem gleichen Ziel, dann sinken die Chancen des Einzelnen, seine Ersparnisse zu retten. Wenn eine finanzielle Supernova explodiert, gibt es kaum Orte, die Schutz bieten.

Zeit, die Bowle-Schüssel wegzunehmen

Will man die finanzielle Supernova verhindern, so hilft nur das, was William McChesney Martin Jr., der von 1951 bis 1970 Chef der amerikanischen Notenbank Fed war, mit einfachen Worten formulierte: Die Aufgabe der Notenbank, so McChesney, bestehe darin, der Wirtschaft und der Politik »die Bowle-Schüssel wegzunehmen«, wenn die Party so richtig losgehe.

Also in dem Moment, in dem die Party so richtig fröhlich wird, wenn die Wirtschaft boomt, weil billiges Geld die Wirtschaft flutet, muss die Notenbank einschreiten und das Geld wieder einsammeln, um einen veritablen Geld-Kater zu verhindern. Dass Politiker das genauso wenig mögen wie alkoholisierte Teenager, liegt nahe. Unsere Party dauert schon viel zu lange – wenn wir das toxische Gebräu aus Politik, Schulden, Geld, Unsicherheit und Unwissen, aus überschuldeten oder bankrotten Banken und systemischen Finanzkrisen nicht länger genießen wollen, wenn wir verhindern wollen, dass unser Finanzsystem zu einem Schwarzen Loch wird, in dem unsere Ersparnisse verschwinden, müssen wir noch mehr tun, als die Bowle-Schüssel wegzunehmen: Wir müssen das Band zwischen Politik und den Notenbanken zerschneiden, ebenso wie das Band zwischen den Notenbanken, der Politik und den Finanzmärkten.

Die Notenbanken dürfen nicht länger zu Erfüllungsgehilfen der Finanzmärkte und der Politik degradiert werden, die privaten Geschäftsbanken dürfen nicht mehr Großgläubiger der Politik sein, und die Politik muss lernen, dass man nicht dauerhaft mehr Geld ausgeben kann, als man einnimmt. Jedes Spiel geht einmal zu Ende, und man kann nicht immer gewinnen. Zeit, die Bowle-Schüssel wegzunehmen.

Das ist die entscheidende Aufgabe, vor der die Notenbanken und die Politiker, vor der letztlich wir Bürger stehen: die Bowle-Schüssel beiseitezustellen. So wie nicht jeder Stern zu einem Roten Riesen wird, muss auch unser Finanzsystem nicht verglühen – wir sprechen nicht von Schicksal, sondern von selbst geschaffenen Gefahren, und jede dieser Gefahren bietet Chancen für Veränderungen. Die Zukunft der Notenbanken – und damit unseres Geldes, unseres Finanzsystems und unseres Wohlstands – hängt davon ab, ob wir diese Chancen nutzen, ob es der Politik gelingt, einen Entzug von der Schuldendroge zu machen und unser Geld zu entpolitisieren. Wir müssen Geld wieder zu dem machen, was es ursprünglich war: ein Zahlungs- und Wertaufbewahrungsmittel, auf das man sich verlassen kann. Gelingt uns dieser Ausstieg nicht, wird es zu einer Vermögenskernschmelze kommen, wird unser Bankensystem uns wie eine Supernova um die Ohren fliegen. Diesen Knall wird man auch fernab der Wall Street oder der Frankfurter Bankentürme hören und spüren.

Aber wie konnte es überhaupt dazu kommen, dass unser Geld so in Bedrängnis geriet? Wie entsteht ein finanzieller Tsunami, und wann wird daraus eine Vermögensvernichtungsmaschine? Fragen wir doch (zu Beginn des zweiten Kapitels) den Mann, der einst Frankreich ruiniert hat.

Die zehn Kernthesen dieses Buches

1. Weltweit haben die Notenbanken der Hauptwährungsländer für die Weltwirtschaft dramatisch an Bedeutung gewonnen – die Menge an Geld, die sie in Umlauf gebracht haben, ist massiv gestiegen, die Politik hängt am Tropf des billigen Geldes.

2. Alle drei großen Krisen der vergangenen Jahre haben ihre Ursache vor allem im billigen Geld, das die Notenbanken in die Wirtschaft pumpten. Das Verhalten der Notenbanken war stets gleich: Man bekämpfte eine Krise, die durch billiges Geld entstanden war, mit billigem Geld – und legte damit zugleich den Grundstein für die nächste Krise.

3. Verantwortlich für diese Entwicklung ist überwiegend die Politik. Sie hat die Notenbanken gezwungen, sich zur Rettung der Staatsfinanzen und des Finanzsystems auf unbekanntes Terrain zu begeben – derzeit läuft ein historisch einmaliges Experiment mit ungewissem Ausgang.

4. Fraglich ist, ob die Notenbanken überhaupt noch in der Lage sind, mittels billigen Geldes die Weltwirtschaft zu stabilisieren oder gar zu retten: Die Spielregeln, nach denen das internationale Weltwirtschaftssystem funktioniert, haben sich in den vergangenen Jahren geändert, und es ist nicht sicher, ob die alten Rezepte zur Bekämpfung von Wirtschaftskrisen noch funktionieren.

5. Riskant ist die enge Bindung zwischen Politik, Notenbanken und Finanzmärkten: Die Finanzmärkte haben

bereitwillig der Politik Geld geliehen und sich damit in fatale Abhängigkeit von der Politik begeben; kann ein Staat seine Schulden nicht zurückzahlen, wird das Finanzsystem erschüttert; dies ruft die Notenbanken auf den Plan, die dann mit billigem Geld die Finanzmärkte stabilisieren. Geraten Banken in Schieflagen, werden sie von der Politik zulasten der Staatsverschuldung »gerettet«, mit der Folge, dass die Zahlungsfähigkeit des Staates in Gefahr gerät. Hier haben sich zwei Ertrinkende aneinandergebunden – mit verheerenden Folgen.

6. Es ist nicht die Inflation im traditionellen Sinn, die uns derzeit bedroht, sondern eine neue Form der Inflation, die Sachwertinflation – ein Ansteigen der Preise aller Vermögensgüter. Diese Form der Inflation ist mindestens genauso gefährlich wie die normale Güterpreisinflation, sie führt schlimmstenfalls zu Spekulationsblasen, der Verschwendung von Ressourcen, der Fehllenkung von Kapital und hartnäckigen Wirtschaftskrisen.

7. Geht der Versuch, die Weltwirtschaft mithilfe der Gelddruckmaschinen der Notenbanken zu retten, schief, drohen im schlimmsten Fall ein weltweiter Verfall von Vermögenswerten und möglicherweise eine langwierige Depression nach dem Muster Japans. Die Notenbanken könnten unter der Last ihrer aufgeblähten Bilanzen zusammenbrechen. Tragen müssten die dabei entstehenden Wertverluste die Bürger.

8. Will man die drohende Katastrophe verhindern, so dürfen die Notenbanken nicht länger zu Erfüllungsgehilfen der Finanzmärkte und der Politik degradiert

werden. Die Politik darf sich nicht mehr der Banken zur kostengünstigen Schuldenfinanzierung bedienen. Sie muss sich wieder auf das langfristig finanziell Machbare besinnen und ihre Finanzen in Ordnung bringen.

9. Wenn die Europäische Union eine solide Reform der Währungsunion verpasst, wird auch dieser Teil unseres Währungssystems sich auflösen. Dabei gibt es nur zwei Alternativen: eine Währungsunion mit einer gemeinsamen Einnahmen- und Ausgabenpolitik oder eine Union mit eigenständigen Staaten und klaren Eigenverantwortlichkeiten. Können sich die Staaten Europas nicht auf ein Modell einigen, wird die Währungsunion früher oder später Geschichte sein.

10. Die Zeche dieser verfehlten Politik werden die Steuerzahler und Sparer zahlen – dieser Teil der Veranstaltung ist bereits im vollen Gang, Niedrigzinsen und Nullrenditen sind schon jetzt Ausdruck der heimlichen Enteignung der Sparer, die das Versagen der Politik kaschieren soll. Der Masse der Sparer wird es nicht gelingen, sich dieser versteckten Form der Besteuerung zu entziehen; bei der Geldanlage kann es damit nur noch darum gehen, die größten Fehler zu vermeiden – nämlich in Panik zu verfallen.

ERSTER TEIL

Die Mechanik der Supernova

In diesem Abschnitt erfahren Sie ...

... wie in modernen Geldsystemen Geld entsteht und durch welche Werte es besichert ist.

... welche Rolle Geschäftsbanken in diesem Entstehungsprozess spielen und welche Gefahren von ihnen ausgehen.

... wie die Notenbanken in den vergangenen Jahren unser Währungssystem systematisch ausgehöhlt haben und was sich hinter Begriffen wie »Quantitative Easing« oder »Bazooka« verbirgt.

... welche zweifelhaften Werte heute unsere Währung decken und warum der Staat davon profitiert.

2 Die Alchemie des Geldes

Der Mann, der Frankreich ruinierte

Er war ein begnadeter Glückspieler, ein zum Tode verurteilter Mörder und genialer Mathematiker; erst rettete er Frankreich vor dem Staatsbankrott, dann ruinierte es fast. Und er war der reichste Mann der Welt, wenn nicht sogar der reichste Mann aller Zeiten. Die Massen liebten und verehrten ihn, doch entging er nur knapp der Lynchjustiz eines aufgebrachten Mobs. Große Geister wie Karl Marx, Joseph Schumpeter oder Johann Wolfgang Goethe philosophierten über ihn – Letzterer schrieb die Idee, die unseren Glücksspieler, Dandy, Hasardeur und Genius berühmt machen sollte, sogar dem Teufel zu. In Goethes *Faust*, dem zweiten Teil, flüstert der Teufel dem bankrotten Kaiser die Idee ein, welche die Welt für alle Zeit verändert: Papiergeld.

Die Kernthesen dieses Kapitels

1. Früher bestimmte sich der Wert des Geldes über die Werte, die hinter diesem Geld standen – der Wert des Geldes war beispielsweise durch Gold gedeckt. Heute ist der Wert des Geldes nur noch ein Versprechen.

2. Das heutige Geld ist nicht durch Sachwerte, sondern durch Kredite gesichert – die Unternehmen nehmen bei den Geschäftsbanken Kredite auf, die Geschäftsbanken reichen diese Kredite bei der Notenbank ein und bekommen von ihr im Gegenzug Geld, das sie an die Unternehmen weiterreichen. Damit ist unser Geld durch Kredite gedeckt und durch das Versprechen der Unternehmen, diese Kredite zurückzuzahlen.

3. Solange die Unternehmen mit diesen Krediten auch Werte – also Sozialprodukt – schaffen, ist der Wert unseres Geldes durch diese Werte gesichert. Je mehr Geld aber in Relation zum Sozialprodukt im Umlauf ist, umso geringer wird die Kaufkraft und damit der Wert dieses Geldes.

Seit der Schotte John Law – von seinen Landsleuten als der Mann gefeiert, der Frankreich ruinierte – das Papiergeld in Europa salonfähig gemacht hat, ist die Welt nicht mehr dieselbe: Die Idee, wertloses Papier als Zahlungsversprechen zu akzeptieren, ist nach dem Rad und dem Feuer die wohl bedeutendste Erfindung der Menschheit und hat unserem Planeten für immer ein anderes Gesicht gegeben. Heute, fast 300 Jahre nachdem John Law Frankreich ins Chaos stürzte, kann man sich eine Welt ohne Papiergeld nicht mehr vorstellen; man hat die Erfindung des an sich wertlosen Zahlungsversprechens sogar auf die Spitze der Abstraktion getrieben – eine Abfolge von Nullen und Einsen reicht, um zu bezahlen, sich zu verschulden, ganze Volkswirtschaften zu retten oder in den Abgrund zu stürzen. Nullen und Einsen entscheiden über das Schicksal unseres Wirtschafts- und Währungssystems.

So alltäglich und allgegenwärtig Geld in unserem Leben ist, so wenig wissen wir darüber – beispielsweise darüber, wie es entsteht. In den Zeiten vor John Law war Geld alles, was einen materiellen Gegenwert bot: Muscheln, Metalle und Edelmetalle, Zigaretten und vieles mehr – das alles hat schon als Geld gedient. Naturvölker wie die Einwohner der Pazifikinsel Yap nutzten riesige Steinmonolithen – man bezahlte, indem man den Besitz an einem Stein übertrug. Als ein Sturm einige Steinblöcke ins Meer spülte, vereinbarte man kurzerhand, so zu tun, als seien die Steine noch vorhanden.

Heutzutage ist das anders, heute ist Geld nicht mehr das, was materiellen Wert hat, sondern etwas, von dem wir hoffen, dass es Wert hat. Baumwolle, Plastik oder eine Buchung im digitalen Nirwana, Null und Eins – mehr braucht ein Finanzsystem heute nicht. Mit nüchternem Verstand betrachtet mutet das seltsam an: Wie kann es sein, dass wir Baumwollscheine, Plastikkarten oder Nullen und Einsen – nahezu wertlose Stoffe – als Bezahlung für Häuser, Autos und Dienstleistungen akzeptieren? Dass wir bereit sind, dafür zu arbeiten? Wer hat das bestimmt, und woher kommt dieser Wert? Und wer steht für dieses Geld gerade, wenn etwas schiefgeht? Was ist das Wertversprechen des Geldes tatsächlich wert? So viel wie das Versprechen eines Alchemisten wie Heinrich Hermann Kurschildgen?

Steckbrief: Der Mann, der Frankreich ruinierte

Als der Sonnenkönig Ludwig XIV. im Jahr 1715 abtritt, hinterlässt er einen gigantischen Berg von Schulden und damit eine einmalige Chance für einen Mann, der als Schwindler und Hasardeur, aber auch als geldpolitisches Genie gefeiert wurde – der Schotte John Law (1671–1729). Er geht in die Geschichte ein als der Mann, der Frankreich ruinierte. Law macht das Papiergeld in Europa salonfähig. Zunächst gründet er im Jahr 1716 in Paris eine normale Bank, die Banque Générale, die das Recht besaß, eigene Banknoten auszugeben. Sein nächster Zug war der Erwerb von Handelsmonopolen in den französischen Überseeterritorien, wo man reiche Gold- und Silbervorkommen vermutete. Das alles finanzierte er mithilfe einer Aktiengesellschaft, der Compagnie d'Occident. Die Franzosen rissen Law die Aktien dieser Gesellschaft aus den Händen, und Law tat auch alles, um den Kurs der Aktien nach oben zu treiben. Hilfreich dabei war, dass er mittlerweile das Recht besaß, Banknoten auszugeben – und davon auch reichlich Gebrauch machte. Das billige Geld beflügelte die Spekulation um die Aktien der Compagnie d'Occident und verwandelte Frankreich für kurze Zeit in ein Tollhaus der Börsenspekulation. Doch wie bei jedem von billigem Geld getriebenen Boom kommt irgendwann die Ernüchterung: Als sich herausstellte, dass es in den Territorien nur feindliche Indianer, Sümpfe und Krankheiten, aber keine Edelmetalle gab, verkauften die Bürger ihre Aktien, es kam zu einem gigantischen Crash. Law wurde ins Ausland verjagt, von seinem Vermögen, das

das größte der Welt gewesen sein muss, blieb nicht viel übrig. Die Franzosen kehrten reumütig zu Gold- und Silbermünzen zurück. Die Einschätzung von John Law ist in der Literatur geteilt: Viele sehen in ihm nicht nur den Finanzjongleur, der 6000 bezahlte Bettler mit Spitzhacken durch Paris ziehen lässt, um vorzutäuschen, dass sie zu den Goldminen in Übersee aufbrechen, sondern auch einen Visionär und exzellenten Geldtheoretiker. Die geprellten Aktionäre der Compagnie d'Occident, deren Börsenkurs zerbröselt wurde, haben das vermutlich anders gesehen.

Die Alchemie des Geldes

Kurz vor Weihnachten 1934 wird die Luft für Heinrich Hermann Kurschildgen dünn: Innerhalb von 14 Tagen soll er für die Nationalsozialisten 500 Gramm Gold herstellen. Seit Jahren hält Kurschildgen die Nazis mit Versprechungen hin, er könne Gold herstellen. Mit elektrischem Strom will er Gold aus Sand destillieren, wenngleich seine Vorführungen zwielichtig sind. Die Nazis wollen mit dem künstlichen Gold das Weltwährungssystem fluten und so die Macht des jüdischen Geldes brechen. Kurschildgen tut das einzig Mögliche: Er taucht unter.

Über Jahrhunderte haben Alchemisten, Betrüger, Scharlatane und Forscher versucht, Gold herzustellen – vergebens. Es ist diese Vergeblichkeit, die Gold so wertvoll macht – es ist selten und nicht beliebig vermehrbar. Alle Stoffe, die rar, nicht beliebig vermehrbar und speicherbar sind, können als Zahlungs- und Wertaufbewahrungsmittel, als Geld, dienen. Es ist seine Knappheit, die einen Gegenstand zu einem potenziellen Zahlungs- und Wertaufbewahrungsmittel macht. Die Bemühungen der Alchemisten, Gold herzustellen, waren ökonomisch gesehen Unfug – gäbe es die Möglichkeit, Gold künstlich zu geringen Kosten herzustellen, würde es seine Eigenschaft als Zahlungs- und Wertaufbewahrungsmittel verlieren. Der Plan der Nazis, mittels künstlichen Goldes das Weltwährungssystem zu ruinieren, war da ökonomisch betrachtet schlüssiger.

Die Idee, dass knappe Dinge ein Zahlungsmittel sein können, ist so einleuchtend, dass man sich umso mehr wundern muss, wie Papier, Baumwolle oder Nullen und Einsen als Zahlungsmittel funktionieren sollen. Die erste Idee, warum das so sein könnte, ist intuitiv und historisch gewachsen: Das Papier ist gedeckt durch einen Gegenwert.

Vereinfacht gesagt kann man sich das so vorstellen: In früheren Zeiten lagerten reiche Leute ihr Gold bei Goldschmieden ein, wo es sicher war, und erhielten als Gegenwert ein Stück Papier, eine Quittung. Irgendwann hat man angefangen, vielleicht aus Bequemlichkeit, statt mit physischem Gold mit der Quittung zu bezahlen – das Gold blieb in den Kellern des Goldschmiedes, wechselte nur virtuell den Besitzer – ähnlich wie die Steine der Insel Yap. Etabliert sich dieser Brauch, so werden die Quittungen zu einem Zahlungsmittel, zu Geld, allerdings einer besonderen Form von Geld: einer komplett goldgedeckten Währung. Der Wert dieser Währung bestimmt sich durch das Gold, das hinter ihr steht – eine sichere Währung. Wenn man in diesem Währungssystem ein Stück Papier als Entlohnung für seine Arbeit oder als Bezahlung für einen Wertgegenstand akzeptiert, dann deswegen, weil man dieses Papier jederzeit gegen etwas Seltenes, Wertvolles – eben Gold – eintauschen kann.

Ist das unsere Währung? Papier, das durch dahinter stehendes Gold gedeckt ist?

Schon lange nicht mehr. Moderne Währungen sind weder gedeckt durch Goldvorräte noch durch andere Werte, die man gegen Vorlage eines Geldscheins einfordern könnte – auch wenn diese Idee seit den jüngsten Krisen in einigen Kreisen eine Renaissance erlebt. Während Geld in seiner alten, goldgedeckten Form auf Eigentum basierte, ist unser heutiges Geld – so merkwürdig das klingt – schuldenbasiert. Um das zu verstehen, muss man wissen, wie modernes Geld entsteht und in Umlauf kommt. Zeit für den Auftritt des wichtigsten Akteurs unseres Währungssystems: die Notenbank.

Unser heutiges Geld ist sogenanntes Kreditgeld, das eine nationale oder supranationale Notenbank, auch Zentralbank genannt, herausgibt. Sie versorgt die Wirtschaft mit Geld, einer speziellen Form von Geld, dem sogenannten Zentralbankgeld, auch Geldbasis genannt.

Und so kommt dieses Geld in den Wirtschaftskreislauf: Die Unternehmen des Landes wollen investieren und produzieren – dazu benötigen sie Geld, um Lieferanten und Arbeitnehmer zu bezahlen. Dieses Geld leihen sie sich von den Geschäftsbanken; im Gegenzug dafür versprechen sie den Banken, dieses Geld aus den Erträgen ihrer Investitionen später zurückzuzahlen – inklusive einer Prämie für diesen Kredit, die wir Zins nennen. Doch woher bekommen die Geschäftsbanken das Geld, das sie den Unternehmen in Form von Krediten leihen?

Sie erahnen es: Dieses Geld kommt von der Zentralbank, die sozusagen als Bank der Geschäftsbanken fungiert. Die Geschäftsbanken verbriefen zunächst den Kredit, den sie den Unternehmen geben, was nichts anderes heißt, als dass sie diesen Kredit sozusagen verpacken, ein Wertpapier daraus schaffen und ihn damit handelbar machen. Diese verbrieften Kredite reichen die Geschäftsbanken als Sicherheit bei der Notenbank ein. Sie stellen schließlich ein Rückzahlungsversprechen dar, haben also einen Wert, weswegen die Notenbank diese Wertpapiere als Sicherheit akzeptiert und den Banken im Gegenzug das begehrte Geld aushändigt, das man Zentralbankgeld nennt. Am Ende dieses Geschäfts stellt sich die Sache wie folgt dar: Die Unternehmen bekommen – über die Geschäftsbanken als Zwischenhändler – von der Notenbank Geld, im Gegenzug dafür erhält die Zentralbank als Sicherheit die Kreditverbriefung der Unternehmen, die darin versprechen, den entsprechenden Kredit zurückzuzahlen. Unser Geld ist kreditbasiertes Geld, sein

Wert wird durch den Wert der Kredite bestimmt, die hinter diesem Geld stehen.

Unser modernes Geld basiert also nicht auf Gold oder Waren, sondern auf Zahlungsversprechen. Jeder Euro Zentralbankgeld, der durch unsere Wirtschaft kreist, ist durch einen Kredit, ein Wertpapier gedeckt, das bei der Notenbank lagert. Hinter jedem dieser Wertpapiere steht das Versprechen, Werte zu schaffen – es ist dieses Versprechen, das den Wertpapieren den Wert verleiht; damit ist es dieses Versprechen, das unserem Geld den Wert verleiht.

Diese Werte werden auch tatsächlich Tag für Tag, Monat für Monat, Jahr für Jahr geschaffen; es sind die Ergebnisse der Investitionen, für die sich die Unternehmen das Geld geliehen haben. Profis nennen das dann »volkswirtschaftliche Wertschöpfung«. Das Statistische Bundesamt in Wiesbaden erfasst und misst diese Wertschöpfung als Bruttoinlandsprodukt in der sogenannten Volkswirtschaftlichen Gesamtrechnung. Damit erkennen wir, was den Wert unseres Geldes bestimmt: unser Bruttoinlandsprodukt, in der Umgangssprache auch »Sozialprodukt« genannt, die Summe der Werte aller in einem Jahr hergestellten Waren und Dienstleistungen unserer Volkswirtschaft. Unser Geld ist nicht durch Gold gedeckt, sondern durch das Versprechen, dass ihm langfristig ein entsprechender Berg von Gütern und Dienstleistungen, das Sozialprodukt, gegenübersteht. Damit ist klar, wer den Wert unseres Geldes bestimmt: Alle diejenigen, die dieses Sozialprodukt herstellen. Also wir.

Steckbrief: Bitcoins – Geld aus Nullen und Einsen

Damit etwas als »Geld« bezeichnet werden kann, muss es als Recheneinheit und Zahlungsmittel dienen können; zudem muss es möglich sein, es als Wertaufbewahrungsmittel zu verwenden. Kann es zudem in andere Formen von

»Geld« getauscht werden (Konvertibilität), ist es eine Währung. Nach diesen Eigenschaften ist Bitcoin, das 2008 als reines Internet-Zahlungsmittel geschaffene Geld, eine Währung. Bitcoin ist zudem eine rein virtuelle Währung, die es nur als Zahlencode auf Computern gibt. Bitcoins werden von »Minern« über schwierige und teure Algorithmen geschaffen; vereinfacht gesagt lassen die »Miner« ihre Rechner Rechenaufgaben lösen, und als Belohnung dafür gibt es Bitcoins. Die Zahl der insgesamt erzeugbaren Bitcoins ist auf 21 Millionen begrenzt; zurzeit existieren etwa zwölf Millionen Bitcoins. Gewöhnliche Verwender kaufen Bitcoins mit Euros, Dollars oder anderen Währungen und speichern sie in elektronischen Brieftaschen, »Wallets« genannt. Sie können – wie jede andere Währung auch – zum jeweils geltenden Wechselkurs in andere Währungen zurückgetauscht werden. Der Hype um Bitcoins als reines »Cybergeld« kommt daher, dass Zahlungen in Bitcoins anonym getätigt werden können; Bitcoins sind demnach elektronisches Bargeld. Darüber hinaus führt die Mengenbegrenzung der insgesamt erzeugbaren Bitcoins dazu, dass sie anscheinend hervorragend zur Wertaufbewahrung geeignet sein könnten, da es eine ähnliche Mengenbegrenzung bei allen anderen Währungen, die von Zentralbanken herausgegeben werden, nicht gibt. Es ist daher zu erwarten, dass der Wert eines Bitcoin umso höher steigt, je stärker die Geldmenge der übrigen Währungen wächst. Daher könnte es dazu kommen, dass Bitcoins in größerem Ausmaß gehortet als ausgegeben werden. Der tatsächliche Wert der Bitcoins entspricht bei Weitem nicht dem theoretisch berechenbaren Wert. Zunächst einmal ist unklar, ob respektive in welchem Umfang Bitcoins von Unternehmen als Zahlungen akzeptiert werden. Gerade die Anonymität der Bitcoins hat bereits dazu geführt, dass sie für illegale Drogengeschäfte und zur Geldwäsche verwendet wurden. Daher weigern sich die meisten Banken, Bitcoin-Konten zu führen; dies erschwert Zahlungsvorgänge beträchtlich. Auch die Haltung von Zentralbanken und Regulierungsbehörden spielt für den Wert von Bitcoins eine sehr große Rolle. Das hatte bisher schon zu sehr großen Wertschwankungen von Bitcoins geführt. Zudem hat sich gezeigt, dass auch die Sicherheit von Bitcoins gegenüber Hackerangriffen nicht so groß zu sein scheint wie angenommen. Insgesamt kann zurzeit nur gesagt werden, dass Bitcoins eine sehr interessante Weiterentwicklung von »Cybergeld« darstellen. Wertanlagen in Bitcoins müssen aber als extrem spekulativ eingestuft werden. Wie bei allen hochspekulativen Anlageformen sind auch bei Bitcoins spekulative Blasen nicht auszuschließen.

Damit steht der Geldmenge, welche im Umlauf ist, als Wert die Summe aller Güter und Dienstleistungen gegenüber, die wir produziert haben. Dividieren wir die Menge aller dieser produzierten Werte – also das Sozialprodukt – durch die Geldmenge, so haben wir eine Maßzahl für die Kaufkraft des Geldes. Wie viel Sozialprodukt Sie für Ihren Euro bekommen, hängt also davon ab, wie viel Geld im Umlauf ist; je mehr Geld bei unverändertem Sozialprodukt durch unsere Brieftaschen fließt, umso weniger Sozialprodukt bekommt man pro Euro, umso geringer ist die Kaufkraft des Geldes. Der Wert unseres Geldes – gemessen an dem, was wir mit einem Euro an Gütern und Dienstleistungen kaufen können – ist gesunken. Experten nennen das den »Kaufkraftverlust des Geldes«. Die Kaufkraft unseres Geldes wird noch durch die sogenannte Umlaufgeschwindigkeit beeinflusst; diese sagt aus, wie oft ein Geldschein pro Jahr den Besitzer wechselt. Je höher diese Umlaufgeschwindigkeit ist – je höher also die Anzahl der Bezahlvorgänge, die mit einem einzigen Geldschein getätigt werden –, umso geringer ist die Kaufkraft des Geldes, weil nun einem gleichbleibenden Güterberg eine Geldmenge gegenübersteht, die mehrmals kaufkräftige Nachfrage finanziert.

Unser Geld hat also – im Gegensatz zu goldgedeckten Währungen – keinen festen Wert. Und das macht es so anfällig für Katastrophen, wie wir sie schon zweimal in Deutschland im 20. Jahrhundert kennengelernt haben: Hyperinflationen. Diese extreme Form der Geldentwertung gibt es erst, seit es Kreditgeld gibt. Das ist kein Zufall. Wie funktioniert die Mechanik der Kaufkraftvernichtung?

Steckbrief: Der Geldentwertungs-GAU

An Inflation, also die schleichende Entwertung des Geldes, sind wir mittlerweile gewöhnt und erachten sie auch nicht als sonderliche Bedrohung (oft zu Unrecht), aber Inflation ist nichts im Vergleich zu einer Hyperinflation, bei der die Inflationsrate, also das Tempo, mit dem die Kaufkraft des Geldes sinkt, von Monat zu Monat steigt. Uns Deutschen hat sich die Hyperinflation der 20er-Jahre des vorigen Jahrhunderts ins Gedächtnis eingebrannt, als sich die Preise auf dem Höhepunkt der Inflation um 30 000 Prozent erhöhten – pro Monat, versteht sich. »Nichts hat das deutsche Volk … so erbittert, so haßwütig, so hitlerreif gemacht wie die Inflation«, hat der Schriftsteller Stefan Zweig einmal geschrieben. Aber auch andere Staaten waren bisweilen nicht zimperlich, was die monatliche Geldentwertung angeht: Griechenland brachte es in den frühen 40er-Jahren des 20. Jahrhunderts auf 11 000 Prozent, in China waren es Ende der 40er-Jahre rund 4000 Prozent, und Jugoslawien schaffte es in den frühen 90er-Jahren auf satte 313 Millionen Prozent. Doch der Spitzenreiter war das Ungarn der Jahre 1945/46: Hier war die höchste monatliche Inflationsrate 1,295 mal 10^{16}, das ist eine Zahl mit 16 Nullen. Jetzt verstehen Sie auch sicherlich die nicht ganz wissenschaftliche Definition einer Hyperinflation, die als Witz unter Ökonomen kursiert: Hyperinflation herrscht dann, wenn ein Geldtransporter überfallen wird und die Diebe nur die Reifen mitnehmen.

3 Papierversprechen

Nie wieder kippen und wippen

Sprachlich gesehen gibt es Inflationen noch nicht so lange – das *Oxford English Dictionary* weist dieses Wort erstmals 1838 nach, es stammt aus dem Lateinischen und meint so viel wie »Aufblähung«. Erst ab 1838 wird es im Zusammenhang mit einer Währung benutzt. Das soll nicht heißen, dass es nicht schon früher Inflation gab – so sehen Historiker beispielsweise eine wichtige Ursache für den Niedergang des Römischen Reiches in der Inflation, die entstand, als die römischen Kaiser silberne Denare mit billigem Kupfer panschten, was eine wundersame Geldvermehrung zur Folge hatte. Auf rund 40 Prozent pro Jahr stieg die Inflationsrate im frühen vierten Jahrhundert.

Die Kernthesen dieses Kapitels

1. Selbst eine Inflation von zwei Prozent ist auf lange Frist teuer: Sie halbiert die Kaufkraft Ihres Vermögens innerhalb von rund 35 Jahren – für die Altersvorsorge ist das Gift.

2. Früher haben die Notenbanken ihr Geld nur gegen solide Kredite herausgegeben – unsere Geldmenge war also durch Kredite gedeckt, die sich früher oder später in Wachstum des Sozialprodukts, also Werte, verwandelt haben.

3. Heute tauschen die Notenbanken weltweit Geld gegen Kredite von bedenklicher Qualität, die im schlimmsten Fall nur Papierwert haben. Platzen diese Kredite, so stehen einer aufgeblähten Geldmenge nur gebrochene Versprechen, aber keine Werte gegenüber – unser Geld wird wertlos. Den Schaden tragen wir.

4. Weltweit sind Notenbanken immer mehr dazu übergegangen, die Schuldenberge der Staaten indirekt über die Herausgabe von Geld zu finanzieren – die Staaten verschulden sich zunehmend bei ihrer Notenbank.

5. Unser Geld wird zunehmend durch schlechtere Kredite gedeckt, die länger in den Händen der Notenbanken liegen – mit entsprechenden Risiken für den Wert unseres Geldes.

Auch zu anderen Zeiten gab es Inflation – allerdings war diese, solange das Geld durch Gold gedeckt war, das im Gegensatz zu Wertpapieren nicht beliebig vermehrbar ist, überschaubar. Es kam nur zu Inflation, wenn die Goldmengen, die das Papiergeld deckten, anstiegen, beispielsweise als die Eroberer Südamerikas Berge von Gold nach Hause brachten. Daraufhin stieg die Inflation im Spanien des 16. Jahrhunderts über 100 Jahre hinweg auf zwei Prozent. Das klingt nach heutigen Standards harmlos, ist es aber nicht: Bei einer Inflationsrate von zwei Prozent beträgt die Kaufkraft von 100 000 Euro nach 35 Jahren nur noch rund 50 000 Euro – Ihr Vermögen hat sich bei dieser bescheidenen Inflationsrate nach 35 Jahren halbiert. Nach 100 Jahren sind nur noch 13 000 Euro Kaufkraft übrig. Für die Altersvorsorge ist das ebenso Gift wie für potenzielle Erben.

Wollte der Staat sich in den Zeiten goldgedeckter Währungen bereichern, so ging das nur über das klassische Kippen und Wippen – indem man den Gold- oder Silbergehalt der umlaufenden Münzen verschlechterte. Dazu nahm man eine Münze aus Silber, schmolz sie ein und prägte unter der Zugabe von Kupfer zwei neue Münzen – und fertig ist die wundersame Geldvermehrung. Also wog (wippte) man eine Münze, um deren Silbergehalt zu bestimmen, und sortierte (kippte) die guten Münzen aus, um schlechte Münzen daraus zu machen. Die Folge: Die Kipper- und Wipperzeit bescherte dem Heiligen Römischen Reich Deutscher Nation die größte Inflation, die es je gesehen hatte.

Heutzutage werden Münzen nicht mehr gekippt und gewippt – in unserem kreditbasierten System ist die Geldvermehrung viel leichter: Da die Zahl der Wertpapiere, gegen die eine moderne Notenbank Geld herausgibt, sehr schnell und unbegrenzt erhöht werden kann, gibt es keine theoretische Grenze für die Geldvermehrung, vor allem dann nicht, wenn der Staat diese Wertpapiere selbst ausstellt und die Notenbank dazu zwingt, sie in Geld umzuwandeln. Noch schlimmer wird diese Veranstaltung, wenn der Staat uns per Gesetz dazu zwingt, dieses von ihm geschaffene Geld zu nutzen – wenn der Gesetzgeber verfügt, dass wir unsere Steuern in der von ihm festgelegten Währung zahlen müssen, wenn er festlegt, dass wir diese Währung als Bezahlung akzeptieren müssen, haben wir kaum einen Ausweg. Unter dem Strich ein perfides Rundumpaket: Der Staat nötigt die Notenbank, ihm gegen Wertpapiere, die er selbst ausstellt, Geld auszuhändigen, und dann zwingt er seine Bürger, dieses Geld als Zahlungsmittel zu akzeptieren. Jetzt verstehen Sie sicher, warum Hyperinflationen stets Kinder des kreditgedeckten Geldes waren und sind.

Mit diesem Grundwissen bewaffnet können wir uns einer ersten Krisenmaßnahme der Notenbanken weltweit widmen, die unser kreditbasiertes Geld gefährden könnte: Was passiert, wenn die Notenbank ihr Geld gegen wertlose Wertpapiere ausgibt?

Ungedeckte Geldscheine, gebrochene Versprechen

Die Frage liegt auf der Hand: Wenn der Wert unseres Geldes bestimmt ist durch die Wertpapiere, welche die Notenbank im Tausch gegen das Zentralbankgeld bekommt, was passiert, wenn diese Wertpapiere nur Schrott sind, nur Papierwert haben? Nach den obigen Überlegungen liegen die Folgen auf der Hand: Die Unternehmen bekommen von den Geschäftsbanken Kredite, welche die Geschäftsbanken gegen Zentralbankgeld tauschen – dadurch steigt die umlaufende Geldmenge. Platzen aber die Kredite, schaffen die Unternehmen also mittels dieser Kredite keine Werte, so geistert nun Zentralbankgeld durch die Wirtschaft, dem kein Sozialprodukt gegenübersteht – das hätte man ja durch Investitionen schaffen sollen, die man mithilfe des geliehenen Geldes finanziert. Schlagen diese Investitionen aber fehl, steht dem Geld kein zusätzliches Sozialprodukt gegenüber, mit der Folge, dass die Kaufkraft des Geldes sinkt – es kommt zu Inflation.

Natürlich wissen das auch die Notenbanker, und deswegen händigt die Notenbank nicht gegen jeden Kredit Zentralbankgeld aus, sondern nur gegen Kredite, die sie für risikolos, für werthaltig befindet – denen sie eine »gute Bonität« bescheinigt, wie es in Fachkreisen heißt. Die Notenbank gibt Zentralbankgeld also nur gegen Wertpapiere heraus, die bestimmte Qualitätsmerkmale erfüllen, die sichern sollen, dass man wertvolles Geld nicht gegen faule Kredite tauscht. Eine wichtige Vorsichtsmaßnahme, die den Wert unseres Geldes sichern soll.

Ist das so? Leider nicht mehr. Die Zentralbanken etlicher Hauptwährungsländer – so etwa die Europäische Zentralbank (EZB), die amerikanische Notenbank Fed – haben diese Vorsichtsmaßnahme im Zuge der Wirtschaftskrisen der vergangenen Jahre über Bord geworfen. Schauen wir uns beispielsweise die Europäische Zentralbank an: BBB– statt A– heißt hier die Devise. Hinter diesem technischen Jargon versteckt sich ein dramatischer Strategiewechsel: Vor Oktober 2008 bekamen europäische Geschäftsbanken nur Zentralbankgeld, wenn sie Wertpapiere bester Bonität einreichten. Im Fachchinesisch der Notenbanker sprach man davon, dass diese Sicherheiten von den Ratingagenturen, einer Art Finanzmarkt-Schufa, welche die Güte von Krediten benotet, mindestens mit der Note A– bewertet sein müssen – das entspricht etwa die Schulnote Zwei plus. Solche Kredite fallen selten bis gar nicht aus. Doch dann, im Oktober 2008, lockerte die Europäische Zentralbank diese Regel, jetzt bekommen die Geschäftsbanken auch Zentralbankgeld gegen Kredite, die von den Agenturen mit der Note BBB– versehen waren – das ist ungefähr eine Vier plus. Die meisten von uns würden solche Kredite nicht mit der Kneifzange anfassen.

Und es kommt noch dicker: Im Zuge der Euro-Krise beschloss die EZB, auch Kredite von Griechenland, Irland und Portugal, sogenannte Staatsanleihen, gegen Zentralbankgeld einzutauschen, obwohl diese Anleihen der genannten Staaten nicht nur bei den Ratingagenturen als riskant gelten – Griechenland-Anleihen beispielsweise werden in der Sprache der Finanzmärkte als »Ramsch« bezeichnet. Ramsch, der jetzt in den Bilanzen der EZB steht, und das Geld, das die EZB dafür im Gegenzug herausgegeben hat, vagabundiert durch das europäische Finanzsystem. Bösartig formuliert: Hier wurde aus Schrott Geld gemacht, im schlimmsten Fall hat die Zentralbank Geld ausgegeben und im Gegenzug nur wertlose Kredite dafür bekommen. Und wenn diese Kredite ausfallen, trägt den Schaden der europäische Steuerzahler.

Der nächste Sündenfall folgte auf dem Fuß: 2012 erlaubte die EZB nationalen Notenbanken, Kreditforderungen gegenüber kleinen und mittleren Unternehmen und Konsumentenkredite als Sicherheiten zu akzeptieren – noch mehr zweifelhafte Kredite, die bei der EZB landen, noch mehr Geld, das im Gegenzug dafür den Weg ins Kreditsystem findet. Getoppt wird diese Maßnahme von der Idee, Zentralbankgeld auch gegen Bankschuldverschreibungen herauszugeben. Was so harmlos, weil technisch, klingt, ist vereinfacht gesagt Selbstbedienung der Banken: Diese geben sich untereinander Kredit und bieten diese Kredite im Tausch gegen Zentralbankgeld der Notenbank als Sicherheit an. Bank A gibt Bank B einen Kredit, und diesen Kredit kann Bank A als Sicherheit bei der Notenbank einreichen und sich dafür Zentralbankgeld beschaffen. Umgekehrt kann nun auch Bank B einen Kredit an Bank A vergeben und diesen ebenfalls gegen Zentralbankgeld eintauschen. Eine Lizenz zum Gelddrucken, ein geldpolitisches Perpetuum mobile.

Die Krone des Ganzen ist aber ELA. ELA, das steht für »Emergency Liquidity Assistance« und bedeutet, dass die nationalen Notenbanken »vorübergehend zahlungsunfähigen Institutionen und Märkten in Ausnahmefällen Überbrückungskredite« gewähren dürfen. Überspitzt gesagt gibt ELA den nationalen Notenbanken der Euro-Zone das Recht, die eigene Notenpresse anzuwerfen, wenn Pleitebanken zu retten sind oder sonstige nationale Unannehmlichkeiten ins Haus stehen – nur in Ausnahmefällen, versteht sich. Tritt dieser Ausnahmefall aber ein, entscheidet die nationale Notenbank, gegen welche Sicherheiten sie Geld zur Verfügung stellt. Kurzum: Gibt es Ärger, dann kann die nationale Notenbank für ihre heimischen Banken Geld drucken und im Tausch gegen dieses Geld jegliche Art von Wertpapieren akzeptieren. Über die Qualität dieser Wertpapiere darf man sich keine Illusionen machen.

Natürlich ist dieser Ausnahmefall eingetreten, vor allem Griechenland (geschätzte 110 Milliarden Euro Anfang 2012) und Irland (45 Milliarden Euro) nutzten diese Geldpumpe. Insgesamt, so schätzen Experten, summierten sich die ELA-Kredite im Juni 2012 auf rund 187 Milliarden Euro – 187 Milliarden Euro, welche die jeweiligen nationalen Notenbanken eigenständig in ihre Wirtschaft gepumpt haben, 187 Milliarden Euro, von denen fraglich ist, ob ihnen langfristig ein entsprechender Wert gegenüberstehen wird. Das sind 187 Milliarden Euro, welche die Kaufkraft des Euro bedrohen – und zwar in allen Euro-Staaten, nicht nur in den Staaten, die mithilfe von ELA das Geld in Umlauf gebracht haben.

Wenn Sie das bedrohlich finden, sollten Sie nicht weiterlesen – verglichen mit den Eskapaden der amerikanischen Notenbank Fed (auch der Bank of England und der Bank of Japan) scheint die EZB-Politik harmlos. Qualitative Easing haben die Amerikaner diese Strategie getauft, die im Grunde genommen genau das ist, was die EZB gemacht hat: Man gibt das Zentralbankgeld gegen immer geringwertigere Sicherheiten heraus. Von August 2007 an begann die amerikanische Notenbank Fed systematisch damit, die guten Kredite, die den Zentralbank-Dollar decken, auszutauschen gegen schlechte Kredite. Vereinfacht gesagt hat die Fed dem in Bedrängnis geratenen amerikanischen Bankensektor schlechte Sicherheiten abgenommen und ihm im Tausch die eigenen, guten Sicherheiten gegeben – die Banken bekamen von der Fed gute Wertpapiere, die Fed im Gegenzug von den Banken Schrott. Schrott, der jetzt den Wert des Dollars mitbestimmt. Wenn die schlechten Sicherheiten ausfallen, muss die

Notenbank diesen Verlust tragen – also der amerikanische Steuerzahler.

Bis hierhin ist das bereits recht unappetitlich, doch was nun kommt, ist kein Spaß mehr, und es erinnert uns an eine Zeit, in der jeder Deutsche Milliardär war.

Die Mutter aller Sünden

Es war ein Universalmittel: Kinder verwendeten es als Spielzeug, bastelten Drachen daraus, Hausbesitzer tapezierten damit ihre Wände, andere heizten damit, und bisweilen beobachtete man Straßenfeger, die es in den Gully fegten. Die Rede ist von Papiergeld, von der deutschen Mark. In den 20er-Jahren des vergangenen Jahrhunderts stieg die gedruckte Menge der deutschen Mark so stark an, dass sie wertlos wurde – den vielen Millionen Scheinen, die in der Wirtschaft kursierten, stand eine viel zu geringe Gütermenge gegenüber, die man damit hätte kaufen können. Das Resultat: Inflation, und zwar 30 000 Prozent. Pro Monat. Um das anschaulich zu machen: Wer also am 1. Januar 1923 eine Zeitung für eine Mark kaufte, musste bereits am 1. Februar des gleichen Jahres für die gleiche Zeitung 30 000 Mark zahlen. Und wer zuvor über Jahre hinweg ein kleines Vermögen von 30 000 Mark angespart hatte, konnte im Zeitraffer zusehen, wie es unter seinen Händen zerfiel.

Wer war für dieses Desaster verantwortlich? Wie immer die üblichen Verdächtigen, also Politiker. Mehr als 40 Jahre war der Wert der deutschen Mark an das Gold gekoppelt, mit der Folge, dass ihr Wert stabil war. Doch 1924 endete dieses Idyll: Der deutsche Staat hatte sich in einen teuren, nutzlosen Krieg gestürzt, den er mit Krediten finanziert hatte, und als der Wahnsinn des Ersten Weltkrieges vorbei war und der Pulverdampf sich lichtete, saß das deutsche Gemeinwesen auf einem gigantischen Schuldenberg, auf den die alliierten Sieger noch ordentliche Reparationszahlungen draufpackten.

Wie die meisten Schuldner suchte der deutsche Staat, sich auf wenig ehrsame Weise aus der Schuldenfalle zu befreien: Er pumpte die Zentralbank an. Technisch gesehen geschah das, indem der deutsche Staat bei der Notenbank einen Kredit aufnahm und sich diesen in frisch gedruckter Mark ausbezahlen ließ. Die Folge dieser Politik waren Kinder, die mit dicken Geldbündeln spielten, und Arbeiter, die täglich ausbezahlt wurden und das Geld in Schubkarren nach Hause brachten. Meistens aber brachten sie es nicht nach Hause, ihre Frauen kamen an die Werktore, holten den Lohn ihrer Männer dort direkt ab, um ihn sofort in die Geschäfte zu tragen – hätte man bis zum Abend gewartet, wäre das Geld schon wieder weniger wert gewesen. Am Ende dieser Veranstaltung, bevor eine Währungsreform diesen Spuk beendete, waren die Preise in Deutschland sieben Milliarden Mal so hoch wie vor dem Krieg.

Seit den 20er-Jahren, als Politiker mit der Geldpresse ein Gemeinwesen zerstörten, gilt es bei allen demokratischen Staaten als geldpolitische Mutter aller Sünden, sich Kredite bei der Notenbank zu beschaffen, seitdem steht in vielen Statuten der Notenbanken der Passus, dass die Notenbank dem Staat keinen Kredit geben darf. Auch für die Europäische Zentralbank gibt es eine solche Regelung, sie steht in Artikel 123 des Vertrags über die Arbeitsweise der Europäischen Union:

> *»Überziehungs- oder andere Kreditfazilitäten bei der EZB oder den Zentralbanken der Mitgliedstaaten (…) für Organe oder Einrichtungen der Gemeinschaft, Zentralregierungen, regionale oder lokale Gebietskörperschaften oder andere öffentlich-rechtliche Körperschaften, sonstige Einrichtungen des öffentlichen Rechts oder öffentliche Unternehmen der Mitgliedstaaten sind ebenso verboten wie der unmittelbare Erwerb von Schuldtiteln von diesen durch die EZB oder die nationalen Zentralbanken.«*

In üblichem unverständlichem Juristenjargon verkleidet, steht da ganz deutlich: Die EZB darf keine Kredite an Staaten oder staatliche Körperschaften vergeben und auch keine Kredite von Staaten kaufen. Ist damit alles geklärt? Leider nicht. Beachten Sie das Wort »unmittelbar« in diesem Passus. Wenn etwas nur »unmittelbar« verboten ist, dann ist es doch mittelbar zulässig, oder? Es ist dieser Passus, welcher der Europäischen Zentral-bankbank ein Hintertürchen geöffnet hat, um das zu tun, was viele Geldpolitiker als die Mutter aller Sünden betrachten: die Finanzierung von Staatsschulden mit der Druckerpresse.

Auch hier verschleiert technischer Jargon, was die Notenbank tatsächlich tut: Als »Securities Markets Programme« verkleidete man den ersten Vorstoß in das eigentlich verbotene Terrain, und den Nachfolger des ersten Dammbrechers taufte man »Outright Monetary Transactions« (kurz OMT). »Wenn Sie glauben, mich verstanden zu haben, habe ich mich nicht un-verständlich genug ausgedrückt«, hätte der ehemalige Noten-bankchef Alan Greenspan wohl dazu gesagt. Beide Programme haben aber den gleichen Zweck: Die Notenbank kauft Schul-den der europäischen Pleitestaaten. Im Zuge des ersten Secu-rities Markets Programme sammelte die EZB Schulden im Wert von rund 200 Milliarden Euro ein, der Nachfolger, die Out-right Monetary Transactions, soll hingegen unbegrenzt die Schulden europäischer Staaten aufkaufen können – man werde alles tun, um den Euro zu retten, hatte EZB-Chef Mario Draghi diesen Schritt kommentiert.

Nun steht aber in Artikel 123, dass die Notenbank keine Schuld-titel unmittelbar von den Staaten erwerben darf – und das tut sie auch nicht. Das Geschäft läuft wie folgt: Ein Staat, sagen wir Griechenland, nimmt bei einer Geschäftsbank Kredit auf, und zwar indem er der Bank eine Staatsanleihe verkauft – so nennt man die Schuldscheine von Staaten. Die Geschäftsbank ver-kauft diesen Kredit (also die Staatsanleihe) im nächsten Schritt weiter an die Notenbank, sodass die Staatsschulden da landen, wo sie nicht landen sollten – nämlich in der Bilanz der Noten-bank. Geht jetzt etwas schief, so bleibt der Steuerzahler auf den Verlusten sitzen, denn die Käufe der Notenbank sind endgültig.

Über den Durchlauferhitzer des Bankensystems kauft die Europäische Zentralbank die Schulden europäischer Pleitekandidaten – im Zweifelsfall auf unsere Kosten. Das Bundesverfassungsgericht hat sich im Wesentlichen dieser Sichtweise angeschlossen; zur endgültigen Klärung hat sie die Frage, ob das OMT-Programm verbotene Staatsfinanzierung darstellt, dem Europäischen Gerichtshof vorgelegt.

Allerdings nimmt sich das Verhalten der Europäischen Zentralbank im Vergleich zu ihrer amerikanischen Schwester harmlos aus: Die amerikanische Notenbank Fed hat derart massiv Staatsanleihen des eigenen Landes aufgekauft, dass der größte Gläubiger der Vereinigten Staaten mittlerweile nicht mehr China, sondern – die Vereinigten Staaten sind. Mehr als eine Billion Dollar amerikanische Staatsschulden stehen bereits in der Bilanz der amerikanischen Notenbank – den Chinesen schulden die Amerikaner knapp 900 Milliarden Dollar. Und auf der anderen Seite des Ärmelkanals sieht es auch nicht wesentlich besser aus: Mehr als 300 Milliarden Euro Schulden der eigenen Regierung hat die Bank of England bereits in die Bilanz aufgenommen – rund ein Drittel der britischen Staatsverschuldung.

Insgesamt gesehen ergibt das ein beunruhigendes Bild: Vor dem Jahr 2008 achteten Notenbanken weltweit darauf, dass sie Geld nur gegen gute Sicherheiten herausgaben – dem umlaufenden Zentralbankgeld standen werthaltige Kredite gegenüber, welche die Hoffnung rechtfertigten, dass dem Geld, das dafür den Weg in unsere Brieftaschen fand, später ein entsprechendes Sozialprodukt gegenübersteht. Kreditbasiertes Geld, das auf einem soliden Fundament ruht, dessen Name »Notenbank« ist.

Mit der Immobilienkrise des Jahres 2007 und der darauffolgenden Euro-Krise (die wir uns in den Kapiteln 7 und 9 genauer anschauen werden) änderte sich das schlagartig: Notenbanken weltweit akzeptierten nun zweifelhafte Kredite als Sicherheit für Zentralbankgeld – dem Geld, das in den Brieftaschen der Konsumenten steckt, stehen mehr denn je nur

Hoffnungswerte gegenüber. Der schlimmste Fall: Die Kredite, welche die Notenbanken als Sicherheit akzeptiert haben, schaffen keine Werte, sondern fallen aus. Das Geld, das die Notenbanken aber im Tausch für diese Kredite herausgegeben haben, kursiert immer noch durch die Adern der Wirtschaft, ihm stünde in diesem Fall kein Sozialprodukt gegenüber, mit bekannten Folgen: ungedeckte Geldscheine, gebrochene Versprechen. Das Ausmaß, in dem die Notenbanken ihre Versprechen untergraben, lässt sich auch in Zahlen ausdrücken; dazu müssen wir einen Blick auf den Erfolgsausweis der Zentralbank werfen, ihre Bilanz. Fragen wir also den Mann, der unsere Geldscheine unterschreibt.

»Ich unterschreibe die Geldscheine«

Als Notenbankpräsident darf man selbstbewusst auftreten, so selbstbewusst wie Jean-Claude Trichet, der ehemalige Chef der Europäischen Zentralbank. Als Euro-Gruppen-Chef Jean-Claude Juncker mit Jean-Claude Trichet ein Gespräch führen wollte über die wirtschaftliche Situation der Euro-Zone, kümmerte das Trichet wenig, er ließ einen Brief mit der entsprechenden Bitte Junckers unbeantwortet – Juncker, so erklärte er, sei Politiker. »Aber wenn Sie auf den Banknoten nachschauen, werden Sie sehen, dass ich diese unterschrieben habe«, bürstete Trichet Juncker in einer Pressekonferenz ab.

Heute steht die Unterschrift von Mario Draghi, Trichets Nachfolger, auf den Euro-Scheinen; formal betrachtet ist er derjenige, der uns den Wert unseres Geldes schuldet. Überlegt man, wie das Geld in unsere Brieftaschen gelangt ist, so ist das stimmig: Die Unternehmen leihen sich Geld von den Geschäftsbanken, das diese wiederum von der Notenbank bekommen, die dafür im Gegenzug die Wertpapiere der Unternehmen über die Geschäftsbanken als Sicherheit nimmt. Die Notenbank hat das Geld ausgegeben, sie ist im Besitz der Kredite – folglich müssen wir unsere Ansprüche gegen sie geltend machen, wenn wir den Gegenwert unseres Geldes einfordern. Jeder Geldschein repräsentiert einen Anspruch auf einen Teil des Bruttoinlandsprodukts (kurz BIP), welcher durch die Kreditvergabe der Banken und die Geldschaffung der Notenbank entstanden ist. Und diese Ansprüche kann jeder Bürger nachlesen, nämlich in den Veröffentlichungen der Notenbank – in der Notenbank- oder Zentralbankbilanz.

Steckbrief: Geld verdirbt den Charakter

… oder verändert ihn zumindest: Aus clever konstruierten Experimenten wissen Psychologen und Ökonomen, dass allein der Anblick von Geld das Verhalten von Menschen ändern kann. Der Aufbau eines solchen Experiments ist einfach: Zuerst lenkt man die Gedanken der Versuchspersonen auf Geld oder auf neutrale Dinge, indem man sie beispielsweise Sätze vervollständigen lässt, die mit Geld oder aber etwas Neutralem zu tun haben (»Ich reichte einen Scheck ein« oder »Ich schrieb einen Brief«), oder indem man ihnen Bilder von Geld zeigt oder von neutralen Gegenständen. Wenn nun Personen, deren Gedanken man auf Geld gelenkt hat, sich anders verhalten als solche, deren Gedanken auf neutrale Dinge gelenkt wurden, deutet das darauf hin, dass der Gedanke an Geld menschliches Verhalten beeinflusst. Und was sind die Befunde solcher Experimente? Ganz klar: Menschen, die an Geld denken, handeln eher marktorientiert und leistungsorientiert, sie sind in eine Art Geschäftsmodus geschaltet. Wer an Geld denkt, spendet weniger für gute Zwecke, ist weniger hilfsbereit als Menschen, die nicht über Geld nachdenken, und strengt sich mehr an. Darüber hinaus: Wer an Geld denkt, legt mehr Wert auf seine Eigenständigkeit und lässt sich weniger von anderen Meinungen beeinflussen. Der Gedanke an Geld führt auch zu mehr sozialer und physischer Distanz: Menschen, die vor einem Bildschirmschoner sitzen, auf dem Geldscheine zu sehen sind, halten mehr Abstand zu ihren Mitmenschen, die im gleichen Raum sitzen, als Menschen, die vor einem Bildschirmschoner mit neutralen Bildern sitzen. Der Gedanke an Geld macht auch unethisch: Alleine der Anblick eines Geldstapels führt dazu, dass Menschen bei Experimenten im Labor eher mogeln. Allerdings hat Geld auch seine guten Seiten: So zeigen Studien, dass Schmerzen oder soziale Ausgrenzung das Bedürfnis der Menschen nach Geld steigern – offenbar zu Recht, denn Geld war tatsächlich in der Lage, diese Schmerzen zu reduzieren.

Diese Bilanz hat – wie jede Bilanz – zwei Seiten; rechts stehen die Schulden der Notenbank, links ihre Forderungen. Fangen wir mit der rechten Seite an, die man auch Passivseite nennt: Hier stehen die Schulden der Notenbank, ihre Zahlungsverpflichtungen, das, was uns Herr Draghi schuldet. Praktischerweise unterschreibt Herr Draghi, wie wir gesehen haben, die Schuldscheine – es handelt sich um unser Geld, das also nichts anderes ist als von der Notenbank unterschriebene Schuldscheine. Die Summe dieser Schulden auf der rechten Seite der Notenbankbilanz entspricht, grob gesagt, der Zentralbankgeldmenge, also derjenigen Geldmenge, welche die Zentralbank dem Bankensystem und damit der Euro-Zone zur Verfügung stellt. Die explosionsartige Ausdehnung dieser Geldmenge im Verlauf der Euro-Zonen-Krise wird uns noch beschäftigen.
Wenden wir uns nun der linken Seite der Bilanz zu, der Aktivseite: Hier stehen alle Forderungen der Notenbank, also diejenigen Werte, welche die Notenbank im Gegenzug für die Ausgabe des Zentralbankgeldes bekommen hat – in erster Linie

die Wertpapiere, welche die Notenbank gegen die Herausgabe von Geldscheinen akzeptiert hat; das sind die Forderungen der Notenbank an das Bankensystem. Das ist die einfache Logik der doppelten Buchführung, die auch für Notenbanken gilt: Eine Bilanz ist die Gegenüberstellung aller Forderungen (Aktivseite) und Verbindlichkeiten (Passivseite). Und da die Notenbank für jeden Zentralbankgeld-Euro, den sie ausgegeben hat, als Sicherheit Kredite respektive Wertpapiere eingefordert hat, stehen auf der linken Seite der Notenbankbilanz diejenigen Wertpapiere, die unser Geld decken sollen.

Dabei gilt: Je besser die Qualität der Wertpapiere auf der linken Seite, umso sicherer (also inflationsgeschützter) ist unser Geld auf der rechten Seite. Stehen auf der linken Seite nur faule Wertpapiere, die geringe oder keine Wertzuwächse versprechen, so bedeutet das, dass unserem Geld, das ja auf der rechten Seite steht, nur zweifelhafte Werte gegenüberstehen. Sollten sich die Wertpapiere als wertlos, die dahinter stehenden Kredite als nicht rückzahlbar erweisen, ist auch unser Geld wertlos. Und? Wie sieht es aus mit der linken Seite der Notenbankbilanzen?

Nach den obigen Ausführungen zur Strategie der Notenbanken, im Zuge der Krise immer geringerwertige Wertpapiere als Sicherheiten zu akzeptieren, ist klar, dass uns hier nichts Gutes erwartet. In der Euro-Zone hat man immer mehr Kredite zweifelhafter Qualität als Sicherheiten für Zentralbankgeld akzeptiert, auch von den krisengeschüttelten Südstaaten. In den Vereinigten Staaten und in Großbritannien haben die Notenbanken ebenfalls Staatsschuldpapiere in beträchtlichem Ausmaß aufgekauft, und auch in der Bilanz der Europäischen Zentralbank stehen mittlerweile – wie wir bereits gesehen haben – Staatsschulden in Höhe von etlichen Milliarden Euro. Alle diese Bilanzen enthalten damit viele Hoffnungswerte.

Doch nicht nur die Qualität der linken Seite der Zentralbanken hat gelitten, es kommt sogar noch dicker: Die faulen Kredite liegen immer länger auf der linken Seite der Notenbankbilanzen. Um das zu verstehen, müssen wir unsere Vorstellung, wie eine Notenbank Geld in die Wirtschaft schleust, etwas verfeinern. Und zwar so: Die Geschäftsbanken reichen kreditbasierte Wertpapiere bei der Notenbank ein und bekommen dafür im Gegenzug Zentralbankgeld. Dieses Geschäft ist allerdings von vornherein befristet; nach durchschnittlich drei Monaten muss die Geschäftsbank das Geld an die Notenbank zurückzahlen und bekommt dafür ihre Wertpapiere zurück.

Mit dieser Befristung kann die Notenbank zumindest alle drei Monate (oder auch in kürzeren Abständen) ihren geldpolitischen Kurs neu justieren, indem sie die Konditionen, zu denen sie Geld gegen Kredite tauscht, verändert (in der Realität ist das noch etwas komplizierter, da die Notenbank Geld mit verschiedenen Fristigkeiten verleiht). Indem sie alle drei Monate (oder in kürzeren Abständen) neu darüber entscheidet, wie viel Zentralbankgeld sie den Geschäftsbanken zu welchen Konditionen anbietet, behält sie in Sachen Geldversorgung jederzeit die Zügel in der Hand. Ist sie der Ansicht, dass zu viel Geld im Kreislauf ist, so kann sie nach Fristablauf den Geschäftsbanken die Wertpapiere zurückgeben und bekommt dafür das von ihr ausgegebene Geld zurück. Auf diesem Weg hat sie die im Wirtschaftssystem kreisende Zentralbankgeldmenge verringert. Die befristete Ausgabe des Geldes an die Geschäftsbanken ermöglicht es der Notenbank, innerhalb kurzer Zeit die Notbremse zu ziehen – falls erforderlich.

Klingt gut, aber Sie ahnen es schon: Im Zuge der Euro-Krise hat die Europäische Zentralbankbank seit 2008 diese Stellschraube massiv gelockert und den Banken Geld für Laufzeiten von bis zu 36 Monaten zur Verfügung gestellt. »Dicke Bertha« hat EZB-Chef Draghi diese Maßnahme getauft, nach einer Kanone aus dem Ersten Weltkrieg. Mehr als eine Billion Euro haben sich die Banken zu einem festen Zinssatz von der EZB geliehen; bisweilen auch gegen Sicherheiten von eher zweifelhafter Qualität – aber das hatten wir ja schon. Das Problem mit Bertha: Die EZB hat das Geld auf ein Jahr verliehen, ein Jahr, in dem die Notenbank also eingeschränkt ist in ihren Handlungsmöglichkeiten – die EZB hat sozusagen die Notbremse außer Kraft gesetzt, der Bremsweg ist nun deutlich länger.

Strich drunter: Auch an dieser Front haben die Notenbanken weltweit ihr Verhalten drastisch geändert. Galt noch vor 2008 die Devise, dass man die Sicherheiten, welche die Banken einreichen müssen, um Zentralbankgeld zu erhalten, nach möglichst kurzer Zeit wieder austauscht, um bei der Gestaltung der geldpolitischen Landschaft die Zügel in der Hand zu halten, so hat sich das nach 2008 deutlich geändert: Schlechtere Sicherheiten bleiben länger in der Bilanz der Notenbank hängen – mit allen Risiken und Nebenwirkungen. Und als wäre das noch nicht genug – es kommt noch besser. Zeit für die vielleicht gefährlichste Buchstabenkombination in der Geldpolitik. Zeit für QE.

QE oder: Es regnet Geld

An den Finanzmärkten hat sich das Kürzel »QE« eingebürgert, und da es zwei Runden QE gab, spricht man dort von »QE1« und »QE2«. QE, das ist die Abkürzung für den Fachbegriff »Quantitative Easing«, was man mit »quantitativer Lockerung« übersetzen könnte. Manche Zeitgenossen unterscheiden zudem noch das »Qualitative Easing«, die »qualitative Lockerung« – viel mehr Fachchinesisch geht kaum noch, aber das ist rasch entzaubert.

Unter der qualitativen Lockerung versteht man alle Politikmaßnahmen, die wir bereits erörtert haben: Die Notenbank akeptiert zunehmend schlechtere Sicherheiten als Pfand für Zentralbankgeld, unserem Geld stehen damit Wertpapiere zweifelhafter Qualität gegenüber. Wie wir gesehen haben, bedeutet das, dass auf der linken Seite der Notenbankbilanz Werte stehen, die möglicherweise keine sind – mit entsprechenden Folgen für den Wert unseres Geldes. Die Qualität der Notenbankbilanz auf der linken Seite hat sich verschlechtert – die

Qualitätsmaßstäbe sind gelockert, deswegen nennt man das qualitative Lockerung. So harmlos kann das klingen – die Notenbank gibt Geld gegen Schrott heraus und verniedlicht das als qualitative Lockerung.

Und was bedeutet die *quantitative* Lockerung? Hier wird nicht die Zusammensetzung der Notenbankbilanz geändert, sondern ihr Volumen: Die Notenbank gibt eine größere Menge an Zentralbankgeld heraus, sie tut das, was man umgangssprachlich als »die Druckerpresse anwerfen« bezeichnet. Wie sie das macht? Ganz einfach: Sie öffnet die Schleusen.

Das Gefährliche an Papiergeld ist ja, dass man es quasi per Knopfdruck beliebig vermehren kann. Dazu muss die Notenbank nur mehr Sicherheiten akzeptieren, mehr Wertpapiere aufkaufen, sie auf der linken Seite der Notenbankbilanz abladen und im Gegenzug mehr Zentralbankgeld verteilen. Während sich bei der qualitativen Lockerung streng genommen nur die Art der Wertpapiere ändert, die auf der linken Seite der Notenbankbilanz stehen, steigt durch quantitative Lockerung die Menge der insgesamt dort befindlichen Wertpapiere, wodurch automatisch die ausgegebene Zentralbankgeldmenge steigt und auch die rechte Seite der Bilanz länger wird. Das Resultat dieser Operation: Mehr Zentralbankgeld kommt in Umlauf. Die Geldschleusen sind geöffnet. Hier finden wir wieder den bereits diskutierten Ankauf von Staatsanleihen durch die Notenbanken – auch auf diesem Weg kann man die Geldmenge ausweiten – Pardon, quantitativ lockern.

Quantitative und qualitative Lockerung lassen sich nur schwer trennen, da in der Praxis beides gleichzeitig gemacht wird: Man druckt mehr Geld und akzeptiert dafür schlechtere Sicherheiten, es kommt mehr Geld in Umlauf, das schlechter besichert ist. Wie viel Geld bisher in Umlauf gekommen ist, lässt sich aus den Notenbankbilanzen ablesen: Je mehr Geld die Notenbanken herausschießen, umso länger werden die beiden Seiten der Bilanzen – links, weil die Menge der akzeptierten Sicherheiten zunimmt, rechts, weil die im Gegenzug herausgegebene Zentralbankgeldmenge steigt. Werden beide Seiten der Bilanz länger, so steigt die Bilanzsumme, nämlich die Summe aller Werte auf einer Seite der Bilanz, die – das ist das Wesen einer Bilanz – der Summe aller Werte auf der anderen Seite dieser Bilanz entsprechen muss.

Und um wie viel hat das Volumen der Zentralbankbilanzen zugenommen? Die Bilanzsumme der Europäischen Zentralbank ist in den vergangenen zehn Jahren von rund 833 Milliarden Euro auf knapp 3000 Milliarden Euro gestiegen – ein Anstieg von rund 360 Prozent. Die Geldmenge, welche die Europäische Zentralbank ausgibt, hat sich in den vergangenen Jahren mehr als verdreifacht. Bei der amerikanischen Notenbank sieht das nicht wesentlich anders aus, hier waren es 312 Prozent, bei der Bank of Japan dagegen bescheidene 150 Prozent, zumindest bisher. In den vergangenen Jahren ist die Welt mit Geld geflutet worden. Und wir werden uns später fragen müssen, wohin dieses Geld gewandert ist – und was es anrichten könnte.

Zusammenfassend können wir festhalten: Unser Geld beruht auf dem Wert von Krediten und damit auf dem Wert zukünftiger Wirtschaftsleistung, und die Notenbanken der Welt haben in den vergangenen fünf Jahren schlechte Kredite in sehr viel Geld umgewandelt. Noch vor 2008 wäre es undenkbar gewesen, dass Notenbanken sich Ramschpapiere auf die Bilanz laden, dass sie beispielsweise Schulden von de facto bankrotten Staaten in Geld verwandeln – in den Jahren vor 2008 hätte alleine der Gedanke an so etwas jedem aufrichtigen Notenbankpräsidenten schlaflose Nächte bereitet. Wie konnte es so weit kommen? Um das zu verstehen, müssen wir noch tiefer in die Eingeweide unseres Geldsystems vordringen – zu den Erfüllungsgehilfen der Notenbanken. Und zu einem Mann, der auf seine Hochzeitsreise verzichten muss.

4 Geld aus dem Nichts

Kleine Monster

Eigentlich soll es der schönste Tag ihres Lebens werden: Im amerikanischen Film *Ist das Leben nicht schön?* ist das glückliche Paar George und Mary auf dem Weg in die Flitterwochen, als sich das Gerücht verbreitet, dass die kleine Bank, deren Präsident George ist, die »Building and Loan«, vor dem Bankrott steht. Panisch stürmen die Kunden die Bank, um ihr Geld zurückzufordern. George stellt sich der wütenden Menge entgegen und hält eine flammende Rede, in der er seinen Kunden erklärt, dass er ihnen ihr Geld nicht sofort geben könne – es liege nicht im Banktresor, sondern sei an andere Kunden verliehen.

Die Kernthesen dieses Kapitels

1. Banken spielen eine aktive Rolle bei der Schöpfung von Geld – sie verleihen das Geld, das ihre Kunden bei ihnen deponieren, an andere Kunden. Dieser Prozess der Giralgeldschöpfung ist eine Quelle der Unsicherheiten in unserem Bankensystem.

2. Banken sind nur dann sichere Orte, wenn sie die Gelder ihrer Kunden in sicheren Investments anlegen und wenn bei den Kunden niemals der Verdacht aufkommt, dass die Bank in Schwierigkeiten ist.

3. Die Garantien der Kundengelder der Banken durch die Regierung sind rein psychologischer Natur; im Ernstfall reichen die Mittel des Staates nicht aus, um die Einlagen des Bankensystems zu garantieren.

4. Die Europäische Zentralbank hat die Möglichkeiten der Banken, Giralgeld zu schöpfen, erweitert – ein Vorgang, den man mit gemischten Gefühlen sehen kann.

5. Allerdings ist es grundsätzlich kein Problem, dass Geschäftsbanken Giralgeld schaffen – die Alternative wäre ein Geldsystem, in dem die Notenbank faktisch jeden einzelnen Kredit mit Zentralbankgeld finanzieren müsste.

Für einen Bankkunden ist das harter Stoff: Da vertraut man
sein Geld einer Bank an, wo man es sicher wähnt, und diese verleiht es einfach weiter – was, wenn das schiefgeht, wenn die
Bank das verliehene Geld nicht zurückbekommt? Grund zur
Panik bietet dieses Geschäftsmodell allemal. Im Film kann George die aufgebrachte Menge beruhigen, indem er einen Teil der
Kunden mithilfe des Geldes, das für die Hochzeitsreise gedacht
war, ausbezahlt. Die Hochzeitsreise fällt aus.

So verstörend das klingt – genauso wie in *Ist das Leben nicht
schön?* funktioniert unser Geschäftsbankensystem. Wer Finanzmärkte als Monster bezeichnet, der muss sich mit den Keimzel-
len des Finanzmarktes beschäftigen – mit wenigen großen und
vielen kleinen Monstern.

Steckbrief: Deutschlands größte Bankenpleiten

Sie verkaufen sich gerne ihren Kunden als Hort der Stabilität – was nicht immer ganz der Wahrheit entspricht: Zahlreiche Bankenpleiten zeugen vom Gegenteil. Ein legendärer
Fall war die Pleite der Darmstädter und Nationalbank (Danat-Bank) im Jahr 1931, die sich an einem Großkunden und
diversen Bilanzmanipulationen verschluckte. Was dann
folgte, kennen wir bereits: Die Regierung Brüning verstaat-
lichte daraufhin die Bank und fusionierte sie mit der ebenfalls angeschlagenen Dresdner Bank. Überhaupt: Die Wirtschaftskrise und die Hyperinflation hatten viele deutsche
Banken in den Ruin getrieben, die Weimarer Republik erlebte eine schwere Bankenkrise. Einen ähnlich klangvollen
Namen wie die Danat-Bank hat die legendäre Herstatt-Bank,
die sich über den Devisenhandel von einer kleinen Provinz-
bank zu einem Zwei-Milliarden-Riesen aufgeblasen hatte,
bevor man ihr 1974 die Luft abließ. Auch ein immer wieder-
kehrendes Motiv bei dieser Pleite: Herstatts Chefdevisen-

händler Dany Dattel (ja, der hieß wirklich so) hatte die Verluste, die im Devisenhandel entstanden, lange durch diverse Tricksereien vertuscht. An Krediten an einen Großkunden verschluckte sich 1983 ebenfalls die exklusive Privatbank Schröder, Münchmeyer, Hengst & Co. (SMH). Ein Opfer der amerikanischen Immobilienkrise wurde 2007 die Düsseldorfer Mittelstandsbank IKB. Sie hatte massiv und teilweise außerhalb der offiziellen Bilanz in verbriefte Immobilienkredite investiert. Angeblich hat ein Wall-Street-Banker, als er gefragt wurde, an wen er seine gewagtesten Finanzprodukte verkauft, geantwortet: »An dämliche Deutsche in Düsseldorf.« Die Branche und der Staat spendierten Milliarden zur Rettung der »dämlichen Düsseldorfer«, die 2008 von einem Finanzinvestor übernommen wurden. Die Königin unter den deutschen Pleitebanken aber dürfte die Hypo Real Estate sein, die über ihre Tochtergesellschaft Depfa Bank langfristige Geschäfte mit kurzfristigen Krediten finanziert hatte – das kann, muss aber nicht schiefgehen. Ging es aber: Dreistellige Milliardensummen wurden zur Rettung aufgerufen, und 2009 war die Hypo Real Estate die erste Bank seit 1949, die in Deutschland verstaatlicht wurde. Aber nicht alle Bankenkrisen enden unglücklich, die wohl glücklichste Bankenkrise erlebte 1799 die Bank der Gebrüder Kauffmann in Hamburg: Während die Bank in eine schwere Krise rutschte, schickte einer der Brüder seiner Braut ein Los der Hamburger Stadtlotterie – erster Preis: 100 000 Mark. Die Braut kaufte daraufhin noch ein Los einer anderen Lotterie mit der gleichen Losnummer, erster Preis: ebenfalls 100 000 Mark. Die Bank war anschließend saniert: Beide Lose gewannen.

Bisher haben wir die Geschäftsbanken als passive Akteure im Geschehen um die Herstellung und Verteilung des Geldes erlebt: Sie vergeben Kredite an Unternehmen, verwandeln diese Kredite in Wertpapiere und leiten diese an die Notenbank weiter; dafür bekommen sie Zentralbankgeld, das sie wiederum an die Wirtschaft weiterreichen. Das ist so weit richtig, doch die Geschäftsbanken spielen eine wesentlich aktivere Rolle bei der Schöpfung von Geld: Sie stellen das her, was Experten »Giralgeld« nennen. Ein Prozess, der ein wenig an die russischen Puppen erinnert, in denen immer noch eine weitere, kleinere Puppe steckt.

Der Ausgangspunkt zur Schaffung von Giralgeld ist eine einfache Erkenntnis: Die Kunden einer Bank halten auf ihren Konten zumeist eine Menge Geld, das sie nicht abrufen. Wenn die Bank mit dem Geld nichts anstellt, liegt es nutzlos in der Bank herum. Warum sollte es? Warum nicht einfach das Geld, das die Kunden auf ihren Konten stehen lassen, weiterverleihen? Solange die Kunden das Geld, das auf ihren Girokonten liegt – die sogenannten Einlagen –, nicht abheben, kann man es noch ein wenig arbeiten lassen – es muss nur wieder rechtzeitig zur Stelle sein, wenn die Kunden ihre Einlagen wiederhaben wollen. Hört sich abenteuerlich an, ist aber ein wesentlicher Bestandteil unseres Geldsystems.

Und so funktioniert es: Wenn einer Bank Zentralbankgeld von der Notenbank gutgeschrieben wird, verbucht sie dieses Geld auf dem Konto des Unternehmens, an das sie den Kredit vergeben hat. Dieses Unternehmen bezahlt damit Beschäftigte, Lieferanten und sonstige Geschäftspartner, aber ein Teil des Geldes wird auf dem Konto – und damit bei der Geschäftsbank – bleiben. Doch nicht nur das: Wenn wir für einen Moment annehmen, dass die Arbeitnehmer, Lieferanten und Geschäftspartner des Unternehmens ihr Konto bei der gleichen Geschäftsbank haben, dann finden lediglich ein paar Umbuchungen statt – ein Großteil des neuen Zentralbankgeldes bleibt weiterhin bei der Geschäftsbank.

Aber genau das ist der Punkt: Was, wenn die Geschäftsbank das Geld ihrer Kunden – des Unternehmens, der Arbeitnehmer oder Lieferanten – weiterverleiht? Genau das machen Geschäftsbanken. Das Geld, das Sie zur Geschäftsbank tragen, liegt dort nicht untätig im Tresor, sondern wird von der Bank weiterverliehen, an andere Kunden und Kreditnehmer. Auf diese Art kann eine Geschäftsbank aus einem Euro Zentralbankgeld im gedanklichen Extremfall sehr viele zusätzliche Euros schaffen: Sie verbucht dem Unternehmen einen Euro auf dessen Konto, doch solange dieses den Euro auf dem Konto stehen lässt, kann die Bank diesen Euro an einen anderen Kunden verleihen und ihm auf dessen Girokonto gutschreiben – und schon sind aus einem Euro zwei geworden. Sollte der zweite Kunde den Euro auch nicht abheben, sondern auf dem Konto stehen lassen, kann die Bank ihn theoretisch ein zweites Mal verleihen – Sie ahnen, wo das hinführt.

Diese wundersame Geldvermehrung nennen Profis »Giralgeldschöpfung«, und das auf diesem Weg zusätzlich geschaffene Geld wird als »Giralgeld« bezeichnet. Giralgeld wird von den Geschäftsbanken geschaffen; somit können aus einem Euro Zentralbankgeld viele zusätzliche Euros an Giralgeld werden.

Dieser gespenstischen Vision einer Bank, die aus einem Euro Zentralbankgeld eine Flut weiterer Euros generiert, sind Grenzen gesetzt. Die erste Grenze, die einem intuitiv einfällt, ist keine: Was, wenn der Euro, den die Bank dem Kunden gutschreibt, nicht bei der gleichen Bank bleibt, sondern zu einer anderen Bank wandert? Das hemmt die Möglichkeit der Geschäftsbanken insgesamt, Giralgeld zu schaffen, nicht. Das Geld wandert ja nur von einer Geschäftsbank zu einer anderen Geschäftsbank, die das Gleiche macht: Sie verleiht das Geld, das ihre Kunden auf den Girokonten parken, an andere Kunden weiter. In diesem System der Giralgeldschöpfung kann jeder Euro, der bei einer Bank deponiert ist, immer wieder verliehen werden, wodurch weiteres Giralgeld entsteht.

Sie sehen: Solange das Zentralbankgeld auf irgendeinem Giro-

konto liegt, können die Geschäftsbanken aus jedem Zentralbankgeld-Euro zusätzliche, weitere Giralgeld-Euros schaffen.
Damit ist klar, was die Giralgeldschöpfung stattdessen bremst:
jede Barabhebung, bei der das Zentralbankgeld von den Girokonten in die Brieftaschen der Kunden wandert. Ein Euro,
der nicht auf einem Konto der Bank liegt, kann von dieser
nicht verliehen und so zu Giralgeld werden. Wenn die Geschäftsbank einem Unternehmen Zentralbankgeld gutschreibt
und das Unternehmen dieses Geld komplett abhebt, um es bar
in die eigene Kasse zu legen, ist die Giralgeldschöpfung sofort
beendet.

Neben dieser Bargeldabhebung gibt es eine zweite Bremse für
die wundersame Geldvermehrung: Auch dem größten Spieler
ist klar, dass eine Bank nicht alles Geld, das auf den Konten
ihrer Kunden liegt, fröhlich weiterverleihen kann – was, wenn
Kunden überraschend Geld abheben wollen und feststellen,
dass die Bank das Geld gar nicht hat – so wie im Fall von *Ist das
Leben nicht schön?* –, sondern weiterverliehen hat? Klarer Fall:
Die Bank muss in der Lage sein, ihren Kunden Geld zu geben,
wenn diese etwas abheben wollen, und dazu muss sie eine Barreserve haben. Aus Vorsichtsgründen.

Und so funktioniert die Barreserve: Die Kunden der Geschäftsbanken hinterlegen ihr Geld auf dem Girokonto, und einen Teil
des Geldes verleihen die Banken weiter. Zwar muss die Bank
damit rechnen, dass die Kunden einen Teil ihres Geldes wieder
abheben, aber eben nicht alle Kunden. Hat die Bank sagen wir
100 Kunden mit jeweils 1000 Euro Einlagen, also 100 000 Euro
Gesamteinlagen, und erwartet sie, dass im Schnitt pro Monat
zehn Kunden jeweils 500 Euro abheben, so muss sie 5000 Euro
aus Vorsicht bar einbehalten, um diese Auszahlungswünsche
zu befriedigen. Die restlichen 95 000 Euro kann sie frohgemut
weiterverleihen. Diese Sicherheitsreserve reduziert die Fähigkeit
der Banken, Giralgeld zu schaffen – wenn die Bank vermutet,
dass nicht zehn, sondern 90 Kunden in dem betreffenden Monat jeweils 500 Euro abheben werden, muss sie 45 000 Euro

vorrätig halten, die sie nun nicht weiterverleihen kann. Das sind 45 000 Euro weniger, aus denen Giralgeld geschaffen werden kann.

Die Barreserve stellt also sicher, dass die Banken immer genügend Bargeld haben, um die Auszahlungswünsche der Kunden zu bedienen – allerdings nur im Durchschnitt. Geschieht etwas Unvorhergesehenes, etwas Ungeplantes, wollen plötzlich alle Kunden auf einmal ihr Geld, geht die Bank in die Knie – sie kann gar nicht allen Kunden auf einmal ihr Geld zurückzahlen, weil sie das ja zum großen Teil weiterverliehen hat. So kann es zu einer Bankenpanik kommen – was uns zurückbringt zum Bankpräsidenten George in *Ist das Leben nicht schön?* und einer Bundeskanzlerin, die unerfüllbare Versprechen gibt.

Panik vor den Bankentürmen

Georges Bank ist nicht pleite, aber sie hat das gemacht, was jede Bank macht: das Geld der Kunden an andere Kunden weiterverliehen. Als sich das Gerücht ausbreitet, dass die Bank pleite sei, haben die Kunden ein Problem: Ist die Bank wirklich pleite, sind die Ersparnisse verloren, die man auf der Bank hat. Also tun die Kunden das, was jeder tun würde: Sie stürmen die Bank, um zu retten, was zu retten ist – jeder versucht, sein Geld abzuheben, solange die Bank noch welches hat.

Wenn alle Kunden so denken und handeln, geht die Bank in die Knie. Genau das war die Krise des Jahres 2008, als die Bundeskanzlerin vor die Presse trat und in einer dramatischen Erklärung den deutschen Sparern versicherte, dass ihre Spareinlagen sicher seien. Rein rechnerisch war das kaum möglich – die Regierung nannte eine Summe von rund 560 Milliarden Euro, und bei einem jährlichen Bundeshaushalt von rund 300 Milliarden Euro konnte die Bundesregierung wohl kaum für die Sicherheit der deutschen Bankeinlagen geradestehen, und das musste ihr auch klar sein.

Das Kalkül der Bundesregierung war nicht, die Girokonten zu garantieren, sondern die Bankkunden zu beruhigen. Solange jeder glaubt, dass sein Geld auf der Bank sicher ist, wird niemand auf die Idee kommen, sein gesamtes Geld abzuheben, und solange die Kunden ihre Gelder nicht in Massen abziehen, sind Bank und Geld sicher. Das ist ähnlich wie im Falle der »Building and Loan« aus *Ist das Leben nicht schön?*: Als George einigen panischen Bankkunden einen Teil ihrer Gelder auszahlt – mit dem Geld, das für die Flitterwochen vorgesehen war –, beruhigen sich die Kunden, die Bankenpleite ist abgewendet. Solange die Kunden glauben, dass ihr Geld auf der Bank sicher sei, ist es auch sicher.

Heute würde George mit dem bisschen Geld für die Flitterwochen keine Bank mehr retten können – beispielsweise, wenn er im September 2007 im englischen Newcastle Bankdirektor gewesen wäre. Der Name Newcastle war früher mit seinem traditionsreichen Fußballklub Newcastle United verbunden, der eine Zeit lang von Kevin Keegan betreut wurde – ein Name, den ältere Bundesliga-Fans noch kennen. Heute kennt man Newcastle eher, weil die Stadt im Nordosten Englands Firmensitz einer Bank war, die zum modernen Synonym für eine Bankenpanik geworden ist: Hier, in Newcastle upon Tyne, war der Firmensitz des Hypothekenfinanzierers Northern Rock.

Am 13. September 2007 erlangt Northern Rock traurige Berühmtheit: Als Nachrichten durchsickern, dass die englische Notenbank Northern Rock eine Notfallunterstützung im Fall von Liquiditätsproblemen zusagt, stürmen panische Kunden die Filialen von Northern Rock, um ihr Geld zurückzuholen, und anders als in Hollywood reichen hier nicht ein paar Dollar und eine flammende Ansprache, um die Kunden zu beruhigen. Die Bilder der Menschenschlangen vor den Bankfilialen gehen um die Welt und tragen dazu bei, die Bankfiliale in einen äußerst ungemütlichen Ort zu verwandeln. Kein Einzelfall: Alleine in den vergangenen 30 Jahren gab es 140 Fälle von Bankenpleiten, bei denen sich die Verluste auf ein Prozent des jeweiligen nationalen Sozialprodukts anhäuften, und in mehr als 20 Fällen erreichten diese Verluste sogar rund zehn Prozent des Sozialprodukts. Ein teurer Spaß.

Umso schlimmer, dass eine Bankenpanik, oder ein Bank Run, wie es die Angelsachsen nennen, selbst dann entstehen kann, wenn eine Bank kerngesund ist. Will man verhindern, dass eine Bank zahlungsunfähig wird, darf bei den Kunden niemals der Verdacht aufkommen, dass sich die Bank in einer Schieflage befinden könnte – selbst der ungerechtfertigte Verdacht kann zu einer Bankenpleite führen. Und damit die Kunden ihre Bank sicher wähnen, muss sie sorgfältig arbeiten: Je gewissenhafter eine Bank mit dem Geld ihrer Kunden umgeht, sie also nicht an windige Unternehmen verleiht, sondern an solide, gut überprüfte Betriebe, umso geringer ist die Gefahr, dass das Geld ihrer Kunden untergeht. Und umso sicherer sind die Kundengelder. Genau das war, wie wir noch sehen werden, in den Tagen des Jahres 2008 nicht der Fall, was die Kanzlerin mit ihrer Garantie auf den Plan rief.

Es gibt noch eine weitere Notbremse gegen eine Bankenpanik, nämlich die Barreserve – je größer diese ist, umso geringer ist die Gefahr, dass die Bank die Gelder ihrer Kunden nicht zurückzahlen kann. Klar: Wenn eine Bank Einlagen in Höhe von einer Million Euro hat, und von dieser Million 999 999 Euro als Sicherheitsreserve hält, braucht sich kein Kunde Gedanken um die Sicherheit seiner Bank zu machen. Allerdings ist damit zugleich die Sache mit der Giralgeldschöpfung erledigt, wie wir gesehen haben.

Nun könnte man ja darauf vertrauen, dass die Banken von selbst auf die Idee kommen, eine Barreserve anzulegen – doch Vertrauen ist gut, Kontrolle ist besser. Nicht nur aus diesem Grund müssen alle Geschäftsbanken auf Veranlassung der Notenbanken eine Barreserve bei der Notenbank hinterlegen, die sogenannte Mindestreserve.

Vereinfacht gesagt schreibt die Notenbank jeder Geschäftsbank vor, einen bestimmten Prozentsatz ihrer Einlagen als Mindestreserve bei der Notenbank zu hinterlegen, sozusagen eine verpflichtende Barreserve. Diese Mindestreserve dient als Sicherheitspuffer, damit es nicht zu Bankenpaniken kommt, und als Bremse – sie verhindert, wie wir bereits gesehen haben, dass die Banken unbegrenzt Giralgeld schaffen können.

Damit haben wir ein halbwegs vollständiges Bild vom Prozess der Geldentstehung: Die Geschäftsbanken tauschen in einem ersten Schritt bei der Notenbank Wertpapiere gegen Zentralbankgeld. Dieses Geld schreiben sie ihren Kunden gut. Da diese aber nicht das gesamte Geld sofort abziehen, sondern einen Teil davon auf den Konten der Geschäftsbanken belassen, können die Banken nach Abzug der Mindestreserve diesen Teil des Geldes weiterverleihen an andere Bankkunden, wodurch zusätzliches Geld, das Giralgeld, entsteht. Das Giralgeld ist mengenmäßig ein Vielfaches des Zentralbankgeldes.

Bisweilen entsteht der Eindruck, als könnten die Geschäftsbanken ihr eigenes Geld drucken und seien die Herrscher über unser Geldsystem – doch dieser Eindruck trügt. Die Notenbank ist jederzeit Herrin des Geschehens: Sie bestimmt, wie viel Zentralbankgeld in den Umlauf kommt – das ist der Treibstoff, den die Geschäftsbanken benötigen, um Giralgeld zu schaffen. Dreht die Notenbank den Geldhahn zu, sitzen die Geschäftsbanken auf dem Trockenen. Allerdings kann die Notenbank die gesamte Geldmenge – Zentralbankgeld und Giralgeld – weder exakt steuern noch im Voraus bestimmen. Die Geschäftsbanken haben mehr oder weniger große Spielräume bei der Giralgeldschöpfung. Regelmäßig ist die maximal mögliche Giralgeldschöpfung deutlich größer als die tatsächliche. Das liegt in erster Linie daran, dass sich die Kreditvergabe (und damit die Giralgeldschöpfung) für die Banken lohnen muss.

Aber die Notenbank hat ja noch einen zweiten Weg, um die Geldschöpfung durch die Geschäftsbanken zu beschränken – die Mindestreserve. Wie wir gesehen haben, können die Banken umso weniger Geld schöpfen, je mehr Geld sie als Sicherheit bei der Notenbank hinterlegen müssen. Auch an dieser Stellschraube hat die Europäische Zentralbank gedreht: 2011 verfügte sie, dass die Banken statt zwei Prozent ihrer Einlagen nur noch ein Prozent als Sicherheit hinterlegen müssen. Theoretisch ist damit die Fähigkeit der Geschäftsbanken, Geld zu schaffen, weiter gestiegen (warum die Geldschöpfung dennoch nicht zugenommen hat, werden wir noch sehen).

Mit dieser Verringerung der Mindestreserveverpflichtung wollte die Europäische Zentralbank die Banken dazu ermuntern, mehr Geld zu schaffen, also mehr Kredite zu vergeben. Damit einhergehend bedeutet das zugleich, dass unsere Banken – zumindest theoretisch – unsicherer geworden sind, weil sie nur noch ein geringeres Sicherheitspolster zurücklegen müssen. Dies ist allerdings kein Problem, da die Banken zurzeit sehr hohe freiwillige Reserven (Überschussreserven genannt) halten. Offensichtlich hat die Maßnahme der Zentralbank die Kreditvergabe mit dieser Maßnahme nicht angekurbelt. Daher gibt es Überlegungen, auf die freiwilligen Reserven der Banken keine Zinsen zu zahlen oder sogar Zinszahlungen von Banken dafür zu fordern (negative Zinsen) – wer etwas kritischer denkt, sieht hierin eine gewisse Hilflosigkeit der Zentralbanken.

Nun beschleicht einen bisweilen ein ungutes Gefühl, wenn man hört, dass die Geschäftsbanken – private Unternehmen – Geld schaffen können. Ist das bedrohlich? Gefährlich? Notwendig?

Obwohl es bei dieser Frage abweichende Meinungen unter den Ökonomen gibt, hält doch ein Großteil der Fachleute die Giralgeldschöpfung des Bankensystems für eher unbedenklich. Erstens ist, wie wir gesehen haben, die Notenbank Herrin des Geschehens; sie entscheidet mithilfe der Höhe der Zentralbankgeldmenge und der Mindestreserve, wie viel Giralgeld die Geschäftsbanken in Umlauf bringen können – im Ernstfall könnte sie beispielsweise den Mindestreservesatz auf 100 Prozent festlegen, dann wäre keine Giralgeldschöpfung mehr möglich.

Steckbrief: Voll das Geld

Ein alternativer Vorschlag für eine Reform des Geldwesens ist das sogenannte Vollgeld. Seine Grundidee entspricht quasi einem Bankensystem mit einer Mindestreserve von 100 Prozent: Banken können dann kein Giralgeld mehr schöpfen, und jeder Kredit muss mit Zentralbankgeld oder entsprechenden Werten hinterlegt sein. Damit, so die Idee, trennt man den Prozess der Geldschöpfung von der Kreditentstehung, und kann nun beides getrennt steuern und kontrollieren. Die Hoffnung dieses Konzeptes ist es, dadurch große Schwankungen in der Kredit- und damit auch der Geldversorgung zu verhindern. Grundsätzlich ist das insofern richtig, als Banken nun nicht mehr – wie bisher – Giralgeld schaffen können. Das muss nun die Notenbank übernehmen, sie muss jede Kreditvergabe mit Zentralbankgeld hinterlegen – die Schaffung und Lenkung der Geldmenge liegt nun ganz in ihren Händen. Kritiker haben daran Zweifel: Erstens ist fraglich, ob sich dadurch an der Kreditversorgung grundlegend etwas ändern wird – die Geschäftsbanken schaffen das Giralgeld ja schließlich aufgrund der Kreditnachfrage der Firmenkunden, und der Notenbank wird vermutlich bei der Zentralbankgeldschöpfung nicht viel anderes übrig bleiben. Zweitens wird der Notenbank damit zusätzliche Macht verliehen – schwer vorstellbar, dass Politiker nicht versuchen werden, sich dieser zu bemächtigen. Und drittens schwanken dann die Geldmenge und die Kreditvergabe zwar nicht mehr, weil die Geschäftsbanken kein Geld mehr schöpfen, aber wer kann sagen, dass es der Notenbank besser gelingen wird, die Schwankungen in der Geld- und Kreditmenge zu reduzieren? Die entscheidende Frage in dieser Debatte ist, ob die Notenbank die Geld- und Kreditmenge einfach so bestimmen kann oder ob deren Höhe nicht letztlich durch die Kreditnachfrage der Kunden bestimmt wird – im letzteren Fall funktioniert die Sache mit dem Vollgeld dann auch nicht. Die Rolle der Banken allerdings wäre in einem Vollgeldsystem dramatisch reduziert. Sie wären nur noch Spardosen, bei denen man sein Geld hinterlegt, und Filialen der Zentralbank. Historische Beispiele für Vollgeld gibt es in jüngster Zeit wenige; die früheren Währungen, die vollständig durch Gold gedeckt waren, waren de facto Vollgeld. Ein modernes Beispiel allerdings gibt es: Das Währungssystem der ehemaligen DDR war quasi ein Vollgeldsystem.

Will die Notenbank das überhaupt? Eher nicht. Versetzt man sich in die Lage einer Geschäftsbank, so wird rasch klar, dass das keine gute Idee ist: Will ein Kunde Kredit, so überlegt sich die Bank, ob sie dem Kunden ruhigen Gewissens Geld leihen kann; kommt sie zu dem Urteil, dass sie das tun kann, schafft sie Giralgeld und verleiht es. Was passiert, wenn die Notenbank die Mindestreserve auf 100 Prozent festsetzt? Will die Geschäftsbank jetzt einen Kredit vergeben, muss sie erst bei der Notenbank vorstellig werden und sich neues Zentralbankgeld besorgen. Und die Notenbank muss überlegen, ob sie der Bank das Geld zur Verfügung stellen will, um den betreffenden Kredit zu vergeben. Zwar gewinnt die Notenbank auf diese Weise perfekte Kontrolle über die Geldmenge insgesamt, aber die Bank – und damit die Volkswirtschaft – verliert dringend benötigte Flexibilität. Daher scheint eine 100-Prozent-Mindestreserve allenfalls für extreme Notlagen eine gute Lösung zu sein. Demgegenüber scheint Giralgeldschöpfung die elegantere Lösung zu sein: Sie lässt die Geschäftsbanken an der langen Leine des Geldschaffungsprozesses, die Geschäftsbanken vor Ort entscheiden selbst, ob und, wenn ja, wie viel Kredit sie wem geben, und schaffen das Geld, das sie zur Kreditvergabe benötigen, selbst

Natürlich bedarf dieses System einer Überwachung, und wie wir gesehen haben, hat letztlich immer die Notenbank die Zügel an der Hand. Was unser Geld angeht, so hat die Notenbank ganz klar das letzte Wort, die wichtigen Fragen werden von ihr entschieden. Angesichts der Entwicklungen der vergangenen Jahre allerdings muss man sich fragen, was sie entschieden hat und ob sie immer gut entschieden hat. Was droht uns zu ruinieren, wer und was hat uns in diese Lage gebracht?

ZWEITER TEIL

Ein Jahrzehnt der Krisen

In diesem Abschnitt erfahren Sie ...

... alles über die drei größten Krisen der vergangenen Jahre und ihre Ursachen: den Dotcom-Boom des Jahres 2000, die amerikanischen Immobilienkrise und die Krise des Euro.

... welche Rolle die Geldpolitik und die Finanzmärkte bei diesen Krisen spielten.

... was sich hinter dem Begriff »Sachwertinflation« verbirgt, wie sie entsteht und warum sie so gefährlich ist.

... warum die traditionelle Wirtschaftspolitik an ihre Grenzen stößt.

5 Erste Krise:
Gold auf den Straßen

Eine Zahl für den Wahnsinn

28. Wollte man dem Wahnsinn eine Zahl geben, so wäre es die 28. Genauer gesagt 28,50, denn genau so viel – 28,50 D-Mark, also 14,57 Euro –, kostete die Aktie der Deutschen Telekom, als sie 1996 an die Deutsche Börse kam. Rund zwei Jahre zuvor hatte man die Deutsche Telekom in eine Aktiengesellschaft umgewandelt, und jetzt, jetzt war man am Ziel: Aus einem Koloss, als behäbiger und muffiger Beamtenladen belächelt, war ein moderner, börsennotierter Konzern geworden, dem die Anleger in Scharen folgten. Die Aktie der Deutschen Telekom wurde zu einer Volksaktie, in vielen Börsensendungen wurde der T-Aktie, wie man sie liebevoll nannte, gehuldigt, ihr Kursverlauf wurde eine Angelegenheit von nationalem Interesse.

Die Kernthesen dieses Kapitels

1. Der New-Economy-Boom der 2000er-Jahre schien ein Wunder zu sein: Trotz boomender Wirtschaft stiegen weder Preise noch Zinsen – es schien in der Tat eine neue Zeit ohne Inflation und Wirtschaftskrisen angebrochen, und die steigenden Aktienkurse machten die Menschen scheinbar immer reicher.

2. Angesichts dieser Entwicklung sahen sich die Notenbanken auch nicht veranlasst, einzugreifen und die Zinsen zu erhöhen oder die Geldmenge zu reduzieren. Sie trugen mit einer Politik des billigen Geldes maßgeblich dazu bei, den New-Economy-Boom zu befeuern.

3. Die Kursgewinne der Internet-Blase waren eine neue Form der Inflation, eine sogenannte Vermögenspreisinflation. Statt der Preise für Lebensmittel, Möbel oder anderer Konsumgüter stiegen die Preise für Vermögensgüter wie Aktien. Die Inflation hatte einfach ihre Gestalt geändert – nur wollte das kaum jemand wahrhaben.

4. Vermögenspreisinflation ist vermutlich gefährlicher als die normale Güterpreisinflation, da sie zu massiven Fehlinvestitionen führt; die Anleger werden von den falschen Vermögenspreisen in unsinnige Geschäftsmodelle gelockt. Vermögenspreisinflation bedeutet also Ressourcenverschwendung.

5. Nach dem Platzen der Vermögenspreisblase und den Anschlägen des September 2001 weiteten die Notenbanken die Geldmenge drastisch aus – und legten damit den Grundstein für die nächste Finanzkrise.

Der Börsengang der Deutschen Telekom im Jahr 1996 war der Startschuss für einen gigantischen Aktienboom. Das war etwas, was die Deutschen bis dahin nicht kannten; sie hatten ihr Geld wie schon ihre Väter und Großväter in Lebensversicherungen gesteckt, auf verschlafenen Sparbüchern geparkt oder in Beton gegossen – die schwäbische Hausfrau macht keine Aktiengeschäfte. Der Deutsche ist kein Zocker.

Das änderte sich mit dem Börsengang der Deutschen Telekom: Auf einmal waren Aktiengeschäfte en vogue, Zeitungen, Zeitschriften und Fernsehkanäle bauten ihre Börsenberichterstattung aus, Börsenbriefe sprossen aus dem Boden, die Nachbarn, die bisher nur Gartenzeitschriften abonniert hatten, sahen plötzlich *Börse online,* Studienräte investierten in Tech-Start-ups, und mancher kündigte seinen Job, um professionell an der Börse sein Geld zu verdienen. Das Gold lag auf der Straße, man musste es nur aufheben. Der Studienrat wurde zum Day-Trader, die Hausfrau zur Börsenexpertin, der Deutsche zum Börsenprofi. Was war passiert?

Eine Menge. Die Welt war in Bewegung geraten: Menschen konnten auf einmal im weltweiten Datennetz suchen, einkaufen und Bekannte treffen, sie konnten ohne Festnetz im Auto, im Café oder im Park telefonieren, das menschliche Genom wurde entschlüsselt – eine Zeit der Innovationen und des Fortschritts war angebrochen. Eine Reihe spektakulärer Erfindungen versprach ein goldenes Zeitalter steigenden Wohlstands und zunehmender Produktivität. Unternehmen investierten, stellten neue Mitarbeiter ein, bauten neue Bürokomplexe und kauften neue Maschinen. Und das Geld für diese unternehmerischen Abenteuer holten sie sich an der Börse. Die Anleger waren förmlich versessen darauf, den Unternehmen Geld für weitere Investitionen zu leihen, versprachen die Unternehmen ihren Aktionären doch, sie mit den Gewinnen aus diesen Investitionen zu belohnen – wer eine Aktie kauft, ist an einem Unternehmen beteiligt, und hat damit auch Anrecht auf einen Anteil an den Unternehmensgewinnen. Und da der Mensch ein ungeduldiges Wesen ist, nimmt er gerne einen Vorschuss – also stiegen die Aktienkurse in Erwartung der zukünftigen Gewinne, die man später ja mit Sicherheit einstecken würde. Bestimmt. »Hoffnungswerte« nennt man das dann an der Börse. Daran, dass Hoffnungen bisweilen auch enttäuscht werden, denkt man bei diesem Wort selten.

Die Aussichten auf goldene Zeiten lockten wie bei jedem Goldrausch immer mehr Goldgräber an, die an diesem Boom mitverdienen wollten – als Unternehmer, Aktionär, Banker oder Nebendarsteller. Sie alle brachten noch mehr Ideen, noch mehr Geschäftsmodelle und noch mehr Geld an die Börsen, und die steigenden Aktienkurse lockten weitere Goldgräber an, was zu weiteren Kurssteigerungen führte, was weitere Goldgräber anlockte. Ein Boom befeuerte sich selbst. Dass die Kurse nicht für alle Zeiten in den Himmel wachsen konnten, kümmerte damals niemanden. Und dass viele der Unternehmen, die damals an der Börse Geld einsammelten, wohl nie Gewinne machen würden, schien auch niemanden zu kümmern – Hauptsache, der Aktienkurs stieg.

In anderen, normalen Zeiten hätte diese Entwicklung zu steigenden Zinsen geführt: Eine steigende Nachfrage nach Kapital, um dieses zu investieren, führt automatisch dazu, dass der Preis für die Überlassung des Kapitals, die Zinsen, steigt. Dieser Anstieg der Zinsen bremst wiederum die Investitionen, was den Boom dann zum Erliegen bringt. Außerdem sorgt die steigende Nachfrage im Zuge des Booms für einen Anstieg der Preise und damit für einen Rückgang der Nachfrage – Inflation ist nach alten Maßstäben eine zwingende Folge eines solchen Booms und ruft die Notenbank auf den Plan. Diese erhöht dann die Zinsen, bremst die Wirtschaft, indem sie die monetären Zügel anzieht, und sorgt damit dafür, dass dieser Boom zu einem Ende kommt. Der Trick besteht einfach darin, den Zugang zu Zentralbankgeld zu begrenzen.

So weit das normale Drehbuch. Doch in den späten 90er-Jahren, als sich der Aktienboom seinem Höhepunkt näherte, schienen diese alten Gesetze nicht mehr zu gelten. In den wichtigsten Industriestaaten weltweit boomten die Börsen, stieg die Nachfrage, zogen die Investitionen an – doch die Preise blieben bemerkenswert stabil. Diese ungewöhnliche Stabilität der Preise beruhigte auch die Notenbanker, die sich als Hüter der Preisstabilität nicht veranlasst sahen, einzugreifen: Normalerweise führt ein solcher Boom früher oder später zu einem Auftritt der Notenbanker, die dem Ungetüm der Inflation das Haupt abschlagen müssen, indem sie die Geldmenge verknappen und den Kredithahn zudrehen – also den Finanzmärkten die Bowle-Schüssel wegnehmen. Wenn aber – wie in den späten 90er-Jahren – die Inflation nicht steigt, warum sollte die Notenbank – wie sonst bei solchen Boomphasen üblich – eingreifen? Und so ließen die Notenbanken den Kapitalmärkten freie Hand, man sprach von einem neuen Zeitalter, einer »Neuen Ökonomie (New Economy)«, in der die alten Gesetze von Boom und Rezession nicht mehr gelten, in der die Inflation besiegt ist und uns Wohlstand und Wachstum erwarten. Das Ende der Wirtschaftsgeschichte, zumindest was Krisen angeht.

Diese Hoffnung auf eine Neue Ökonomie sollte sich als fataler Irrtum erweisen, und man hätte mit ein wenig Geschichtskenntnis auch darauf vorbereitet sein können: Der Begriff »Neue Ökonomie« war nicht so neu, wie man es vermuten könnte, sondern wurde bereits in den 1920er-Jahren verwendet, als neue Technologien wie Eisenbahn und Radio die Welt revolutionierten und die Börsen befeuerten. Und dann, 1929, war Schluss: Kurz nachdem der bekannte Wirtschaftsprofessor Irving Fisher die Prognose abgegeben hatte, dass die amerikanische Wirtschaft sich nun dauerhaft auf einem erhöhten Wohlfahrtsniveau befände, das sie ebenso wenig verlassen werde wie die Aktienkurse die frisch erklommenen Höhen, brachen die Börsenkurse weltweit ein – Weltwirtschaftskrise statt Neuer Ökonomie stand nun auf dem Spielplan.

Die Parallelität der Ereignisse ist bemerkenswert: Ähnlich wie 1929 brachen die Aktienmärkte im März 2000 weltweit ein, eine von neuen Technologien, Optimismus und Gier befeuerte Spekulationsblase platzte, degradierte *Börse online* lesende Hausfrauen wieder zu Hausfrauen und Day-Trader wieder zu Studienräten. Der Neuen Ökonomie war die Luft ausgegangen, viele Geschäftsmodelle, für die man teures Geld eingesammelt hatte, erwiesen sich als Flops – das Geld hatte keine neuen Werte geschaffen, sondern war in digitale Ruinen versenkt worden.

Steckbrief: Schöner scheitern – die Pleiten der New Economy

Nirgends lassen sich die Auswüchse eines mit billigem Geld befeuerten Booms schöner bestaunen als an der Börse – das billige Geld floss in Hektolitern dorthin und finanzierte zweifelhafte Geschäftsmodelle sowie zwielichtige Unternehmensführer. Investiert wurde sinn- und kopflos in Internet- und Telefonanbieter. Im September 2000 meldete mit dem Internet-Anbieter Gigabell das erste Unternehmen am Neuen Markt, dem deutschen Börsensegment für Wachstumswerte, Insolvenz an – nachdem die Aktie innerhalb von rund zwölf Monaten von zuvor 38 Euro auf fast 132 Euro geklettert war. Der ehemalige Chef des Unternehmens, der sich Daniel David nannte, hätte den Aktionären ein trauriges Lied dazu singen können – schließlich verdiente er sein Geld als Schlagersänger, bevor es ihn an die Börse zog. Obwohl das Unternehmen von Anfang an Verluste machte, war es an der Börse in den besten Zeiten 800 Millionen Euro wert. Viel Geld floss auch in alles, was nach Medien roch – Filmrechte für die Biene Maja wurden ebenso zum Börsentreibsatz wie Buchhändler, die eine Homepage betrieben. Aber es gab auch ausgefallenere Geschäftsmodelle wie das »Powershopping-Portal« LetsBuyIt.com, eine Art digitaler

Genossenschaft, die ebenso Geld verbrannte wie das Unternehmen CargoLifter, das in Zeiten des Überschallflugs Zeppeline herstellen wollte. Mindestens genauso schräg wie die Geschäftsmodelle waren auch die Vorstände dieser Unternehmen: Neben dem ehemaligen Schlagersänger Daniel David gab es beispielsweise einen Blackjack-Weltmeister – die Nachfrage nach der Aktie seines Unternehmens war beim Börsengang 27-mal so hoch wie das Angebot – oder auch bodenständige Betrüger wie Bodo Schnabel, der Umsätze seines Unternehmens Comroad schlichtweg erfand. Überhaupt war die New-Economy-Blase ein Beschäftigungsprogramm für die Staatsanwaltschaft: Fälschungen, Insiderverstöße, Schadenersatzklagen, falsche eidesstattliche Versicherungen, U-Haft für Vorstände, Vortäuschung von Scheingeschäften, erfundene Umsätze, Kursbetrug – die Liste der Anschuldigungen und Klagen ist lang und unterhaltsam – sofern man dabei nicht sein Geld investiert und verloren hat. Oder wie es der Münchner Vermögensverwalter Gottfried Heller formulierte: »Die Kleinanleger sind nichts als Kanonenfutter.« Wer allerdings rechtzeitig ausstieg, konnte sich kernsanieren: Die Aktien des Medienunternehmens EM.TV kamen 1997 an die Börse, im Sommer 1999 lag das Kursplus bei 16 600 Prozent.

Was war schiefgegangen? Eine ganze Menge, und die Notenbanken weltweit hatten ihren Anteil daran. In den Augen der Öffentlichkeit standen sie unbeteiligt an der Seitenlinie und schauten dem Tollhaustreiben der Märkte und Anleger zu – doch ganz so unbeteiligt waren sie nicht, waren sie es doch letztlich, die diese Finanzmarkteskapaden ermöglichten. Was war passiert?

Vereinfacht gesagt, hatten die Notenbanken die Party an den

Aktienmärkten finanziert – sie haben die Bowle-Schüssel für die Party bereitgestellt. Ob in Amerika, Japan oder Deutschland – überall stieg in den 80er- und 90er-Jahren kontinuierlich die Geldmenge, Gleiches galt für die Kreditvergabe. Die Notenbanken der großen Industrienationen hielten die Zinsen niedrig – im Vergleich zu den 70er-Jahren, als beispielsweise die amerikanische Notenbank Fed den Zinssatz auf fast 20 Prozent hochgejazzt hatte, herrschten an der Zinsfront paradiesische Verhältnisse. Geld wurde wieder billig. Und wer billig einkaufen kann, geht auch shoppen: Man kann davon ausgehen, dass ein Großteil des Booms der späten 90er-Jahre dem billigen Geld zu verdanken war, das die Notenbanken der Welt in die Adern der Weltwirtschaft gepumpt hatten. Es klingt denn auch zu schön, um wahr zu sein: Die Notenbanken pumpen mehr Geld in die Wirtschaft, und schon steigt das Sozialprodukt. Wir drucken einfach ein paar bunte Zettel mehr, speichern ein paar Nullen und Einsen mehr, und schon boomt die Wirtschaft. Ist es so einfach? Wohl kaum, das ist ein bisschen wie mit dem Alkohol.

Auf jeden Rausch folgt ein Kater

Probleme, so sagt der Volksmund, seien in Alkohol löslich; leider stimmt das nur, solange der Rausch anhält. Wer ausnüchtert, ernüchtert. So ähnlich kann man sich das mit der Politik des billigen Geldes vorstellen: Es ist ein Rauschmittel, das ähnlich wie Opiate kurzfristig Schmerzen lindert und Probleme wegzaubert, doch wenn man sie absetzt, kommt die Aus- und Ernüchterung. So war es auch um die Jahrtausendwende. Zunächst befeuerte das billige Geld der 90er-Jahre die Börsen und die Wirtschaft; das war schon eine kapitale Party, zu der die Notenbanken die Bowle-Schüssel bereitstellten.

Normalerweise folgt auf solche Partys der Kater in Form erhöhter Inflation: Steigt die Geldmenge rasch, und steigt sie stärker als der Güterberg, der ihr gegenübersteht, so steigen die Preise. Aus dem zweiten Kapitel wissen wir zudem, wie unser Geld entsteht: Vereinfacht gesagt reichen die Unternehmen über die Geschäftsbanken bei der Notenbank Schuldscheine ein und erhalten im Gegenzug dafür Zentralbankgeld; mit diesem Geld finanzieren sie ihre Investitionen. Wenn aber die Investitionen, welche die Unternehmen mithilfe dieses Geldes tätigen, fehlschlagen, dann stehen diesem von der Notenbank geschaffenen Geld keine dauerhaften Werte gegenüber – das Geld ist noch da, ihm steht aber nichts gegenüber, was man damit kaufen könnte. Also kommt es zu einem Anstieg der Preise, zu Inflation.

Das ist so weit plausibel und eigentlich auch logisch richtig, trifft aber anscheinend nicht auf die Neue Ökonomie der Jahrtausendwende zu: Zwar wurde dort jede Menge Geld in Unternehmen verbrannt. Ins Rutschen kamen die Kurse bei den deutschen Technologiewerten übrigens, nachdem Listen veröffentlicht wurden, die anzeigten, wie lange einige dieser Technologieunternehmen noch überleben konnten (bezeichnenderweise nannte man diese Listen »Cash-Burn-Listen«, also »Geldverbrennungslisten«). Dem Geld, das die Notenbanken ausgeschüttet hatten, standen also keine entsprechenden realen Gegenwerte gegenüber, aber die Inflation erhob dennoch nicht ihr hässliches Haupt, weswegen die Notenbanker keine Veranlassung sahen, einzugreifen.

Warum aber waren die Preise nicht gestiegen? Hier kommen wohl mehrere Faktoren zusammen. Zunächst einmal dämpfte der Aufstieg Chinas zur Handelsmacht die Preisentwicklung – Waren kamen billiger auf die Weltmärkte, die Konsumenten bekamen für mehr Geld mehr Quantität. Das hat den Anstieg der Verbraucherpreise schlichtweg ausgebremst. Zweitens lockten die hohen Gewinne am Aktienmarkt auch ausländisches Kapital an, was zu einer Aufwertung der heimischen Währung führte. Wer aber eine aufgewertete Währung besitzt, kann damit billiger im Ausland einkaufen – ein weiterer Faktor, der die

Preise niedrig hielt. Drittens gab es in den 90er-Jahren Tendenzen, den Einfluss des Staates zurückzudrängen, auch das machte viele Dinge billiger. Paradebeispiel die Deutsche Telekom: Nach der Privatisierung der Telekom und nach der Öffnung des Marktes für private Wettbewerber sanken die Preise für Telekommunikation drastisch – das entlastete den Geldbeutel der Verbraucher. Auch der technische Fortschritt trug dazu bei, dass die Preise für viele Verbrauchsgüter am Boden blieben.

Das soll aber nicht bedeuten, dass es keine Inflation gab – es war eben nur keine Inflation im herkömmlichen Sinn. Das Tückische an der Inflationsrate, wie wir sie kennen, ist, dass sie nicht alle Preise berücksichtigt. Die Inflationsrate, wie sie vom Statistischen Bundesamt ermittelt und in den *Tagesthemen* verkündet wird, misst nur den Preisanstieg eines ausgewählten, repräsentativen Warenkorbes mit Konsumgütern – Mieten, Benzin, Tabak, Alkohol, Körperpflegemittel, Brokkoli, Schokolade oder Bahntickets, all das findet sich in diesem Warenkorb. Der Preisanstieg dieser Waren wird durch die Inflationsrate abgebildet. Viele Produkte fehlen aber, beispielsweise Finanzprodukte und damit auch Aktien.

Hier löst sich unser Rätsel auf: Das überschüssige Geld, das die Notenbanken in Umlauf gesetzt hatten, mussten die Bürger nicht verwenden, um Konsumgüter zu kaufen – deren Preise blieben recht konstant. Stattdessen verwendeten sie es, um Aktien zu kaufen. Das führte dazu, dass nicht die Güterpreise stiegen – also herkömmliche Inflation eintrat –, sondern die Preise für Aktien, für Vermögensgüter. Das billige Geld erzeugte eine Blase am Aktienmarkt, die in keinem der herkömmlichen Preisindizes abgebildet wurde. Als die Notenbanken auf die Inflationsrate schielten, um sich zu versichern, dass die steigende Geldmenge keine negativen Folgen hatte, schielten sie letztlich auf den falschen Indikator – sie hätten auf den Dax und den Index des Neuen Marktes, des Technologiesegments der Deutschen Börse, achten müssen, dann hätten sie die Folgen ihrer laxen Geldpolitik bewundern können.

Offengelegt wurden die Folgen dieser Entwicklung, als die Neue Ökonomie sich als eine flüchtige Seifenblase erwies und im Jahr 2000 platzte. Eingeleitet wurde der Crash von den Akteuren, die auch das Entstehen der Blase zu verantworten hatten – den Notenbanken. Die Europäische Zentralbank änderte im November 1999 ihren Kurs und begann, die Zeit des billigen Geldes zu beenden; allein im Jahr 2000 erhöhte sie sechsmal die Leitzinsen. Auch in den Vereinigten Staaten zogen die kurz- und langfristigen Zinsen an. Den Akteuren an der Börse wurde klar, dass die Zeit der *Goldlöckchen*-Wirtschaft – billiges Geld und hohe Kursgewinne bei geringer Inflation – zu Ende war. Sie begannen, ihre Aktien zu verkaufen. Die Blase platzte und pulverisierte den Reichtum vieler Spekulanten und Möchtegern-Börsianer. Die Geldpolitik hatte es gegeben, die Geldpolitik nahm es nun wieder.

Im Nachhinein war man klüger – man hätte eigentlich kein Experte sein müssen, um zu sehen, dass dort etwas schieflief: In nur wenigen Monaten gingen die Indizes vieler Weltbörsen steil nach oben – das war alles zu schön, um wahr zu sein. Die Welt befand sich mitten in einer Vermögenspreisinflation. Der Deutsche Aktienindex Dax, das Fieberthermometer der Deutschen Börse, der 1995 noch bei 200 Punkten lag, kletterte bis 2000 auf mehr als 8000 Punkte; in einem einzigen Jahr, von 1999 bis zum Frühjahr 2000, machte er rund 3000 Punkte gut. Ein ähnliches Bild boten die meisten Aktienindizes weltweit – ein stetiger Anstieg in den 90er-Jahren, und ein noch steilerer Anstieg gegen Ende des vergangenen Jahrtausends. In den meisten Kursgrafiken von Aktien und Aktienindizes sieht man zu dieser Zeit einen drastischen Anstieg der Kurse – mit einem entsprechend dramatischen Absturz nach dem März 2000.

Kurzum – Geld ist wie Wasser: Gibt es zu viel davon, so findet es immer seinen Weg in die Preise, und wenn es vermeintlich »sichere« Vermögenswerte sind. Die Folgen einer solchen Vermögenspreisinflation sind alles andere als harmlos. Da wären zum einen die Investoren, die ihr Geld in sinnlose Geschäftsmodelle gepumpt haben – jeder von uns kennt die Geschichten von Bekannten, die ihr Vermögen am Aktienmarkt versenkt haben. Gesamtwirtschaftlich gesehen ist das interessanterweise noch nicht einmal mehr ein Problem, denn letztlich hat hier nur Geld den Besitzer gewechselt. Oder wie man an der Börse sagt: Ihr Geld ist nicht weg, es hat nur jemand anderes.

Volkswirtschaftlich gesehen besteht das Problem einer solchen Vermögenspreisinflation darin, dass auf diesem Weg Ressourcen in unrentablen Geschäftsmodellen verschleudert werden, die an anderer Stelle einen größeren volkswirtschaftlichen Nutzen hätten stiften können. Also: Statt in Kindergärten, Schulen, Straßen zu investieren, haben wir unsere Bauarbeiter und Rohstoffe, unsere Arbeitszeit und unser Gehirnschmalz dafür verwendet, in Luftschiffe, Biene-Maja-Filmrechte, Powershopping-Portale oder überflüssige Internet-Unternehmen zu investieren, die sich später als wertlos herausstellten. Wir haben wertvolle Ressourcen und Zeit verschwendet, statt sie sinnvoll einzusetzen. Statt Kindergärten stehen nun Bauruinen in der deutschen Landschaft, statt Autobahnen haben wir wertlose Server-Parks und Börsenbetrüger, die unser Geld und unsere Ressourcen ergaunert und verprasst haben. Vermögenspreisinflation vernichtet reale Werte, die uns dann an anderer Stelle fehlen.

Hier zeigt sich die Gefährlichkeit solcher spekulativer Blasen: Sie verzerren Preissignale bis zur Unkenntlichkeit. Die steigenden Börsenkurse haben uns fälschlicherweise signalisiert, dass unsere Ressourcen, unsere Arbeitskraft und unsere Zeit am besten in Internet-B2B-Modellen, Powershopping-Portalen oder Zeppelinfabriken aufgehoben seien. Also haben wir dort investiert, respektive dort unser Geld verschleudert. Und jetzt saßen die Börsen, ihre Aktionäre und auch die Notenbanker auf dem Scherbenhaufen dessen, was einstmals als Neue Ökonomie so glorreiche Zeiten versprochen hatte. Und sie hatten noch nicht ihre Wunden richtig geleckt, als der nächste Schlag kam – und damit der nächste Anlauf zur nächsten Blase, die noch größer werden sollte, sodass die Krise der Neuen Ökonomie nur wie

ein unheilvolles Wetterleuchten am Horizont erscheinen sollte.
Und das alles begann am 11. September 2001.

Das keynesianische Konterbierchen

Man muss den 11. September, respektive seine Chiffre 9/11,
nicht weiter erläutern – fast jeder Mensch weiß noch, was er an
diesem Tag gemacht hat und wo er war. Dieser Tag hat die Weltgeschichte umgeschrieben und ihr eine neue Richtung gegeben – auch in der Geldpolitik. Unmittelbar nach den Anschlägen auf das World Trade Center in New York war den
Notenbanken weltweit klar, dass die Weltwirtschaft kurz vor
einem Kollaps stand, wenn man nichts unternehmen würde.
Also unternahm man etwas. Man begann, Geld zu drucken.

Das Kalkül der Notenbanken unmittelbar nach dem Schock
der Anschläge war einfach: In Zeiten großer Unsicherheit steigt
die Nachfrage der Banken, Finanzmärkte und Bürger nach Geld
deutlich an, jeder hortet Geld unter dem Kopfkissen – man
weiß ja nie, was kommt. Für das Finanzsystem ist das bedrohlich, weil ihm immer mehr Mittel entzogen werden. Banken
können keine Kredite mehr vergeben, ihnen droht sogar möglicherweise der in Kapitel 4 geschilderte Bank Run – wenn alle
Kunden zugleich ihre Gelder abziehen wollen, geht die Bank
pleite, weil sie einen Großteil der Kundengelder ja längerfristig
weiterverliehen hat. Will man verhindern, dass das Finanzsystem zusammenklappt, weil die Zahlungsmittel knapp werden,
muss man eben mit der großen Kelle Geld schöpfen. Was die
Notenbanken auch taten.

Doch auch nachdem der erste Schock abgeklungen war, setzten die Notenbanken auf Nummer sicher: Zwischen 2002 und
2005 rutschten die kurzfristigen Zinssätze der drei großen Wäh-
rungsräume – Dollar, Euro, Yen – noch unter das Niveau der
90er-Jahre. Damit wollten die Notenbanken verhindern, dass
in der Folge der Anschläge des September 2001 und der geplatz-

ten New-Economy-Blase die Wirtschaft in den Abgrund stürzte. Wenn Sie nun noch einmal die Ausführungen zum Entstehen der Spekulationsblase der Neuen Ökonomie lesen, könnten Ihnen Zweifel kommen: Billiges Geld bläht eine Spekulationsblase auf, die dann platzt, und zur Bekämpfung der Folgen macht man was? Genau: Man macht Geld noch billiger. Das klingt ein wenig nach dem klassischen Konterbierchen, das professionelle Trinker immer ins Feld führen, wenn sie am Morgen nach der Party in aller Frühe das erste Bier zu sich nehmen. Um die Idee des monetären Konterbierchens zu verteidigen, beriefen sich ihre Befürworter auf das Werk eines Mannes, der einmal gesagt hat, dass irgendwann alle Politiker der Welt seinen Ideen folgen werden – auch wenn dies dann gefährlich sein werde. Ein Jahrhundertökonom.

Das Nachrichtenmagazin *Time* fühlte sich an »das fünfte Buch Mose« erinnert, der amerikanische Ökonom Paul A. Samuelson urteilte: »Es ist ein schlecht geschriebenes, armselig aufgebautes Buch; jeder durch das frühere Ansehen des Autors angelockte Laie war um seine 5 Shilling betrogen. Es ist nicht gut für den Lehrbetrieb geeignet. Es ist arrogant, unwillig, polemisch und nicht sehr großzügig mit Anerkennungen … Kurz: es ist ein geniales Werk.« Der Autor selbst urteilte weniger bescheiden: »Ich traue mir zu, ein Buch zu schreiben, das die Art und Weise, wie die Welt über Wirtschaftsprobleme denken wird, revolutionieren wird«, soll er dem Dichter George Bernard Shaw gegenüber gesagt haben – und nicht wenige Ökonomen sind der Ansicht, dass er dies auch getan hat. Die Rede ist von der *General Theory of Employment, Interest and Money* des Jahrhundertökonomen John Maynard Keynes, zumeist nur als *General Theory* verehrt oder geschmäht.

Längst ist Keynes' *General Theory* ein Jahrhundertwerk, und längst hängt mehr oder weniger jeder Politiker an den Ideen des verstorbenen Jahrhundertökonomen – auch wenn man Zweifel daran anmelden muss, dass Politiker Keynes' Ideen richtig verstanden haben. Verstanden haben sie nur eines: Dass sie im Namen der Rettung der Wirtschaft mehr Geld ausgeben dürfen als sie einnehmen – und was würden Politiker lieber tun?

Vereinfacht gesagt laufen die Ideen des Keynesianismus darauf hinaus, dass Wirtschaftskrisen durch einen Ausfall von Nachfrage entstehen können. Aus irgendeinem Grund – einem Börsencrash, Angst vor der Zukunft, politischen Unruhen – entschließen sich die Bürger, einen Teil ihres Einkommens nicht auszugeben, sondern zu sparen – Angstsparen, sozusagen. In normalen Zeiten würde diese erhöhte Ersparnis dazu führen, dass die Zinsen sinken; dies würde Investitionen anregen, die wiederum würden die Nachfragelücke füllen, welche der gesunkene Konsum hinterlassen hat. In weniger normalen Zeiten allerdings – wenn auch die Unternehmen verunsichert sind und deswegen nicht investieren – passiert das nicht, es kommt stattdessen zu einem Ausfall von gesamtwirtschaftlicher Nachfrage. Und anstatt die Preise zu senken, fahren die Unternehmen die Produktion runter, was zu Entlassungen führt, also zu sinkenden Einkommen und zu sinkendem Konsum, der dann wiederum zu einer weiter sinkenden Produktion führt – und so weiter. Aus einem einfachen Ausfall von Nachfrage wird so eine Krisenspirale nach unten.

Nimmt man an, dass dieses Szenario realistisch ist – was nicht immer der Fall ist, aber durchaus vorkommen kann –, dann liegt die Lösung für dieses Problem auf der Hand. Der Staat leiht sich Geld, das sozusagen ungenutzt herumliegt, und gibt dieses Geld aus. Damit schließt er die Nachfragelücke, und der Teufelskreislauf nach unten ist beendet. In der Politik heißt es dann, dass man vom Sparkurs abrücke, um die Wirtschaft anzukurbeln, oder dass zu viel Sparen in die Krise führe; Wissenschaftler sprechen von »expansiver Fiskalpolitik«. Dass Politiker es gut finden, sich Geld zu leihen, um damit im Namen der Wirtschaftsrettung Wahlgeschenke zu verteilen, liegt auf der Hand – ob das auch immer funktioniert, vor allem dann, wenn ein Staat bereits hoch verschuldet ist, ist eine andere Frage. Keynes' Idee lebt davon, dass der Staat bei einem Boom das Gegenteil dessen tut, was er in einer Krise macht: Er zahlt seine Schulden zurück, nimmt einen Teil seiner Nachfrage aus dem Markt, verhindert damit eine Überhitzung der Wirtschaft und legt sich zugleich ein Polster für die nächste Krise zu. Natürlich haben Politiker Letzteres nie gemacht – sie haben immer nur Geld ausgegeben und sich verschuldet. Das wird uns noch beschäftigen.

Auch den Notenbanken hatte Keynes in seiner Konzeption eine Rolle zugedacht; in der Vulgärversion plädieren Politiker für eine Ausweitung der Geldmenge, weil diese, so ihr Argument, zu mehr Beschäftigung und Wachstum führe – eine Idee, die Keynes so sicherlich abgelehnt hätte. Für Keynes war die Geldpolitik nur eine Erfüllungsgehilfin; sie sollte verhindern, dass private Investitionen sinken, wenn sich der Staat für die Rettung der Konjunktur Geld leiht und dabei die Zinsen in die Höhe treibt. Das Ganze läuft also wie folgt: Der Staat nimmt Kredite zur Rettung der Konjunktur auf, und seine Nachfrage nach Krediten treibt die Kreditzinsen in die Höhe, was dazu führen würde, dass die privaten Investitionen, die ja vom Zins abhängen, sinken. Um das zu verhindern, soll die Geldpolitik die Staatsausgabenpolitik eskortieren und die Zinsen niedrig halten; das hat zur Folge, dass die privaten Investitionen nicht zurückgehen.

Die Rollenverteilung in echten keynesianischen Programmen ist damit klar: Der Staat gibt Geld aus, um die Nachfrage zu beleben – das nennt sich dann »expansive Fiskalpolitik« –, und die Geldpolitik sorgt dafür, dass diese Fiskalpolitik keine hässlichen Nebenwirkungen in Form steigender Zinsen provoziert. Das ist also das keynesianische Rezept gegen Wirtschaftskrisen, das war das Konterbierchen, das sich die Regierungen weltweit nach dem Zusammenbruch der Börsen und den Anschlägen des 11. September genehmigten. Auf der fiskalpolitischen Seite stiegen die Staatsausgaben nach diesem Datum in erster Linie infolge der damit einhergehenden Kriege im Irak und in Afghanistan; darüber hinaus stieg das Defizit wegen der vom damaligen Präsidenten Bush durchgesetzten Steuersenkungen. Vor allem aber die Geldpolitik schaffte liquide Tatsachen: Die Jahre zwischen 2002 und 2005 waren eine bemerkenswerte Niedrigzinsphase, ein monetäres Konterbierchen erster Güteklasse – und wieder stellte sich die Frage, wo das viele Geld, das über den Globus schwappte, wohl diesmal landen würde. Der Boden war bereitet für ein Schauspiel, gegen das die Spekulationsblase der Neuen Ökonomie verblassen sollte. Die Welt bekam das, was man fortan »Lehman-Moment« nennen sollte. Und das alles begann in einem kleinen unterfränkischen Ort, vor rund 160 Jahren.

6 Zweite Krise:
Gold in den Bilanzen

Von Unterfranken in die Neue Welt

Es gibt sie immer wieder, diese Momente, an denen sich die gesamte Weltgeschichte auf einen Punkt, einen Akteur, einen Ort oder eine Stunde verdichtet: Die Niederlage eines großen Feldherren an einem kleinen belgischen Ort namens Waterloo, der 20. Juni 1948, als in Westdeutschland eine neue Währung das Licht der Welt erblickte, oder der 9. November 1989, an dem eine Mauer, die Europa geteilt hatte, fiel – kurze Momentaufnahmen historischer Entwicklungen, auf einen Punkt fokussiert. Wollte man die Finanzkrise, die sich ab dem Jahr 2007 weltweit austobte, auf einen solchen historischen Moment verdichten, so wäre der 15. September 2008 die erste Wahl – an diesem Tag endete eine Geschichte, die rund 160 Jahre zuvor in Rimpar, einem kleinen Ort in Unterfranken, begonnen hatte. Damals, im Jahr 1844, brach Heinrich Lehmann im Alter von 23 Jahren in die Neue Welt auf und gründete einen Gemischtwarenladen in Alabama. Heinrich hatte Erfolg in der neuen Heimat, und so reisten ihm seine Brüder Emanuel und Mayer hinterher und taten sich mit dem Bruder zusammen. Gebrüder Lehman nannten sie ihr Geschäft. Jahrzehntelang strahlte dieser Name; doch dann, 2008, wurde er zur Chiffre von Gier und

Inkompetenz, es war der Name, auf den sich die Geschichte einer der größten Finanzkrisen der Nachkriegszeit verdichtete: die Gebrüder Lehmann. Lehman Brothers.

Die Kernthesen dieses Kapitels

1. Der Aktiencrash des Jahres 2000, das immer noch billige Geld und staatliche Förderung trieben die Menschen in Immobilien – zu viel Geld jagte zu wenig Grundstücke und Häuser, es baute sich nach dem Jahr 2000 die zweite Spekulationsblase auf.

2. Neue Finanzprodukte und die Tatsache, dass man eine Immobilie als Pfand für weitere Kredite nutzen kann, verstärkten die Blase. Durch die Technik der Verbriefung konnten die Banken ihre Kreditvergabe außerhalb ihrer Bilanzen – und damit außerhalb der Bankenaufsicht – steigern, die Strukturierung dieser Kredite machte es Investoren möglich, vermeintlich risikolos in diese Kredite zu investieren.

3. Auch hier trifft die Geldpolitik eine Mitverantwortung: Aufgrund des vielen Geldes waren die Zinsen so niedrig, dass Investoren händeringend rentierliche Anlagen suchten – die ihnen die Finanzalchemisten in Form strukturierter Kreditgeschäfte lieferten.

4. Durch die Internationalisierung der Finanzmärkte sprang die Immobilienkrise aus den Vereinigten Staaten auf den Rest der Welt über, und da Banken auch anderen Banken Geld leihen, geriet das gesamte Bankensystem ins Wanken.

5. Verschärft wurde diese Krise dadurch, dass die Banken begannen, ihre Kreditvergabe zu reduzieren, weil sie ihr Kapitalpolster vergrößern wollten, um sich gegen die Krise zu wappnen. Dieser Rückgang der Kreditvergabe belastete die Wirtschaft weiter.

6. Die Notenbanken reagierten nach bewährtem Muster: Sie weiteten die Geldmenge aus; billiges Geld hatte diese Krise ausgelöst, mit billigem Geld wurde sie bekämpft. Geldpolitische Homöopathie, sozusagen.

Noch im März hatte die amerikanische Notenbank auf die Schnelle 29 Milliarden Dollar lockergemacht, um zu verhindern, dass eine andere amerikanische Bank, Bear Stearns, Insolvenz anmeldet, doch im September war die Geduld der Politik zu Ende: Nachdem alle Bemühungen um einen Verkauf gescheitert waren, musste Lehman Brothers Gläubigerschutz nach Kapitel 11 des amerikanischen Insolvenzrechtes beantragen; laut Insolvenzgericht saß Lehman Brothers auf einem Schuldenberg von 613 Milliarden Dollar.

Nun ist die Insolvenz eines Wirtschaftsunternehmens etwas Alltägliches, doch nicht in diesem Fall: Die Insolvenz von Lehman Brothers sendete Schockwellen durch die Weltfinanzmärkte – das Finanzsystem drohte zu kollabieren, weltweit fielen Volkswirtschaften in tiefe Konjunkturlöcher, und Banken drohten reihenweise umzukippen. Dieser Moment, der Lehman-Moment, war die Geburtsstunde der Idee, dass manche Banken einfach zu groß sind, als dass man sie bankrottgehen lassen kann, oder neudeutsch: »too big to fail«. Wohl keine Krise zuvor erwischte so viele Staaten zugleich und setzte so hohe Geldsummen zur Rettung der Wirtschaft frei. Wie konnte es dazu kommen?

Begonnen hatte das – wie wir im vorherigen Kapitel gesehen haben – eigentlich bereits in den 90er-Jahren, in denen die Notenbanken weltweit das Zinsniveau gesenkt hatten; Geld war billig, zu billig, also griffen Investoren und Anleger beherzt zu. Doch Globalisierung und Liberalisierung verhinderten, dass die Inflationsraten anzogen – die Preise blieben weiterhin niedrig, wohin also mit dem vielen billigen Geld? Eine Antwort kennen wir bereits aus dem vorherigen Kapitel: Das Geld wanderte in die Aktienmärkte, wo es eine satte Spekulationsblase auslöste. Nach dem Crash des Jahres 2000 allerdings waren Aktien nicht mehr die erste Wahl der Anleger, also wohin mit dem Geld? Na dorthin, wo es vermeintlich sicher ist – und das sind Immobilien.

Bereits in den 90er-Jahren hatte – auch dank des billigen Geldes – der Immobilienmarkt in den Vereinigten Staaten an Fahrt aufgenommen. Nach dem Crash des Jahres 2000 und den Ereignissen um den 11. September wurde der Hang der Anleger zu Immobilien noch ausgeprägter – verhießen sie doch Sicherheit, Wertbeständigkeit und Rendite. Befeuert wurde dies von der Politik des billigen Geldes, die nach den Anschlägen vom September 2001 forciert wurde – das monetäre Konterbierchen für den Kater nach der New-Economy-Blase und den Attentaten wirkte fantastisch.

Und als Sahnehäubchen obendrauf gab es noch staatliche Förderung: Die eigene Immobilie ist eine emotionale Angelegenheit, und Politiker achten auf die Emotionen ihrer Wähler. Also gab es in den Vereinigten Staaten – und nicht nur dort – umfangreiche staatliche Maßnahmen, die den Besitz von Immobilien förderten und letztlich darauf hinausliefen, dass es sich für Hauskäufer lohnte, ihre Häuser mit weniger Eigenkapital zu finanzieren, und dass Menschen, die sich kein eigenes Haus leisten können, es dennoch taten. Man muss nicht sonderlich fantasiebegabt sein, um sich die Folgen dieser Politik auszumalen: Die Amerikaner wurden Hausbesitzer. Auf Pump.

Steckbrief: Die Schuldenmacher

Die wenigsten von uns können ein Haus komplett mit eigenem Geld finanzieren – also nehmen wir einen Kredit auf. Diese Kreditaufnahme hat bemerkenswerte Nebeneffekte, die auch in Bankbilanzen funktionieren; schauen wir uns einmal ein Beispiel an. Sie kaufen ein Haus für 300 000 Euro; 30 000 Euro davon sind Ihr eigenes Geld, 270 000 Euro nehmen Sie als Kredit auf. Nehmen wir nun an, dass Sie das Haus nach einem Jahr wieder verkaufen, und zwar mit Glück: Es ist nun 330 000 Euro wert, also ein Wertzuwachs von zehn Prozent. Sie zahlen aus dem Erlös den Kredit zurück, und siehe da – Ihnen bleiben 60 000 Euro, Ihr Geld hat sich verdoppelt. Das Haus hat zwar nur zehn Prozent an Wert gewonnen, Ihr Kapital ist aber um 100 Prozent gewachsen. Diesen Effekt nennt man »Hebel« (im Englischen »Leverage«; damit bezeichnet man den Umstand, dass man die Eigenkapitalrendite (Ihren Gewinn aus dem Hausverkauf) mithilfe von Krediten steigern kann. Nehmen Sie einmal an, dass Sie im Beispiel statt 30 000 Euro nur 3000 Euro eigenes Kapital investieren: Nach einem Jahr verkaufen Sie das Haus für 330 000 Euro, zahlen davon den Kredit zurück (das sind jetzt 297 000 Euro). Es bleiben Ihnen 33 000 Euro Gewinn; das macht, bezogen auf Ihren Einsatz von 3000 Euro, eine fantastische Rendite von 1100 Prozent. Will heißen: Je weniger eigenes Geld Sie in den Hauskauf stecken, umso höher ist Ihre Rendite (schätzen oder berechnen Sie mal, was herauskommt, wenn Sie nur einen Euro eigenes Geld in das Haus investieren). Und was für den Hauskäufer gilt, gilt auch für die Banken: Je weniger Eigenkapital sie in ihre Geschäfte stecken, umso höher ihre Rendite – kein Wunder, dass Banken keine Lust haben, ihre Bilanzen mit dickeren Sicherheitspolstern – also mit Eigenkapital – auszustatten. Das Problem an diesem Hebel ist allerdings, dass er auch nach unten funktioniert: Nehmen wir an, das Haus verliert nur fünf Prozent an Wert – Sie verkaufen es nach einem Jahr für 285 000 Euro. Haben Sie 30 000 Euro eigenes Geld in das Haus gesteckt, so haben Sie nun 15 000 Euro verloren – 50 Prozent Ihres eingesetzten Kapitals bei fünf Prozent Wertverlust. Haben Sie hingegen nur 3000 Euro eigenes Geld investiert, so sind Sie jetzt überschuldet: Sie müssen einen Kredit von 297 000 Euro zurückzahlen, haben aber nur 285 000 Euro für das Haus bekommen, damit fehlen Ihnen 12 000 Euro. Sie sind insolvent. Will heißen: Je weniger eigenes Geld in dem Haus (in der Bankbilanz) steckt, umso rascher sind Sie (die Bank) überschuldet. Wenn Sie diesen Mechanismus verstanden haben, dann wissen Sie auch, warum und wie Hauskäufer und Banken so rasch im Ruin landen können.

Als Folge dieses toxischen Gebräus aus billigem Geld, Anlegerpanik und gesetzgeberischer Kurzsicht legten die Immobilienpreise in den Vereinigten Staaten eine veritable Kletterpartie hin. Gemessen an einem bekannten Preisindex für Immobilien, dem Case-Shiller-Index, verdoppelten sie sich von 1997 bis 2006. Noch nie in der Geschichte des Indexes, der bis ins Jahr 1890 zurück berechnet wird, waren Immobilien in Amerika so teuer. Die Kurve, die dieser Index beschrieb, sieht genauso aus wie diejenige der gescheiterten Internet-Aktien: in sehr kurzer Zeit sehr hoch hinaus. Das hätte misstrauisch machen können – respektive müssen.

Was diese Blase aber schlimmer machte, war der Umstand, dass steigende Immobilienpreise eine Besonderheit nach sich ziehen: In der Regel kauft man ein Haus auf Kredit und besichert den Kredit mit dem Haus. Und je mehr das Haus wert ist, umso sicherer erscheint der Kredit. Wenn nun aber der Wert des Häuschens dank des boomenden Immobilienmarktes immer weiter steigt, dann kann sich der Kreditsachbearbeiter der Bank, bei der man den Kredit für das Häuschen aufgenommen hat, entspannt zurücklehnen – schließlich ist die Rückzahlung des Kredits umso sicherer, je mehr das Haus wert ist, das als Pfand für den Kredit dient. Sollte der Kreditnehmer beispielsweise arbeitslos werden und den Kredit nicht mehr bedienen können, so verkauft man einfach das Haus und zahlt aus den Verkaufserlösen den Kredit zurück.

Aus diesem Mechanismus machten viele Hausbesitzer ein Geschäftsmodell: Nehmen wir an, Sie haben mit einem Kredit für 100 000 Dollar ein Haus gekauft und das Haus als Sicherheit für diesen Kredit verpfändet. Jetzt klettert der Wert des Hauses dank des Immobilienbooms auf 200 000 Dollar – dann sind Sie ja theoretisch gesehen schon satt im Plus. Jetzt gibt es zwei Möglichkeiten: Sie können das Haus verkaufen, aus dem Erlös den Kredit zurückzahlen und den Rest als Gewinn einstreichen; oder aber Sie nehmen einfach einen zweiten Kredit auf, den Sie erneut mit dem gleichen Haus besichern, schließlich ist es ja mehr wert geworden. Und den Kredit kann man dann frohgemut für ein neues Auto oder ähnlichen Luxus ausgeben.

Beide Geschäftsmodelle fanden rege Anwendung in den Vereinigten Staaten: Viele Hausbesitzer nahmen eine zweite Hypothek auf ihr Haus auf, die sie mit dem im Wert gestiegenen Haus besicherten, und gaben den Kredit für Urlaub, Autos oder anderen Konsum aus. Andere kauften Häuser auf Pump, warteten darauf, dass diese im Wert zulegten, und verkauften diese dann mit Gewinn. Das wiederum hatte zwei Konsequenzen: Die Immobilienpreise stiegen noch weiter, und die Banken vergaben immer mehr Kredite, die durch Immobilien besichert waren. Und je höher die Immobilienpreise stiegen, umso mehr Häuser wurden auf Pump gekauft und finanziert, was wiederum die Immobilienpreise und die Immobilienkredite in die Höhe trieb. Nichts könnte diesen zirkulären Wahnsinn besser beschreiben als die sogenannten Ninja-Loans, die gegen Ende dieser Blase vergeben wurden: Ninja, das steht als Abkürzung für »No income, no job, no asset« – kein Einkommen, keinen Job, kein Vermögen – und dennoch bekamen diese Ninjas Kredit von der Bank, um sich ein Häuschen zu finanzieren.

Bleibt nur noch eine Frage: Wie um alles in der Welt kommen Banken dazu, solchen Kunden einen Kredit zu geben? Wieso haben die Banken diesen Wahnsinn finanziert? Zeit, ein paar alte Bekannte wiederzutreffen – sagen Sie Hallo zu den Geschäftsbanken, die in dieser ganzen Krise eine wenig rühmliche Rolle spielen sollten. Sie mutierten zu Großhändlern. Zu Kreditgroßhändlern. Willkommen in der schrägen Welt der Finanzjongleure.

Vergeben, verbriefen, vergessen

Die meisten Deutschen halten das Bankgeschäft für eine einfache Sache: Die Bank vergibt einen Kredit an den Schuldner, und der zahlt die nächsten Jahre treu und brav den Kredit inklusive Zinsen an die Bank zurück; ist der Kredit abbezahlt, so ist das Geschäft beendet. So einfach ist das? So einfach war das, nämlich früher, als das Bankgeschäft noch etwas gemütlicher war – Kredite vergeben und warten, bis sie zurückgezahlt werden, lautete das Geschäftsmodell. Das hat natürlich den ein oder anderen Nachteil: Kann der Schuldner den Kredit nicht zurückzahlen, so bleibt die Bank auf dem Verlust sitzen – das ist auch der Grund, warum Banken bei der Kreditvergabe vorsichtig sind. Wer zu viele schlechte Kredite vergibt, ist rasch pleite. Der zweite Nachteil dieses altmodischen Geschäftsmodells ist subtiler: Banken verdienen Geld damit, Kredite zu vergeben, und je mehr Kredite sie vergeben, umso mehr verdienen sie.

Nun ist es aber aus naheliegenden Gründen (die wir im vierten Kapitel kennengelernt haben) keine gute Idee, Banken unbegrenzt Kredite vergeben zu lassen: Zum einen würde eine unbegrenzte Kreditvergabe der Banken dazu führen, dass die Notenbank keine Kontrolle mehr über die Geldmenge hätte. Zum anderen müssen Banken jeden Kredit, den sie vergeben, auch mit Eigenmitteln unterlegen, das ergibt sich aus ihrem Geschäftsmodell. Banken sammeln Geld von ihren Kunden ein – das sind die Einlagen – und reichen dieses Geld in Form von Krediten an andere Kunden weiter (auch das hatten wir im vierten Kapitel gesehen). Werden die Kredite nicht zurückgezahlt, so sind die Einlagen der Kunden weg. Je höher aber die Eigenmittel sind, mit denen eine Bank ausgestattet ist, umso sicherer sind die Einlagen der Kunden, denn die Verluste aus dem Kreditgeschäft werden dann zuerst aus den Eigenmitteln der Bank beglichen (so wie das George in *Ist das Leben nicht schön?* in Kapitel 4 gemacht hat, als er mit seinen Ersparnissen für die Hochzeitsreise seine Kunden auszahlte). Da eine Bank aber nicht unbegrenzt Eigenmittel hat (die ja auch teuer sind), kann sie eben nicht unbegrenzt Kredit vergeben. Oder doch?

Die Bank steckt also in einem Dilemma: Sie möchte gerne mehr Kredite vergeben, kann das aber entweder nicht oder nur um den Preis, mehr – teure – Eigenmittel vorzuhalten. Aber es gibt einen Ausweg: Verbriefung. Die Idee ist simpel – man macht aus der Bank einen Kreditgroßhändler, der Kredite an Kunden vergibt, diese Kredite aber nicht mehr selbst bis zur Fälligkeit hält, sondern weiterreicht an andere Institutionen, die von Rechts wegen eigentlich keine Kredite vergeben dürfen, weil sie keine Banken sind.

Und so läuft das Geschäft mit der Verbriefung: Die Bank vergibt zunächst wie gewohnt Kredite an Kunden. Doch statt den Kredit nun bis zum Ende der Laufzeit selbst zu halten (und damit das Risiko eines geplatzten Kredits zu übernehmen und das notwendige Eigenkapital vorrätig zu halten, das nötig ist, um potenzielle Verluste abzufedern), bündelt sie viele einzelne Kredite zu einem großen Paket, das sie an interessierte Investoren weiterverkauft – das ist die sogenannte Verbriefung. Die Bank bekommt von den Investoren Geld, die Investoren erhalten im Gegenzug das Recht, alle Zahlungen aus den Krediten zu erhalten – allerdings tragen sie nun auch das Risiko, dass einzelne dieser Kredite ausfallen. Die Schuldner der Bank, die den Kredit aufgenommen haben, müssen im Idealfall nicht einmal etwas davon merken: Sie zahlen wie gewohnt ihre Raten an die Bank, die diese Zahlungen an den Investor weiterreicht.

Für die Bank ist es eine tolle Sache: Sie verdient an der Kreditvergabe (auch über die Gebühren), wälzt aber die Risiken auf die Käufer der Verbriefung ab, und wenn die Kredite nicht mehr in ihrem Verantwortungsbereich (sprich in ihrer Bilanz) stehen, hat sie wieder freie Mittel, um weitere Kredite zu vergeben, die sie dann wieder verbrieft und weiterverkauft. Die Bank wird zu einem Großhändler von Krediten: Sie vergibt sie und verkauft sie direkt weiter, und die Bilanz bleibt unbelastet.

So einfach das jetzt klingt – en detail wurde das mittels extrem komplizierter Produkte und Techniken bewerkstelligt. Credit Default Swap (CDS), Total Return Swap (TRS), Credit Linked Note (CLN), Basket Credit Default Swap, Asset-Backed Securities (ABS), Synthetic Collateralized Debt Obligation, Cash Collateralized Debt Obligation – hinter all diesen respektheischenden Anglizismen steht im Grunde dieses einfache Geschäft: Kreditgroßhandel. Hieß es früher Kredit vergeben, halten und ablösen, so hieß es jetzt Kredit vergeben, verbriefen, vergessen.

Die Konsequenz aus dieser Kulturtechnik liegt auf der Hand: Wenn man einen Kredit nur vergibt, um ihn anschließend weiterzuverkaufen, muss man sich fragen lassen, ob man denn noch eine sorgfältige Prüfung des Kreditnehmers durchführt. Kann der Kunde den Kredit nicht zurückzahlen, so ist das ja nicht mehr das Problem der Bank, sondern desjenigen, der den verbrieften Kredit gekauft hat. Das hat zur Folge, dass man umso leichteren Herzens Kredite vergibt, gerne auch Ninja-Kredite – was dann ja auch geschah.

Gut, jetzt wissen wir, warum Banken leichtfertig Schrottkredite vergaben – aber wer sollte denn so umnachtet sein, diesen Müll zu kaufen? Zeit für den Auftritt einer merkwürdigen Kaste von Menschen, die aus Schrott Gold machen: die Finanzalchemisten.

Die Rückkehr der Alchemisten

Im zweiten Kapitel haben wir den Alchemisten Heinrich Hermann Kurschildgen kennengelernt, der für die Nazis Gold machen sollte – und sich stattdessen lieber aus dem Staub machte. Heute würde Kurschildgen vielleicht nicht fliehen, sondern eine besondere Alchemie anwenden, nämlich die Finanzalchemie. Den Vertretern dieser Spezies war, so schien es, das Unmögliche gelungen: Sie hatten den finanztheoretischen Stein der Weisen gefunden, sie konnten aus Schrott Gold machen.

Angeheuert hatten die Banken die modernen Zauberkünstler, um ein Problem zu lösen: Sie sollten die verbrieften Kredite, welche die Banken vergeben hatten, an Finanzinvestoren verkaufen. Die meisten Investoren waren durchaus interessiert, in verbriefte Immobilienkredite zu investieren, und schuld daran waren einmal mehr die Notenbanken und ihre laxe Geldpolitik: Die seit den 90er-Jahren herrschenden Niedrigzinsen waren Gift für Investoren, die ihren Kunden stabile Erträge abliefern mussten. Besonders arg erwischt hatte es viele Versicherer, die ihren Kunden einen festen Zinssatz garantierten – rutscht der Marktzinssatz, den die Versicherer erwirtschaften können, dauerhaft unter die Marke, die sie ihren Kunden garantiert haben, droht der finanzielle Kollaps. Es müssen also andere, höhere Erträge her.

Aber woher nehmen und nicht stehlen? Natürlich würde man gerne in verbriefte Immobilienkredite investieren, die mehr Ertrag versprechen als andere Anlageklassen, aber da gab es zwei Probleme. Erstens sind Immobilienkredite in der Regel ein langfristiges Investment – so ein Kredit läuft bis zu 20, 30 Jahre, so lange will sich nicht jeder Versicherer oder sonstige Investor binden. Das zweite Problem waren gesetzliche Regelungen, die es vielen Investoren verbieten, in zu riskante Anlageklassen zu investieren – und Immobilienkredite gehören sicherlich dazu. Genau deswegen werfen sie ja auch höhere Erträge ab als andere Anlageformen: weil sie riskanter sind.

Problem Nummer eins lösten die Alchemisten mit einem Großhandelstrick, nämlich mit Zwischenhandelsgesellschaften, in die sie die verbrieften Kredite auslagerten. Dazu gründeten sie sogenannte Zweckgesellschaften, an die sie die verbrieften Kredite verkauften. Diese Zweckgesellschaften wiederum verkauften die Kredite weiter an interessierte Investoren, allerdings mit einem gewagten Versprechen: Wenn sie wollten, dann könnten sie die Kredite jederzeit wieder an die Zweckgesellschaft zurückgeben und ihr Geld sofort zurückbekommen. Ein riskantes Spiel: Die Immobilienkredite, welche die Zweckgesellschaften von den Banken kauften, liefen über viele Jahre, aber die Kunden der Zweckgesellschaften, die diese Kredite von den Zweckgesellschaften erwarben, konnten auch nur für wenige Wochen in diese Kredite investieren, diese jederzeit zurückgeben und ihr Geld zurückverlangen. »Fristentransformation« nennen Profis diese wundersame Alchemie, die es Investoren aus aller Welt ermöglichte, kurzfristig in langfristig laufende Immobilienkredite zu investieren. Das Versprechen, dass man ja die Kredite jederzeit wieder zurückgeben könne, sollte sich als Bumerang erweisen.

Problem Nummer zwei war etwas delikater – viele Investoren sind risikoscheu oder dürfen aufgrund rechtlicher Vorschriften nur in risikoarme Anlageformen investieren – und Immobilienkredite zählen sicher nicht dazu. Aber auch hier wussten die Finanzalchemisten Rat. Mithilfe der sogenannten Tranchierung verwandelten sie Landwein in einen Qualitätstropfen (wie das im Detail funktionierte, entnehmen Sie bitte dem Steckbrief). Das Ergebnis dieser Alchemie war, dass auch risikoscheue Investoren ohne Sorgen in riskante Immobilienkredite investieren konnten. Das Unmögliche schien gelungen: mehr Rendite für weniger Risiko.

Steckbrief: Die Finanzalchemisten

Seit Jahrhunderten versuchen Menschen das Unmögliche, trotzen den Naturgesetzen, indem Sie das Perpetuum mobile bauen oder aus Blei Gold machen wollen. Eines der Naturgesetze der Finanzmärkte lautet, dass es einen höheren Ertrag nur gegen höheres Risiko gibt – und genau dieses Naturgesetz schienen die Finanzalchemisten ausgehebelt zu haben, und zwar mit Collateralized Debt Obligations oder CDOs. Wie funktioniert das? Stellen Sie sich vor, drei Freunde, Eddy, Teddy und Freddy, beschließen, zusammen sechs Hühner zu kaufen, und die Kosten sowie die Erträge dieser Investition – die Eier – zu gleichen Teilen unter sich aufzuteilen. Wenn wir einmal annehmen, dass jedes Huhn täglich vier Eier legt, so bedeutet das, dass jeder der drei Freunde täglich acht Eier bekommt. Dieses Arrangement entspricht dem herkömmlichen Fondsgedanken – jeder zahlt in einen großen Topf einen Betrag ein und wird an den Erträgen aus diesem Topf gemäß seines Beitrags beteiligt. Wenn sich nun also von den sechs Hühnern drei als Blindgänger erweisen, die an manchen Tagen keine Eier legen, dann gibt es an solchen Tagen nur zwölf Eier – jeder der drei Freunde muss dann auf vier Eier verzichten. Doch nun ist Eddy ganz versessen auf Eier, er will auf jeden Fall acht Eier am Tag. Also schlägt er ein anderes Arrangement vor: Er zahlt ein wenig mehr in den Hühnertopf ein, im Gegenzug erhält er auf jeden Fall täglich acht Eier, auch wenn unter den Hühnern Blindgänger sind. Wenn die Hühner nun statt insgesamt 24 nur zwölf Eier legen, bekommt Eddy zuerst seine acht Eier, die restlichen vier werden unter den anderen beiden zu gleichen Teilen aufgeteilt. Nun ist neben Eddy aber auch Teddy verrückt nach Eiern, wenngleich nicht ganz so versessen wie Eddy – er möchte mit Sicherheit jeden Tag wenigstens vier Eier haben und ist auch bereit, mehr dafür zu bezahlen, damit er diese Eier garantiert auch erhält. Stimmt Freddy diesem Deal zu, dann werden an schlechten Tagen, wenn die Hühner nur zwölf statt 24 Eiern legen, die Eier wie folgt verteilt: Eddy bekommt seine acht Eier, Teddy seine vier Eier, und Freddy geht leer aus. Ersetzen Sie »Hühner« nun durch »verbriefte Kredite« und »Eier« durch die »Erträge aus den Krediten«. dann haben Sie verstanden, wie die Finanzalchemisten ihre Produkte strukturiert haben – »tranchieren« nennt man das: Alle Investoren investieren in einen Korb voller Immobilienkredite, von denen immer einige ausfallen werden (so wie es bei unseren Hühnern immer Tage geben wird, an denen sie nur zwölf Eier legen). Doch statt die Verluste gleichmäßig unter den Investoren aufzuteilen, kann sich jeder Investor aussuchen, wie viel Verluste er tragen möchte. Will er Verluste auf jeden Fall vermeiden (so wie Eddy auf jeden Fall acht Eier haben will), so kauft er die sogenannte A-Tranche dieses Korbes, die ihm die Erträge aus den Krediten garantiert, auch wenn viele Kredite ausfallen. Investoren wie Teddy, die zumindest einen Teil sicher haben wollen, kaufen die B-Tranche, und risikobereite Investoren wie Freddy kaufen die C-Tranche. Stellen sich nun Verluste ein (die Hühner legen weniger Eier), so gehen diese Verluste zunächst ganz zulasten der C-Tranche – so wie Freddy keine Eier bekommt, wenn die Hühner nur zwölf Eier legen, denn diese zwölf Eier werden ja benötigt, um Eddy und Teddy die garantierten Eier auszahlen zu können. Diese C-Tranche, die unterste Tranche, nimmt also alle ersten Verluste auf, die anfallen. Kritisch für Teddy (die Käufer der B-Tranche) wird es erst, wenn die Hühner nur noch acht

Eier legen – dann muss er auf seine vier Eier verzichten, denn Eddys Ansprüche auf seine acht Eier (die Ansprüche der A-Tranche) gehen vor. Erst wenn die Hühner katastrophal wenig Eier legen oder gar ganz streiken, sind Eddys sichere acht Eier in Gefahr, will heißen: Erst wenn alle Immobilienkredite ausfallen, machen auch die Investoren der A-Tranchen Verluste. Wenn wir nun aber nicht von sechs Hühnern, sondern von 600 Hühnern sprechen, will heißen, wenn sich die Investoren an Hunderten von Krediten beteiligen, dann ist das Risiko, mit der ersten Tranche Geld zu verlieren, verschwindend gering, und das ist es, was diese strukturierten Produkte so vermeintlich sicher gemacht hat. Die Idee war auch richtig, es haben nicht so viele A-Tranchen Geld verloren, das Problem war ein anderes: Wenn alle Welt von einer Immobilienkrise spricht, will niemand mehr verbriefte Immobilienkredite kaufen, auch keine A-Tranche. Wer also im Besitz einer solchen Tranche war, konnte sie nicht mehr verkaufen und blieb auf ihr sitzen. Wenn man genügend Zeit hat, dann kann man das aussitzen und jedes Jahr die Erträge aus den Krediten einstreichen. Wenn man aber Bargeld braucht, ist man aufgeschmissen: Das Vermögen steckt nun in einem Investment, das unverkäuflich ist – man ist nicht pleite, aber illiquide (das ist so, als wollte Eddy statt in Hühner nun lieber in Truthähne investieren, aber niemand kauft ihm seine Beteiligung an der Hühnerfarm ab). Dieses Risiko tauchte in den Berechnungen der Finanzalchemisten, die diese Produkte als risikolos verkauften, nicht auf. Man lernt eben nie aus.

Das klingt alles zu schön, um wahr zu sein: Die Banken können mehr Kredite vergeben, weil sie diese weiterverkaufen, und andere Investoren können diese Kredite kaufen, obwohl sie eigentlich zu riskant sind und zu lange Laufzeiten haben – und jeder ist glücklich. So einfach ist das? War es natürlich nicht, auch wenn das anfangs sehr gut funktionierte. Die Zeit zwischen 2002 und 2005 schien – wieder einmal – eine goldene zu sein. Die Schocks der Jahrtausendwende schienen vergessen, das Wachstum zog an, die Bürger fühlten sich mit ihren Immobilien reicher und reicher, die Investoren und die Banken verdienten – eine prächtige Zeit. Doch was zu schön ist, um wahr zu sein, ist auch nicht wahr. Und so kam dann die Wende – und es waren wiederum die Notenbanken, die diese Wende einläuteten.

Anfang 2007 lief der Immobilienboom in den Vereinigten Staaten aus, nachdem die Notenbanken bereits begonnen hatten, die Leitzinsen zu erhöhen. Die Immobilienpreise legten den Rückwärtsgang ein, die ganze sorgsam ausgeklügelte Konstruktion kam ins Wanken. Die Hausbesitzer stellten auf einmal fest, dass sie doch nicht so reich waren, wie sie dachten – viele konnten ihre Kredite nicht mehr bedienen. Jetzt rächte es sich, dass man Menschen einen Immobilienkredit gegeben hatte, die noch nicht mal ein festes Einkommen hatten. Als hätte man das nicht wissen können.

Die Verluste aus diesen Krediten trafen zuerst die Investoren, die diese Kredite von den Zweckgesellschaften erworben hatten. Da sie verständlicherweise keine Lust auf Verluste hatten, machten sie von ihrem Recht Gebrauch, diese Kredite wieder zurückzugeben, und forderten ihr Geld zurück. Für die Zweckgesellschaften jedoch war das ein Problem, schließlich hatten sie das Geld nicht, das sie für die Kredite bekommen hatten – mit diesem Geld hatten sie ja die Kredite von den Banken gekauft. Und da Zweckgesellschaften vor dem Gesetz keine Banken waren, hatten sie auch wenig eigene Mittel, um ihre Anleger auszuzahlen. Man hatte den Investoren zwar versprochen, dass sie jederzeit ihr Geld zurückbekommen könnten – nur halten konnte man dieses Versprechen nicht, da man dieses Geld nicht hatte. Die Zweckgesellschaften waren zwar auf dem Papier keine Banken, sahen sich aber einem klassischen Bank Run ausgesetzt: Die Kunden wollen ihr Geld zurück, das man schon längst woanders – eben in Immobilienkredite – investiert hatte.

Normalerweise wären die Kunden der Zweckgesellschaften ge-kniffen gewesen – hätten sie nicht für einen solchen Fall vor-gesorgt. Ihnen muss klar gewesen sein, dass die Zweckgesell-schaften ihr Versprechen aus eigener Kraft nicht halten konnten. Deswegen verlangten sie eine Garantie – sollte die Zweckgesell-schaft nicht in der Lage sein, den Investoren ihr Geld zurück-zuzahlen, dann sollte eine Bank einspringen. Und welche Bank war das? Na klar, die Bank, welche die Zweckgesellschaft ge-gründet hatte und die der Zweckgesellschaft die Kredite ver-kauft hatte, welche die Zweckgesellschaft an die Investoren weiterverkauft hatte. Und dummerweise taten diese Banken das auch.

Unter dem Strich fand hier ein riesiges Schwarzer-Peter-Spiel mit Krediten statt: Die Banken vergaben Kredite an Immo-bilienkäufer, diese Kredite verkaufte die Bank weiter an die Zweckgesellschaften, und diese wiederum verkauften sie noch-mals weiter an Versicherungen oder andere Investoren. Doch leider war das ein Schwarzer Peter mit Rückgaberecht: Die In-vestoren konnten die Kredite jederzeit wieder zurückverkaufen an die Zweckgesellschaften, und wenn die Zweckgesellschaften nicht genügend Geld hatten, um diese Kredite zurückzukaufen, musste die Bank dieses Geld zur Verfügung stellen – womit die Kredite de facto wieder bei der Bank landeten. Eine irrwitzige Kreditrundreise quer durch die Finanzmärkte – hin und zu-rück.

Man muss sich heute über die Naivität der Banken wundern, sich auf diesen Deal eingelassen zu haben. Mit dem Verspre-chen, den Investoren ihr Geld zurückzuerstatten, wenn die Zweckgesellschaft dazu nicht mehr in der Lage ist, wanderte das Risiko aus den faulen Krediten direkt zurück zu den Banken. Statt die Kredite an die Zweckgesellschaft verkauft zu haben, hatte die Zweckgesellschaft diese sozusagen lediglich in Kommission genommen – bei Nichterfolg wanderten sie zurück in die Bankbilanz. Das Dumme daran war, dass die Bankenaufsicht von diesem Risiko nichts wusste. Und hier springt der Funke der Krise über. Jetzt ging es den Banken an den Kragen.

Brennende Bilanzen

Wir hatten ja bereits im vierten Kapitel gesehen, wie sensibel eine Bankbilanz ist – das liegt daran, dass eine Bank mit wenig eigenen Mitteln ein riesiges Rad dreht: Sie verleiht anderer Leute Geld. Das Geld, das sie für ihre Kreditvergabe benötigt, stammt von den Girokonten ihrer Kunden – die Bank selbst hat nur wenig eigene Mittel. Wenn also die Kredite, welche die Bank vergeben hat, platzen, dann sind es vor allem die Gelder der Kunden, die verloren sind. Man kann sich also nun leicht vorstellen, was los ist, wenn auf einmal tonnenweise Kredite, von denen die Banken gedacht hatten, dass man sie los ist, durch die Hintertür zurückkommen.

Und das taten sie nun: Die halb garen Kredite, die Ninja-Loans und abenteuerlichen Kreditkonstrukte rutschen in die roten Zahlen und landeten bei den Banken, die diese Kredite vergeben hatten. In Deutschland waren das beispielsweise die IKB oder die Sachsen LB, die von ihren Zweckgesellschaften in den Abgrund gezogen wurden. Immer mehr Banken und Immobilienfinanzierer gerieten in Bedrängnis, die Angst vor einem Immobiliencrash wurde greifbar, jeder befürchtete hinter dem nächsten Baum die nächste Bombe. Und noch schlimmer: Man konnte nicht sicher sein, welche Bank als nächste von ihrer Immobilienjonglage erschlagen würde. Das war das Tückische und Neue an dieser Krise: Über die Verbriefung hatte sich das amerikanische Virus in die ganze Welt verbreitet – Banken und Investoren weltweit kauften verbriefte Immobilienkredite, die nun drohten, wertlos zu werden – will heißen: Weltweit wank-

ten die Bankentürme. Spätestens als der britische Immobilienfinanzierer Northern Rock bekannt gab, dass er in Geldnot sei,
war klar, dass es jeden erwischen konnte. Selbst Banken, die
kein Immobiliengeschäft hatten, konnten in den Strudel der
Ereignisse geraten, nämlich dann, wenn sie anderen Banken,
deren Immobiliengeschäfte fehlgeschlagen waren, Geld geliehen hatten. Wenn diese nicht mehr ihre Kredite zurückzahlen
können, dann geraten auch deren Kreditgeber in Not.

Das Virus hatte sich weltweit durch alle Bankbilanzen gefressen
und Spuren hinterlassen, und noch schlimmer: Es zerstörte das
Vertrauen der Banken und Finanzinstitutionen untereinander.
Niemand war mehr bereit, einem anderen Institut Geld zu leihen, weil man nicht wusste, ob der potenzielle Gläubiger nicht
schon morgen pleite sein würde, weil er in Immobiliengeschäfte
verwickelt war. Der sogenannte Interbankenmarkt – der Markt,
auf dem sich Banken gegenseitig Geld leihen – brach mehr oder
weniger komplett zusammen. Banken wollten kein Geld mehr
verleihen und erhielten von anderen Banken auch kein Geld
mehr.

Selbst die Privatkunden der Banken zeigten Nervosität – sie
glaubten, dass ihre Ersparnisse auf ihrer Bank nicht mehr sicher
seien. Wenn Sie sich an die Logik des Bank Run aus dem vierten Kapitel erinnern, ist auch klar, was kommt: Wähnt man sein
Geld auf der Bank nicht mehr sicher, ist es besser, es so rasch wie
möglich abzuheben, bevor es die anderen Kunden tun und die
Bank zusammenbricht. Und da die Bank den größten Teil der
Einlagen ihrer Kunden weiterverleiht, wird sie unweigerlich zusammenbrechen, wenn alle Kunden auf einen Schlag ihr Geld
zurückhaben wollen.

In diesem Moment, als das allgemeine Misstrauen in den Finanzsektor immer größer wurde, traten die Bundeskanzlerin
und ihr Finanzminister vor die Presse und erklärten, dass die
Bundesregierung alle Bankguthaben der Deutschen garantieren
werde. Profis war klar, dass die Regierung dieses Versprechen
nicht würde halten können, aber das war ja auch gar nicht not-

wendig; diese Garantie sollte lediglich verhindern, dass die Bundesbürger in Panik ihr Geld von den Banken abziehen und diese dadurch ruinierten.

Ihren ersten Höhepunkt erreichte die Krise im Lehman-Moment: Für 100 Dollar, die Lehman verliehen hatte, hatte die Bank nur 3,30 Dollar an eigenen Rücklagen, und die Gelder, mit denen Lehman sein Geschäft finanzierte, waren zu 50 Prozent sehr kurzfristig ausgeliehen. Kein Wunder, dass die Lehman-Kunden es mit der Angst bekamen und versuchten, ihre Mittel in Sicherheit zu bringen. Hatte die Politik bisher versucht, jede Finanzinstitution zu retten, so glaubte man jetzt, ein Exempel statuieren zu müssen und der Finanzwelt zu zeigen, dass man nicht alles und jeden retten wollte – also lieferte man Lehman Brothers dem Konkursrichter aus. Spätestens jetzt war jedem klar, was die Stunde geschlagen hatte – was die Panik in den Bankentürmen und unter den Anlegern nur noch vergrößerte. Die Folgen dieser Entscheidung waren dramatisch; vermutlich hatten die amerikanischen Behörden die Tragweite ihrer Entscheidung unterschätzt: Panik breitete sich unter den Banken und den Bankkunden aus – das Finanzsystem landete auf der Intensivstation.

Und jetzt taten die Banken etwas, was grundsätzlich richtig ist, aber in einer solchen Lage zu einem gesamtwirtschaftlichen Desaster führen kann: Sie wurden vorsichtig und vergrößerten ihr Kapitalpolster. Mehr Vorsicht – das hieß, man vergab weniger Kredite an andere Banken und an Unternehmen. Ein größeres Kapitalpolster sollte vor Risiken schützen und das Vertrauen der Kunden stärken. Je höher das Kapitalpolster einer Bank ist, umso geringer ist das Risiko, dass das Geld ihrer Kunden gefährdet ist, wenn die Bank schlechte Geschäfte macht.

Um ein größeres Kapitalpolster zu erreichen, gibt es für eine Bank zwei Wege: Man besorgt sich mehr Eigenkapital, was in solchen Zeiten kaum möglich ist, oder aber man verringert die Kreditvergabe. Letzteres nennt sich »Deleveraging« und funktioniert recht einfach: Eine Bank ist umso sicherer, je mehr Eigenkapital sie in Relation zu den von ihr vergebenen Krediten hat. Und wenn man nicht das Kapital vergrößern kann, dann muss man eben die Kreditvergabe reduzieren, aber mit Schmackes: Wenn, sagen wir, fünf Prozent der Kredite mit Eigenkapital abgesichert sind, und man will diesen Wert auf zehn Prozent hochfahren, dann muss man die Anzahl der Kredite halbieren.

Klingt schrill, ein kleines Rechenbeispiel macht das aber sofort klar: Die Bank hat Kredite im Wert von 100 Euro vergeben und mit fünf Euro Eigenkapital hinterlegt – also fünf Prozent. Verliert die Bank nun fünf Prozent ihrer Einlagen, so geschieht den Kunden nichts, lediglich die Eigentümer der Bank verlieren ihre Mittel. Erst wenn die Verluste über diese Marke steigen, gehen die Verluste der Bank zulasten der Kundeneinlagen. Will die Bank dieses Sicherheitspolster auf zehn Prozent hochfahren, ohne neues Kapital aufzunehmen, so muss sie die Kredite von 100 auf 50 Euro reduzieren, dann machen die fünf Euro zehn Prozent der Kreditsumme aus. Die Bank muss also ihre Kreditvergabe halbieren.

Die Folgen dieses etwas verspäteten Bedürfnisses nach Sicherheit: Die Banken drehten der Wirtschaft den Kredithahn zu, und die Wirtschaft ging in die Knie. Im Zuge dieser Rezession – von manchen auch als »Bilanzrezession« bezeichnet, weil sie in den Bilanzen der Banken begann – kam es zum dramatischen Einbruch des weltweiten Wirtschaftswachstums. Die Angst vor den Folgen eines Zusammenbruchs des Finanzsystems ist begründet: Eine Studie von mehr als 120 Bankenkrisen seit 1970 kommt zu dem Ergebnis, dass die Kosten einer solchen Krise zwischen 13 und 55 Prozent des Sozialprodukts ausmachen können; die möglichen Verluste in der Produktion können sich im Durchschnitt auf 20 Prozent während der ersten vier Jahre der Krise aufsummieren. Kein Wunder, dass in den Regierungen und Notenbanken weltweit das große Zittern begann. Wieder einmal war es an der Zeit, die vermeintlich altbewährten

Rezepte auszupacken und die Welt zu retten, wieder einmal war es Zeit für ein monetäres Konterbierchen.

Die Notenbanken pumpten über alle möglichen Kanäle Geld in die Wirtschaft, um die Kreditbeziehungen der Banken untereinander wiederzubeleben und so das Finanzsystem vor dem Kollaps zu bewahren. Zugleich erinnerten sich auch die Regierungen der westlichen Industrienationen an ihren Keynes und schnürten gigantische Konjunkturpakete, um die Wirtschaft vor dem Absturz zu bewahren – alleine in Deutschland wurden 85 Milliarden Euro mittels zweier Konjunkturpakete in die Brieftaschen der Bürger und Wähler gepumpt; damit wurde unter anderem die legendäre Abwrackprämie finanziert, eine Subvention, die jedem Bürger Geld versprach, der ein neues Auto kaufte, wenn er sein altes zerstörte. Das ist das Ärgerliche an keynesianischen Konjunkturprogrammen: Hier geht es nur darum, Geld auszugeben, über die Sinnhaftigkeit dieser Ausgaben wird kaum nachgedacht.

Wer will, entdeckt wieder ein bekanntes Muster: Nachdem man die Wirtschaft über eine lockere Geldpolitik aufgepumpt hat, kommt es zu einer spekulativen Übertreibung bei den Vermögenswerten, zu einer Blase, die platzt und eine schwere Wirtschaftskrise auslöst, und die Politik reagiert, indem sie mehr von der Medizin verabreicht, die diese Krise ausgelöst hat. So lautete bereits das Drehbuch bei der New-Economy-Blase, und die laxe Geldpolitik nach dem Platzen der Blase pumpte umgehend die nächste Spekulationsblase auf, indem das billige Geld in amerikanische Schrottimmobilien floss und dort einen Crash herbeiführte. Und wieder reagiert die Politik auf diese Krise mit dem gleichen Muster: Geld billig machen, Geld ausgeben. Dabei hatte sich – auch ohne amerikanische Immobilien – in den vergangenen zehn Jahren bereits unbemerkt von der Weltöffentlichkeit eine viel heftigere Krise zusammengebraut. Die amerikanische Immobilienkrise sollte nur der Auftakt und Beschleuniger sein für eine Krise, wie sie Europa seit mehr als 100 Jahren nicht mehr erlebt hatte, und die diesen Kontinent einer Zerreißprobe aussetzen sollte. Waren die Maßnahmen der Politik nach der New-Economy-Krise und der Immobilienkrise noch bescheidene Konterbierchen, so setzten die Notenbanken der Welt an zu einem richtig großen Konterschluck aus der Pulle. Es ging um eine preisgekrönte Währung, welche die Deutschen an ihre nationalsozialistische Vergangenheit erinnern sollte.

7 Dritte Krise:
Esperanto-Geld in Not

Karlspreise und Hitler-Bärtchen

Ursprünglich waren auch ECU, Franken und Gulden im Spiel, doch der endgültige Name, der in der »Verordnung (EG) Nr. 974/98 über die Einführung des Euro« festgelegt wurde, leitet sich ab vom Namen des Kontinents, den er im Griff haben sollte. Er wurde gefeiert, zur Hoffnung des Kontinents hochstilisiert, 2002 wurde der Euro sogar mit dem Internationalen Karlspreis zu Aachen ausgezeichnet, da er »wie kein anderer Integrationsschritt zuvor die Identifikation mit Europa befördert und damit einen entscheidenden, epochemachenden Beitrag zum Zusammenwachsen der Völkerfamilie leistet«. Aber er wurde auch beschimpft, »Esperanto-Währung« war wohl die griffigste Bezeichnung, Kritiker sehen in ihm die Ursache dafür, dass in einigen Staaten Europas die Deutschen wieder mit Nazi-Uniformen und Hitler-Bärtchen assoziiert werden.

Die Kernthesen dieses Kapitels

1. Mit der Einführung des Euro wurden die Staaten Südeuropas mit billigem Kapital überschwemmt: Investoren mussten nun keine Wechselkursrisiken mehr fürchten, die einheitliche Zinspolitik der Notenbank führte dazu, dass in diesen Ländern Geld zu billig wurde, und darüber hinaus vermutete man, dass ein Mitgliedsstaat der Währungsunion immer seine Schulden zurückzahlen werde – zur Not mithilfe der Union. Dies alles machte ein Investment im Süden Europas zu attraktiv: Die Staaten wurden mit Geld geflutet, das sie in teilweise sinnlosen Projekten verschwendeten; zudem blähte das die Löhne dieser Länder auf und unterminierte damit deren Fähigkeit, zu exportieren.

2. Mit dem Ausbruch der Immobilienkrise in den Vereinigten Staaten endete auch dieser kreditfinanzierte Boom im Herzen Europas – als Banken und Investoren fürchteten, dass es zu Staatspleiten kommen könnte, kappten sie ihre Mittelvergabe an Staaten; dies steigerte deren finanzielle Nöte.

3. Jetzt rächte es sich, dass die Geschäftsbanken den Staaten Kredit gegeben hatten: Die potenziellen Staatspleiten drohten auch Banken und damit das komplette Finanzsystem in den Abgrund zu stürzen – womit auch die Kundengelder der Banken im Feuer standen.

4. Die Notenbanken reagierten nach bewährtem Muster: Sie pumpten mehr Geld in die Adern des Finanzsystems, um eine Krise zu bekämpfen, die letztlich durch billiges Geld entstanden war.

Die Wahrheit liegt wohl wie immer in der Mitte – der Euro war nicht der Auslöser der Krise, die den europäischen Kontinent seit dem Jahr 2009 fest im Griff hat, aber er wurde zum Teil des Problems und zum Brandbeschleuniger. Begonnen hatte alles – wie im vorherigen Kapitel geschildert – mit einer boomenden Finanzindustrie, die mit immer neuen Ideen, Techniken und Produkten Menschen in vielen Ländern den Zugang zu billigen Krediten ermöglichte. Kredite wurden verbrieft, handelbar gemacht und durch Glasfaserkabel rund um die Welt geschickt, auf dass sich jede Bank eine Scheibe vom Finanzmarktkuchen abschneiden konnte. Es ist eine Mischung aus technischem und finanzmarkttheoretischem Fortschritt, die den Funken in Europa auslöst: Der technische Fortschritt macht die Internationalisierung des Banken- und Kreditgeschäfts immer einfacher, Geld, Zahlungsversprechen, Kredite und toxische sowie nicht toxische Finanzprodukte hüpfen über Ozeane und Ländergrenzen – Finanzmarktkrisen erhalten so die Möglichkeit zu einer kostengünstigen Weltreise.

Und der intellektuelle Fortschritt in dieser Branche, der immer wieder neue Produkte in die Schaufenster der Finanzinstitute gezaubert hat (die wir im vorherigen Kapitel kennengelernt haben), sorgte dafür, dass immer mehr Akteure in die Manege namens »Finanzmärkte« kletterten und ihr Geld, respektive das Geld ihrer Kunden, an die Front schickten. Unterstützt wurde diese Kreditexpansion durch eine lückenhafte Regulierung der Finanzinstitute und das Desinteresse der Politik, diese Fehlentwicklung zu verhindern, da sie ja letztlich davon profitierte, wie wir noch sehen werden.

Dass die Sache noch mehr aus dem Ruder lief, lag an der gemeinsamen Währung, die diese Entwicklung begünstigte, wenn nicht sogar beschleunigte. Sie erleichterte es den südlichen Ländern, Kredite aufzunehmen – ja sie wurden von ausländischem Kapital geradezu überrannt. Und der Grund dafür war der Euro, denn durch den Wegfall des Wechselkurses sank für Kreditgeber das Risiko, Geld zu verlieren: Wenn eine deutsche

Bank vor der Einführung des Euro einen Kredit nach Griechenland vergab, musste das in Drachmen geschehen, und bei der Rückzahlung des Kredits bestand das Risiko, dass man durch eine Abwertung der Drachme herbe Verluste erlitt. Man tauscht 100 Euro in sagen wir 17 000 Drachmen, die man als Kredit an Griechenland vergibt, doch wenn es an die Rückzahlung geht und die Drachme abwertet, bekommt man vom griechischen Schuldner zwar 17 000 Drachmen zurück, für die man aber aufgrund der Abwertung der Drachme nur noch 90 Euro erhält. Dieses Wechselkursrisiko bremste den Kreditfluss nach Griechenland beziehungsweise machte ihn teurer – und dieses Risiko verschwand mit der Einführung des Euro, was dazu führte, dass mehr Kapital völlig unbesorgt in die Peripherie der Euro-Zone floss.

Zudem war mit einer einheitlichen Währung nur noch eine einheitliche Zinspolitik möglich, die für manche Staaten der Euro-Zone angemessen war, für andere Staaten jedoch zu lax – vor allem Spanien, Griechenland und Irland hätten wegen des Kreditbooms in ihrem Hinterhof deutlich höhere Zinsen benötigt. Das hätte aber bedeutet, dass andere Staaten der Währungsunion höhere Zinsen in Kauf nehmen müssten – was sie aber angesichts ihrer Konjunktur nicht erstrebenswert fanden. Jetzt rächte es sich, dass man so unterschiedliche Länder in das Prokrustes-Bett einer einheitlichen Währung gezwängt hatte. Für die einen waren die Zinsen zu hoch, was ihnen konjunkturelle Kopfschmerzen bereitete, für die anderen – Griechenland, Spanien, Irland – waren sie zu niedrig, was zu einem künstlich aufgeblasenen Boom führte. Und wenn Sie jetzt sagen, dass man das hätte vorhersehen können, haben Sie recht.

Ein dritter Punkt, der die Verschuldungstendenzen in den Südländern beförderte, war eine Wette: Würde die Europäische Union eines ihrer Mitglieder pleitegehen lassen? Natürlich, das Vertragswerk zum Euro hatte festgelegt, dass man keinem Mitgliedsstaat im Falle einer Überschuldung helfen werde, aber wie glaubwürdig war dieses Versprechen? Hoffte man also darauf, dass beispielsweise im Falle einer Überschuldung Griechenlands die Union den Griechen beispringen werde, so konnte man den Griechen ohne Sorgen Geld leihen – sollte das schiefgehen, würde schon die Union einspringen. Was sie ja auch tat. Diese Wette ging zumindest teilweise auf.

Die Konsequenz dieses Arrangements: Kapital floss aus ganz Europa in die Südstaaten – »Konvergenz-Trade« oder »Konvergenz-Spekulation« nannte man das, nur dass – im Gegensatz zum heutigen Kapitalmarkt-Bashing – jeder diese Form der Spekulation gut fand, obwohl hier letztlich Kapitalmärkte eine Wette darauf abschlossen, dass die Europäische Union Pleitestaaten nicht hängen lassen wird. Diese Konvergenz-Spekulation befeuerte in den Südländern einen kreditgetriebenen, künstlichen Boom, der irgendwann zusammenbrechen musste.

Ausdruck dieser Entwicklung ist die sogenannte Zinskonvergenz: Die Zinsen in den Euro-Staaten entwickelten über ein ganzes Jahrzehnt Fallsucht, vor allem in den ehemaligen Hochzinsstaaten der südlichen Peripherie. Lagen in Griechenland die Zinsen Anfang der 90er-Jahre für lang laufende Staatsanleihen um das Dreifache über den deutschen Zinsen, so waren sie bereits Anfang dieses Jahrtausends auf deutschem Niveau. Wer Griechenland Geld lieh, bekam dafür genau die gleiche Prämie wie jemand, der Deutschland einen Kredit gab. Griechenland, Portugal, Italien, Spanien – alle ehemaligen Hochzinsländer hatten auf einmal Zinsen auf deutschem Niveau, ja teilweise sogar darunter – mit entsprechenden Folgen für die heimische Wirtschaft. Die rekordniedrigen Zinsen wirkten wie ein Aufputschmittel: Ein Muster, das uns mittlerweile bekannt vorkommt, ist es doch letztlich nur ein Echo der Krisenentwicklung vor der New-Economy-Blase und der Immobilienkrise.

Aus den Erfahrungen, die wir mit diesen beiden Krisen gemacht haben (die in den beiden vorherigen Kapiteln ausführlich dokumentiert sind), wissen wir auch, was passiert, wenn massenweise Kredite und billiges Geld das Finanzsystem fluten. Im Gegensatz zu der landläufigen Meinung, dass sich das

Finanzsystem von der realen Wirtschaft gelöst habe, zeigte diese Expansion der weltweiten Kreditmenge handfeste reale Folgen, ließ sie doch europaweit die Zementmischer heiß laufen: Die wild gewordene Kreditwirtschaft löste einen Immobilienboom aus, in vielen europäischen Staaten zogen die Bauinvestitionen steil an. In Spanien beispielsweise musste man zeitweise zwei Jahre auf einen Anstreicher warten. Und viele dieser Bauinvestitionen waren in den spanischen Sand gesetzt: Was könnte diesen Befund schöner illustrieren als ganze Straßenzüge mit Leerständen, leere Autobahnen oder der spanische Flughafen Castellón, der, 150 Millionen Euro schwer, Passagiere nur aus den Planungen der Politiker kennt, nicht aber aus der Realität?

Andere Staaten wie Griechenland verfrühstückten den künstlichen, weil geliehenen Reichtum, der in ihr Bankensystem geschwemmt wurde, indem sie ihren Beamtenapparat aufblähten, großzügige Geschenke an eine ausgewählte Klientel verteilten oder das Geld einfach verschwendeten. Eine weitere Folge des billigen Geldes war, dass vor allem in den südlichen Staaten die Löhne stark anzogen, stärker, als die Arbeitsproduktivität es erlaubt hätte. Wenn ein Arbeitnehmer in einem Jahr seine Produktivität – das, was er pro Stunde erwirtschaften kann – um beispielsweise drei Prozent steigert, so kann man ohne Weiteres auch seinen Lohn um drei Prozent erhöhen. Viele der südlichen Staaten haben aber stattdessen ihre Löhne nicht um drei, sondern eher um zehn, 20, bis zu 40 Prozent hochgejubelt – ohne dass diesem Anstieg der Nominallöhne ein entsprechender Anstieg der Produktivität gegenüberstand. Das sollte sich später rächen.

Da haben wir es wieder, unser Muster: Billiges Geld, billige Kredite fließen unkontrolliert ins Finanzsystem, lösen dort zunächst einen künstlichen Boom aus, der sich immer mehr zu einer Blase aufbläht – und je größer diese Blase wird, umso härter wird der Aufschlag, wenn sie platzt. Und in einer Währungsunion ist der Aufschlag noch einmal härter als bei einem Land mit souveräner Geldpolitik. Denn eine Währungsunion hat etwas von einer Ursünde.

Die Mutter aller Sünden

Seit Adam und Eva vom Baum der Erkenntnis genascht haben, tragen wir Menschen eine schwere Schuld in uns, sagen die Theologen; diesen ersten Sündenfall bezeichnen sie als Ursünde. In der Währungspolitik hingegen hat die Ursünde eine etwas handfestere Bedeutung. Eine währungspolitische Ursünde, so lehren uns die Ökonomen, besteht darin, sich in ausländischer Währung zu verschulden. Der Grund dafür ist simpel: Wer sich in einer ausländischen Währung verschuldet, muss auch in ausländischer Währung zurückzahlen. Wenn sich hingegen ein Staat in seiner eigenen Währung verschuldet, so kann er im Notfall einfach Geld nachdrucken, wenn dieses knapp wird – mit diesem Taschenspielertrick kann sich ein Staat immer seiner Schuld entziehen, auf, na ja, mehr oder weniger legale Weise. Ob das praktiziert wurde? Immer. Zu allen Zeiten.

Wer sich hingegen in ausländischer Währung verschuldet, muss sich entweder die ausländischen Devisen, die man zurückzahlen muss, schwer erarbeiten oder aber Insolvenz anmelden. In einer Währungsunion ist das genauso, jedenfalls solange man keinen Zugriff auf die Notenbank hat. Der Grund ist einfach: Solange die Notenbank bestimmt, wie viel Geld gedruckt wird, kann man im Falle einer Überschuldung nicht einfach mehr Euros drucken, um seine Euro-Schulden zurückzuzahlen – man muss sie sich hart verdienen. So wird auch eine Verschuldung in der eigenen Währung – dem Euro – zu einer Ursünde.

Genau in diese Situation gerieten nun die Südstaaten nach dem Platzen des kreditgetriebenen Booms: Im Kreditrausch hatten sich teils die Bürger Europas, teils seine Staaten massiv verschuldet, und als die Bankenblase platzte und es daranging, zurückzuzahlen, konnten sie keine eigenen Euros drucken, um sich ihrer Schulden zu entledigen. Damit sind wir bei einem wichtigen Zusammenhang, nämlich der Beziehung zwischen der Fähigkeit eines Landes, eigenes Geld zu drucken, und seinem Hang zur Verschuldung. Wie wir im zweiten Kapitel gesehen haben, ist modernes Geld kreditgedeckt: Die Notenbank gibt Geldscheine heraus und bekommt im Gegenzug Kredite als Sicherheiten. Schaffen diese Kredite Werte, so stehen dem gedruckten Geld auch entsprechende Werte gegenüber. Wenn aber der Staat das Geld, das ihm die Notenbank geliehen hat, verschwendet, so schuldet er der Notenbank zwar Geld, aber da letztlich die Notenbank ja dem Staat gehört, schuldet er das Geld sich selbst. Da kann man seine Rückzahlungsmoral auch etwas entspannter anlegen. Was also liegt für den Staat näher, als bei der Notenbank Kredite einzureichen und sich dafür im Gegenzug mit Bargeld zu versorgen, mit dem er seine Schulden bezahlen kann? »Monetäre Alimentation der Staatsverschuldung« nennt das der Profi, man könnte es aber auch platter als »Staatsfinanzierung mit der Druckerpresse« bezeichnen.

Die Druckerpresse ist und war zu allen Zeiten ein beliebtes Mittel von Monarchen und gewählten Volksvertretern, um ihre Ausgabenwünsche mit den knappen Mitteln in Einklang zu bringen, die ihnen zur Verfügung standen. Es ist vielleicht kein legitimes, bisweilen sogar kein legales Rezept zur Mittelbeschaffung, aber ein politisch opportunes, scheint es doch vordergründig niemandem wehzutun.

Was natürlich nicht stimmt, man muss nun kein ausgebuffter Profi sein, um sich die Folgen einer solchen Politik auszumalen: Nur wenn die staatlichen Kredite allesamt Werte und damit Sozialprodukt schaffen, wird die betreffende Währung stabil bleiben. Je mehr aber die staatlichen Ausgaben unproduktiv im Treibsand des politischen Klientelbetriebs und der Wählerstimmen-Maximierungsmaschine versickern, je mehr die gedruckten Geldscheine wertlose Immobilienruinen finanzieren, umso weniger echte Werte stehen umso mehr Geldscheinen gegenüber – die Währung wird schleichend entwertet, und der Staat wird auf diese Art seine Schulden billig los. Und ehe es der gemeine Sparer merkt, hat ihn die Inflation um seine Ersparnisse gebracht. Die Verantwortlichen allerdings haben sich dann zumeist schon aus dem Staub gemacht.

In der Europäischen Währungsunion allerdings ist dieser Ausweg, staatliche Ausgaben über die Druckerpresse zu finanzieren, eigentlich versperrt, weil – zumindest auf dem Papier – die Mitgliedsstaaten der Währungsunion kein Mitspracherecht bei der Geldpolitik der Notenbank haben und zudem – auch auf dem Papier – die Notenbank rechtlich daran gehindert ist, den Staaten Kredit einzuräumen. Damit war den Mitgliedsstaaten der Union zumindest bis 2009 die bei manchen Staaten gebräuchliche Teilfinanzierung des Staatshaushalts über die Druckerpresse versperrt. Und was macht man, wenn man nicht so viel Geld zur Verfügung hat, wie man es gewohnt ist? Der Privatmann spart, der Politiker macht Schulden. Also verschuldete sich die Politik weiter, und das geldpolitische Umfeld sowie die Besonderheiten der Währungsunion – siehe oben – erleichterten diese Strategie. Europa schwamm in Geld und billigen Krediten, verschuldete sich über beide Ohren und stellte mit dem billigen Geld allerlei Dinge an, von denen die wenigsten wohl vernünftig waren – aber das hatten wir ja schon.

Natürlich war von Anfang an klar, dass dieser künstliche Boom, angetrieben von billigem Kreditgeld, nicht Ewigkeiten würde andauern können, es brauchte nur einen Auslöser, um die Blase zum Platzen zu bringen. Und der ließ nicht lange auf sich warten: 2007, als die amerikanische Immobilienpreisblase platzte, geriet auch das auf billigem Kredit aufgebaute Kartenhaus der Währungsunion ins Wanken. Der Schock aus den Vereinigten Staaten fraß sich rasch -- Glasfaserkabel und Finanzakrobaten lassen grüßen – über den Atlantik in die Bilanzen der europäischen Geldhäuser. Viele europäische Banken und Finanzinstitute hatten sich mit vermeintlich risikofreien amerikanischen Immobilieninvestments verhoben und mussten nun ihren Kunden mitteilen, dass ein Großteil ihrer Gelder verloren war. Europa erlebte seinen Lehman-Moment.

Wollte man diesem europäischen Lehman-Moment einen Namen geben, so wäre dies wohl der Name der britischen Bank Northern Rock – die Bilder der besorgten Kunden von Northern Rock, die vor den Filialen Schlange standen, um ihr Geld in Sicherheit zu bringen, schickten neue Schockwellen durch die Bankenwelt. Die deutschen Lehman-Momente bescherten uns Institute wie die IKB und die Sachsen LB, auch sie ereilte das gleiche Schicksal wie Northern Rock: Man hatte Kundengelder in wackeligen amerikanischen Immobilienkrediten investiert, und als die Immobilienkrise ausbrach, standen sie mehr oder weniger nackt da.

Was jetzt kommt, kennen wir bereits aus dem vorherigen Kapitel: Banken liehen sich gegenseitig kein Geld mehr, weil sie befürchteten, einer potenziellen Pleitebank Geld zu leihen, die zu viel Geld in Immobilienschrott investiert hatte, andere Banken schränkten ihre Kreditvergabe ein, um die Gefahr eines Lehman-Moments zu vermindern. Kurzum: Die Banken drehten den Kredithahn zu, die europäische Wirtschaft, die für kurze Zeit dank billiger Kredite wie ein Sportler auf Steroiden heiß gelaufen war, kam ins Straucheln, die Konjunktur brach ein, weswegen die Staatseinnahmen einbrachen. Zusätzlich belasteten milliardenschwere Konjunkturprogramme zur Stützung der Wirtschaft die Haushalte, und nicht zuletzt hieß es nun auch, Banken zu retten, eine Beschäftigung, die gleichfalls tiefe Löcher in die Taschen der Finanzminister riss. Bis hierhin entspricht das in etwa dem bekannten Drehbuch, das wir bereits von der Immobilienkrise kennen, doch nun bekommt die ganze Angelegenheit eine neue Dimension, denn die Rettung der Banken und der Konjunktur brachte die Retter selbst in Bedrängnis, was wiederum die Geretteten unter Druck setzte. Ein Teufelskreis beginnt, der zeigt, wie eng die Bande zwischen Staat und Finanzbranche sind, und was dann passiert, wenn der größte aller Gläubiger nicht mehr zahlen kann oder will.

Der Fixstern des Finanzfirmaments

Schwer zu sagen, wann das erste Mal in der Geschichte der Menschheit so etwas wie ein Kredit vergeben wurde, was sich aber mit ziemlicher Gewissheit sagen lässt: Nur kurz danach muss es zum ersten Zahlungsausfall gekommen sein – wo immer Geld verliehen wird, ist auch ein Schuldner nicht weit, der nicht zurückzahlt. Das gilt für jede Art von Schuldner, auch für die ganz großen Schuldner wie Fürsten, Könige, Kaiser oder Regierungen. Der vermutlich erste dokumentierte staatliche Zahlungsausfall datiert aus dem vierten Jahrhundert vor Christus, als zehn Stadtstaaten des Attischen Seebundes einen Kredit des Delos-Tempels nicht zurückzahlten. Passenderweise stammt einer der jüngsten dokumentierten Fälle, in denen ein Staatswesen seine Schulden nicht zurückzahlt, ebenfalls aus Griechenland, es ist Griechenland selbst.

Steckbrief: Die Pleitegeier

»Wer Gläubiger ist, ist selbst schuld«, soll Philipp II. von Spanien einmal gesagt haben – und hat dieses Credo selbst beherzigt: Mit drei Staatspleiten während seiner 40-jährigen Regentschaft ist er so etwas wie der Superstar unter den Staatsbankrotteuren. Philipp verschleuderte das Gold, das die damalige Weltmacht Spanien aus der Neuen Welt holte, für einen aufgeblähten Beamten- und Staatsapparat, für pompöse Prestigebauten und für Kriege – während seiner Regentschaft herrschten lediglich sechs Monate lang Frieden. Was die Zahl der Bankrotte seit 1800 angeht, so liegt Spanien mit acht Pleiten in Führung, dicht gefolgt von Deutschland mit sieben Bankrotten sowie Österreich und Ungarn (beide einschließlich Österreich-Ungarn) ebenfalls mit je sieben Staatspleiten. Griechenland, das 2009 Europa

---

mit seinen Schuldenproblemen an den Abgrund drängte, verbrachte seit seiner Unabhängigkeit im Jahr 1830 etwa die Hälfte der Zeit in Staatsbankrotten. Damit sind die Griechen in Europa bei Weitem aber nicht alleine: Frankreich meldete nach der Revolution von 1789 Staatsbankrott an, das Kaiserreich Österreich war 1811 insolvent, Dänemark ging 1813 pleite, und Russland folgte 1918. Deutschland meldete in den Jahren 1923 und 1948 de facto zweimal Bankrott an. In Übersee zählt Argentinien zu den Superstars der Staatsbankrotteure. Als Argentiniens Präsident Néstor Kirchner im Oktober 2004 Deutschland besuchen wollte, drohten erboste deutsche Anleger, die Argentinien Geld geliehen hatten, mit der Pfändung der Präsidentenmaschine »Tango 01« – statt Kirchner kam dann der Vizepräsident per Linienmaschine. Dass Mitteleuropäer nicht so sehr an Staatspleiten gewohnt sind, liegt wohl daran, dass die vergangenen Jahrzehnte eher ruhig waren: Die Ökonomen Kenneth Rogoff und Carmen Reinhart haben für die vergangenen 200 Jahre rund 320 Staatspleiten gezählt. Man kann in etwa fünf Phasen ausmachen, in denen sich Staatspleiten häuften: Anfang des 19. Jahrhunderts beginnt im Zuge der napoleonischen Kriege die erste Phase, die zweite in den 20er-Jahren des gleichen Jahrhunderts, Phase Nummer drei startet etwa von 1870 bis knapp 1890. Die vierte Phase beginnt mit der großen Depression 1930 und dauert bis zum Ende der 50er-Jahre des vorigen Jahrhunderts – fast die Hälfte aller Staaten war zeitweilig zahlungsunfähig. Die vorläufig fünfte und letzte Phase sind die 80er- und 90er-Jahre des 20. Jahrhunderts, als sich vor allem in den sogenannten Schwellenländern die Pleiten häuften.

Zwischen diesen Ereignissen liegen fast zweieinhalbtausend Jahre und ungezählte Staatspleiten – fast kein Staat, den es nicht einmal erwischt hat. Insofern ist es nicht überraschend, dass einige Staaten der Währungsunion nach einem rauschenden Wirtschaftsboom mit billigem Kredit und anschließender Bankenrettung in Schieflage gerieten und die Notwendigkeit einer Staatsinsolvenz auf einmal im Raum stand. So richtig in Fahrt kam das Staatsschuldenkarussell in der Euro-Zone, als das griechische Staatsdefizit sich innerhalb weniger Monate des Jahres 2009 verdreifachte – aufgrund statistischer Ursachen, wie man das vornehm umschrieb. Weniger vornehm gesagt: Die Griechen hatten bei ihren Schuldenstatistiken gemogelt, und 2009 kam dies ans Licht.

Allerdings war das nicht der erste griechische Statistikskandal; bereits 2004 hatte sich herausgestellt, dass die griechischen Defizitangaben für die Jahre 1997 bis 2000 falsch waren – mit diesen Zahlen hätten die Griechen niemals Mitglied in der Währungsunion werden dürfen. Griechenland war de facto pleite.

Nun hätte das der europäische Kontinent sicher noch verdauen können – ein Land, dessen Wirtschaftsleistung absolut gemessen ein Zehntel der Wirtschaftsleistung Deutschlands ausmacht, das so viele Einwohner wie Belgien hat und dessen Staatsverschuldung sich mit 330 Milliarden Euro absolut gesehen harmlos ausnimmt neben beispielsweise 1,9 Billionen Euro Schulden der Franzosen oder 2,1 Billionen Euro der Deutschen – wieso soll eine Pleite dieses Landes einen Kontinent erschüttern?

Der Grund dafür war anfangs reine Glaubenssache. In der Finanzwelt ist nichts sicher, nichts von Beständigkeit, außer einer Sache: Staatsanleihen. Staatsanleihen sind nichts anderes als Kredite an Staaten, die man verbrieft und handelbar gemacht hat. Wenn man beispielsweise für 100 Euro eine deutsche Bundesanleihe mit einer Laufzeit von zehn Jahren und einem Zins von drei Prozent kauft, bedeutet das, dass man dem deutschen Staat 100 Euro leiht und diese – inklusive drei Euro

Zinszahlungen pro Jahr – nach zehn Jahren zurückerhält. Ein Kredit an den Staat.

Und bis zur Griechenland-Pleite galt in Europa eines als sicher: Staaten zahlen ihre Schulden immer zurück, weswegen Staatsanleihen die sicherste Geldanlage der Welt sind. Staatsanleihen galten als risikoloses Investment, als Fixstern am Firmament des Finanzmarkthimmels – egal, was passiert, wer in Staatsanleihen investiert, hat sein Geld sicher investiert. Da konnten Finanzstürme toben, Unternehmen pleitegehen oder Regierungen fallen – Staatsanleihen westeuropäischer Staaten waren der Goldstandard der sicheren Investments, da würde niemals etwas schiefgehen. Angesichts der Tatsache, dass die erste dokumentierte Staatspleite bereits vor fast zweieinhalbtausend Jahren stattfand, angesichts der Tatsache, dass allein in den vergangenen 200 Jahren rund 320 Staatspleiten gezählt wurden, muss man sich über so viel Vertrauen wundern. Die Geschichte jedenfalls spricht eine andere Sprache: Auch Staatsanleihen sind nicht sicher, auch Staaten können pleitegehen, und wer diesen Staaten Geld geliehen hat, hat das Nachsehen.

Bis zum Griechenland-Crash waren diese Erfahrungen der Geschichte vergessen, mit der Ankündigung der griechischen Defacto-Pleite allerdings änderten Banken, Versicherungen und Finanzjongleure diese Einstellung – auf einmal war allen klar, dass auch westeuropäische Staaten pleitegehen können und dass Staatsanleihen nicht der sichere, verlässliche Fixstern sind, als den man sie wähnte.

Mit Grauen blickte die Finanzwelt in einen Abgrund namens Staatspleite – und zog daraus ihre Schlüsse. Banken, Versicherungen und Vermögensverwalter bewerteten das Risiko ihrer Investments in Staatsanleihen neu – und verkauften diese massenhaft. Was zuvor als witwen- und waisensicheres Investment in vielen Tresoren, Depots und Sparstrümpfen lagerte, wurde nun auf den Markt geworfen und auf Teufel komm raus verkauft. Wenn aber die ganze Welt Staatsanleihen verkauft, also den betreffenden Staaten keinen Kredit mehr geben will, passieren zwei Dinge: Erstens müssen die Staaten neue Gläubiger mit immer höheren Zinsen locken, zweitens verlieren die im Umlauf befindlichen Staatsanleihen immer mehr an Wert.

Das erste Argument ist klar: Ändert sich die Risikoeinschätzung der Märkte, so sinkt die Bereitschaft, neue Staatsanleihen zu kaufen, also den Staaten weiter Geld zu leihen. Damit diese Staaten dann überhaupt noch Geld erhalten, müssen sie höhere Zinsen bieten. Für Staaten, die ohnehin schon hoch verschuldet sind, ist das ein Problem: Sie müssen beständig alte Schulden, die sie zurückzahlen müssen, durch neue Schulden ersetzen – Umschuldung nennt man das, das ist so ähnlich wie der Anschlusskredit des Häuslebauers, wenn sein erster Kredit ausgelaufen, das Haus aber noch nicht abbezahlt ist. Und genau wie der Häuslebauer bekommt auch der verschuldete Staat Probleme, wenn er den Anschlusskredit zu einem höheren Zinssatz aufnehmen muss. Die schlagartige Erkenntnis, dass Mitgliedsstaaten der Europäischen Währungsunion pleitegehen können, bescherte den potenziellen Pleitestaaten dramatisch steigende Kosten der Staatsverschuldung – was sie einen Schritt näher an die Pleite brachte, was wiederum zu weiter steigenden Zinsen führte. Die Erkenntnis, dass diese Staaten in die Pleite rutschen können, brachte diese Staaten an den Rand der Zahlungsunfähigkeit. Über diese Erkenntnis sprang der Funke der Staatspleitenangst dann auch von Griechenland über auf Staaten wie Portugal, Spanien oder Italien – auf einmal stand die halbe Mitgliederliste der Union unter Pleiteverdacht und musste höhere Zinsen zahlen, was sie aber kaum konnte, weil sie schon so hoch verschuldet war.

Doch es kam noch schlimmer: Ein altes Sprichwort sagt, dass man ein Problem hat, wenn man 100 Euro Schulden hat; hat man aber 100 000 Euro Schulden, hat die Bank ein Problem. Wie, glauben Sie, sieht es dann erst aus, wenn man nicht 100 000, sondern 100 Milliarden Euro Schulden hat? Natürlich: Als die Staaten in den Geruch der Pleite gerieten, stellte sich die Frage, wer das bezahlen soll – und sofort stand die Frage im

Raum, wer diesen Pleitestaaten das Geld geliehen hatte. Die Antwort: Ende des Jahres 2010 standen die öffentlichen Haushalte der Euro-Staaten bei den Banken des Euro-Raums mit rund 2,7 Billionen Euro in der Kreide, 1,2 Billionen Euro schuldeten sie Versicherungen und Pensionskassen in den Ländern des Euro-Raums. Es waren die Banken, Vermögensverwaltungen und Versicherer, die nun ein Problem hatten.

Vor allem die Banken kamen ins Schlingern: Sie hatten massenhaft in Staatsanleihen investiert, nicht zuletzt deswegen, weil es die Politik so gewünscht hatte. Den Banken war es nämlich erlaubt, sich so viele Staatsanleihen in den Keller zu schaufeln, wie sie wollten – hier gab es keine Limits. Wenn Sie noch einmal daran denken, wie Banken ihr Geschäft machen, wird Ihnen sofort das Problem klar: Banken nehmen das Geld ihrer Kunden und verleihen es weiter. Verleiht die Bank aber das Geld ihrer Kunden an Kreditnehmer, die es nicht zurückzahlen, dann ist das Geld der Kunden verloren. Der einzige Schutz der Kunden in einem solchen Falle sind die Rücklagen der Banken, das eigene Geld, welches die Banken ins Schaufenster stellen und das im Fall von Verlusten aus dem Kreditgeschäft sozusagen schützend vor den Einlagen der Kunden steht.

So weit also die Theorie: Wenn die Banken das Geld ihrer Kunden weiterverleihen oder investieren, und diese Investments an Wert verlieren, so gehen die daraus resultierenden Verluste zulasten des Eigenkapitals der Banken – das Geld der Kunden gerät erst in Gefahr, wenn das Eigenkapital weg ist. Deswegen verlangen die gängigen Vorschriften der Bankenregulierung, dass eine Bank für jedes Investment, das sie macht, ein bestimmtes Polster an Eigenkapital vorhält. Für jedes Investment? Nicht ganz. Für Staatsanleihen galt (und gilt) diese Vorschrift nicht. Staatsanleihen durften sich die Banken so viele auf die Bilanz laden, wie sie lustig waren – ohne sie mit Eigenkapital zu unterlegen.

Natürlich gab es gute Gründe für diese Regelung: Wenn Staatsanleihen absolut sichere Investments sind, dann kann die Bank ja mit dem Geld ihrer Kunden unbegrenzt Staatsanleihen kaufen – da hier ja nichts anbrennen kann, ist das Geld der Kunden auch nicht in Gefahr. Die Folge: Europäische Banken investierten munter in Staatsanleihen europäischer Staaten, gaben also Staaten wie Griechenland, Portugal oder Spanien fleißig Kredit – mit dem Geld ihrer Kunden. Den Regierungen war das nur recht, bedeutete diese Regelung doch, dass Banken ihnen breitwillig und zinsgünstig Geld liehen – dank der Regelung, welche die Regierungen selbst auf den Weg gebracht hatten. Natürlich hat das eine nichts mit dem anderen zu tun. Natürlich.

Was nun kommt, liegt auf der Hand: Als klar war, dass Staatsanleihen eben kein sicheres Investment sind, gerieten sowohl die Banken als auch die Kunden der Banken in Panik – was, wenn meine Bank zu viel Geld in Griechenland, Portugal oder Spanien investiert hat? Gehen diese Staaten pleite, so fehlt der Bank das Geld, und da diese Investments nicht durch Eigenkapital der Bank geschützt sind, schlagen die Verluste sofort auf die Gelder der Kunden durch. Kurz gesagt: Geht Griechenland pleite, dann verlieren die Banken, die Griechenland Geld geliehen haben, das Geld ihrer Kunden. Und wir wissen auch, was die Kunden machen, wenn sie das erkennen: Sie ziehen ihre Gelder ab respektive geben ihrer Bank kein neues Geld. Aus der Schuldenkrise war wieder eine Bankenkrise geworden.

Jetzt haben wir alle Zutaten für eine echte Bankenkrise beisammen: Als etliche europäische Staatsanleihen sich als mögliches Fehlinvestment entpuppten, drohten sie, die Banken mit in den Abgrund zu reißen, von denen sie sich das Geld geliehen hatten, womit sich auch die Banken als konkursbedroht entpuppten. Sobald die Anleger das erkannten, versuchten sie, ihre Gelder in Sicherheit zu bringen, und weigerten sich, einer Bank erneut Geld zu leihen – den Banken wurde der Kredithahn zugedreht. Das ging sogar so weit, dass nicht einmal mehr Banken bereit waren, anderen Banken Geld zu leihen, sie parkten ihre Mittel lieber auf ihren Konten bei der Zentralbank. Das Finanzsystem

Europas drohte auszutrocknen. Vor allem für Banken aus Irland, Griechenland und Italien wurde es immer schwieriger, sich noch Mittel zu beschaffen. Europa drohte zu einer Finanzwüste zu werden, Unternehmen liefen Gefahr, an Kreditmangel zu ersticken. Zeit für den Retter in der Not, den einzigen, der jetzt noch handeln konnte. Zeit für den letzten Strohhalm.

Die letzte offene Brieftasche

Wenn jemand am Ertrinken ist, so hält man ihm als letzte Hoffnung einen Strohhalm hin. Dieses beunruhigende Bild steckt hinter der Redewendung des letzten Strohhalms – ein letzter, allerdings recht verzweifelter Versuch, eine Katastrophe zu verhindern. In der Finanzbranche und der Geldpolitik spricht man natürlich nicht vom letzten Strohhalm, sondern vornehmer vom »lender of the last resort«, was man in etwa mit »letzter Kreditgeber« übersetzen könnte, also jemand, der selbst dann, wenn die Welt am Untergehen ist und niemand mehr irgendjemandem Geld leihen will, bereitwillig die Brieftasche öffnen will und vor allem auch kann. Die letzte offene Brieftasche.

Diese Definition trifft ziemlich genau das, was die Europäische Zentralbank angesichts der sich abzeichnenden Euro-Krise Euro-Krise tat: Als immer mehr Staaten an den Rand des Bankrotts rutschten und drohten, immer mehr Banken mit in den Abgrund zu reißen, als aus diesem Grund keine Bank mehr einer anderen Bank Geld leihen wollte, sprang die Notenbank in die Bresche und stellte tonnenweise Geld ins Schaufenster.

Aus dem zweiten Kapitel wissen wir, wie unser Geldsystem funktioniert: Die Notenbank akzeptiert Kredite von Unternehmen, die diese bei Geschäftsbanken aufgenommen haben, und gibt im Gegenzug für diese Kredite Geld, das Zentralbankgeld, heraus. Und solange diese Kredite dazu führen, dass die Unternehmen Werte schaffen, steht dem Geld, das die Notenbank ausgegeben hat, auch ausreichend Sozialprodukt gegenüber.

Deswegen lässt die Notenbank Sorgfalt walten bei der Auswahl der Kredite, die sie in Geld umwandelt: Wenn diese Kredite sich in Luft auflösen, stehen dem Geld, das die Notenbank geschaffen hat, keine realen Werte gegenüber, der Wert dieses Geldes ist gefährdet.

Jetzt, in der Krise der Euro-Zone, warf man diese Vorsichtsmaßnahmen über Bord – die Rettung des Finanzsystems ging vor. Was man im Einzelnen unternahm, um die Banken und das Finanzsystem der Euro-Zone zu retten, haben wir bereits in Kapitel 3 gesehen: Die Europäische Zentralbank gab Zentralbankgeld zunehmend gegen immer zweifelhaftere Kredite aus, immer mehr ausfallgefährdete Kredite verweilen immer länger in der Bilanz der Notenbank, und je häufiger diese Kredite ausfallen, umso mehr ist der Wert unserer Währung gefährdet, und umso mehr kostet das den Steuerzahler, der letztlich für die Verluste der Notenbank aufkommen muss. Das ist das Qualitative Easing, das vereinfacht gesagt darin besteht, dass die Qualität der Kredite, die unser Geld besichern, immer schlechter wird. Man muss kein ausgesprochener Skeptiker sein, um das problematisch zu finden.

Doch damit nicht genug, die Notenbank betrieb auch das Quantitative Easing, das vereinfacht gesagt darin besteht, immer mehr Geld auf den Markt zu werfen. Wie wir bereits gesehen haben, hat sich die Bilanzsumme der Notenbank – eine Maßzahl für die Höhe der Geldmenge, welche die Zentralbank in Umlauf gebracht hat – innerhalb von zehn Jahren verdreifacht. Um es kurz zu machen: Die Notenbank druckte Geld.

Für die Banken bedeutete das die Rettung aus höchster Not: Sie konnten sich gegen ein Trinkgeld die dringend benötigte Liquidität beschaffen, und sie konnten einen Teil der toxischen Papiere, die in ihren Tresoren schlummerten, elegant an die Notenbank entsorgen und bekamen im Gegenzug dafür frisches Zentralbankgeld. Der letzte Strohhalm fühlte sich für die Banken recht gut an. Er hielt. Bis jetzt. Doch zu sagen, dass alles gut gegangen ist, wäre ein wenig verfrüht – wie der Mann, der von einem 20-stöckigen Hochhaus stürzt und, als er am 13. Stockwerk vorbeikommt, denkt: Bis jetzt ist alles gut gegangen. Doch was passiert im Erdgeschoss? Fragen wir doch einen Mann mit scheinbar außergewöhnlich guten Prognosefähigkeiten.

8 Fazit:

Ein Jahrzehnt wird besichtigt

Dow 40 000

Harry S. Dent ist ein wichtiger Mann: Er ist Präsident der
H. S. Dent Foundation, deren Mission es ist, »Menschen zu
helfen, die Veränderung zu verstehen«, er ist Gründer von
H. S. Dent, einer Finanzberatung, welche die H. S.-Dent-Bör-
senprognose veröffentlicht und das H. S.-Dent-Finanzberater-
netzwerk beaufsichtigt. Was Harry S. – H. S. – Dent aber vor
allem so wichtig macht, ist seine Prognosefähigkeit: Sein Buch
The Great Boom Ahead prophezeite im Jahr 1993 einen Dow-
Jones-Index von 8500 Punkten für das Ende der 2000er-Jahre.
Das war recht frech, denn 1993 hatte der Dow noch nicht einmal die 4000er-Marke geknackt. Als dann Ende der 90er-Jahre
die Aktienkurse weltweit zum Höhenflug ansetzten und Harry
S. Dents Prophezeiung wahr machten, wurde Harry S. Dent ein
wichtiger Mann, eben einer, der in die Zukunft blicken kann.
Wie so üblich in der Branche wurde er zu dem einzigen Menschen gekürt, der den Börsenboom der 90er-Jahre vorausgese-
hen hatte. Man munkelt, dass infolge seines Prognoseerfolgs
seine Vortragshonorare auf 50 000 Dollar pro Abend kletterten.

Die Kernthesen dieses Kapitels

1. In den Aktionen der Notenbanken zeigt sich ein Element strukturierten Wahnsinns: Jedes Mal, wenn billiges Geld eine Finanzkrise auslöste, wurde diese mit billigem Geld bekämpft – dies legte den Grundstein für die nächste Krise.

2. Früher hatte billiges Geld eine Güterpreisinflation ausgelöst – die Preise von Konsumgütern stiegen. Heute wird das billige Geld dazu verwendet, bestehende Vermögenswerte zu kaufen, statt neue Werte zu schaffen. Das Resultat ist Vermögenspreisinflation, also ein allgemeiner Anstieg der Vermögenspreise – Spekulationsblasen entstehen.

3. Vermögenspreisinflation ist teuer, denn sie führt dazu, dass unsere Ressourcen in Fehlinvestitionen geleitet werden – wir verschwenden unser Geld für den Erwerb und die Schaffung falscher Werte, weil deren Preis durch das billige Geld verzerrt ist. Wenn Geld zu billig wird, wird es verschleudert – mit ganz realen Folgen.

4. Die herkömmlichen Politikrezepte funktionieren in einer Welt der Vermögenspreisinflation immer schlechter; zudem kann das Platzen einer mit billigem Geld befeuerten Spekulationsblase das Finanzsystem und die Bankenwelt zum Einsturz bringen.

Kein Wunder, dass Dent ein Buch nachschieben musste, und das trug den verheißungsvollen Titel *Die goldenen 2000er Jahre* – jetzt sah er den Dow zum Ende des Jahrzehnts bei 40 000 Punkten. Ups. Am Ende der so wenig goldenen 2000er muss Harry S. Dent aufgegangen sein, dass seine zweite Prognose nicht ganz so golden war, also bewies er bemerkenswerte Flexibilität, indem er sein nächstes Buch *The Great Depression Ahead* – »Große Depression voraus« – nannte.

Heute, im Jahr 2013, scheint Harry S. Dent damit wieder auf Prognosekurs zu liegen – die goldenen 2000er-Jahre haben sich als Jahrzehnt der Krisen erwiesen, deren Folgen uns noch lange beschäftigen werden. Der Startschuss für das Jahrzehnt der Krisen erfolgte Mitte der 90er-Jahre, als die Notenbanken in vielen Staaten die geldpolitischen Zügel schleifen ließen und die Geld- und Kreditmengen sich ausweiteten. Immer mehr Geld vagabundierte durch die Weltwirtschaft auf der Suche nach Anlagemöglichkeiten. Nach den bis dato gängigen Theorien und den Ideen, die wir bereits in Kapitel 2 und 3 kennengelernt haben, sollte das eigentlich die Inflation anheizen: Wenn mehr Geld auf die Jagd nach begrenzten Gütermengen geht, dann steigen schlichtweg die Preise, wir bekommen Inflation, oder genauer gesagt, Güterpreisinflation. Diese Inflation führt dazu, dass die Notenbanken eingreifen und mit restriktiver Politik und steigenden Zinsen den Boom beenden.

Soweit die herkömmliche Theorie und die herkömmlichen Erfahrungen, doch in den 90er-Jahren verlief die Geschichte anders: Die billigen Produkte aus China, ausländisches Kapital und Deregulierung führten dazu, dass die Güterpreise mehr oder weniger konstant blieben – kein Zeichen von Güterpreisinflation war am Horizont zu sehen. Die Notenbanken lehnten sich entspannt zurück. Doch Geld ist wie Wasser, und wenn zu viel davon in die Kanäle einer Volkswirtschaft gelangt, dann sucht es sich einen neuen Weg. Und den fand es auch: Das überschüssige Geld floss nicht in Konsumgüter, sondern in Aktien und trieb die Aktienkurse der wichtigsten Weltbörsen in lächerliche Höhen – und erfüllte nebenher die Prognosen von Harry S. Dent.

Doch solche geldgetriebenen Finanzblasen sind nur von kurzer Dauer – als die Notenbanken begannen, den Geldhahn zuzudrehen, fielen die stolzen Kursgebilde in sich zusammen wie ein Napfkuchen, und die Terroranschläge des Jahres 2001 taten ihr Übriges, um diese geldgetriebene Börsenblase platzen zu lassen. Die Notenbanken reagierten schnell und entschlossen – sie drehten den Kredithahn wieder auf. Angesichts der unüberschaubaren Lage nach den Anschlägen auf das World Trade Center eine durchaus nachvollziehbare Sofortmaßnahme, die man allerdings auch wieder hätte beenden müssen – was man jedoch nicht tat. Mit billigem Geld hatte man einen Boom ausgelöst, und mit billigem Geld versuchte man nun, die Folgeschäden dieses Booms zu bekämpfen – und löste damit die nächste Spekulationsblase aus. Das billige Geld, das nach dem Crash der Jahre 2000 und 2001 die Märkte flutete, suchte sich einen neuen Weg, und dieser führte es auf die amerikanischen Immobilienmärkte. Die fatale Kombination von lockerer Geldpolitik, Finanzinnovationen, schlechter Regulierung und provisionshungrigen Banken führte zur nächsten Blase, die noch spektakulärer platzte als die Träume der Neuen Ökonomie; über die zunehmend internationalisierten Finanzmärkte streute das amerikanische Virus in die ganze Welt.

Was tat man in dieser Situation? Genau: Man bekämpfte die durch billiges Geld entstandene Blase, indem man noch mehr billiges Geld in Umlauf brachte. Im Gefolge der Immobilienpreisblase offenbarte sich, dass man auf dem alten Kontinent einen schweren Fehler begangen hatte: Dort hatte man auf brüchigem Fundament eine Währungsunion errichtet, die es vor allem den Staaten in Südeuropa ermöglichte, an billiges Geld zu kommen – mit ähnlichen Ergebnissen wie bei der Neuen Ökonomie und der amerikanischen Immobilienkrise: Geld wurde in unsinnigen Projekten verbrannt, verschleudert, verfrühstückt, verjuxt und verjubelt. Und was tat man, um dieser geldgetriebenen Misere Herr zu werden? Genau. Man warf die Gelddruckpresse erneut an. Oder wie Albert Einstein es einmal formulierte: »Stets dasselbe zu tun und andere Ergebnisse zu erwarten, ist Wahnsinn.« Zeit für ein kurzes Fazit: Was lernen wir aus den Erfahrungen, die wir mit diesen hässlichen drei Krisen gemacht haben?

Inflation ist auch nicht mehr das, was sie einmal war

Wasser ist die einzige chemische Verbindung, die in der Natur sowohl flüssig als auch fest und als Gas vorkommt. Ist es flüssig, dringt es in alle Ecken, durch alle Ritzen, es findet immer seinen Weg. Wer einmal einen Wasserschaden im Haus hatte, weiß das, und bisweilen ist man überrascht, wo es auf einmal auftaucht. Mit Geld ist das ähnlich: Pumpt man zu viel davon ins Wirtschaftssystem, so wird es sich seinen Weg suchen. Und finden.

Noch in den 80er-Jahren galt dieser Weg, den sich das Geld suchen würde, als ausgemacht: Steigt die Geldmenge in Relation zu dem ihr gegenüberstehenden Güterberg zu stark, so kommt es zu einem Anstieg der Güterpreise, zu Inflation, wie wir sie kennen, weil zu viel Geld auf der Jagd nach einer begrenzten Gütermenge ist. In den 90er-Jahren galt diese Theorie als überholt, als altmodisch, es schien eine neue Zeit angebrochen zu sein: Die steigenden Geld- und Kreditmengen treiben nicht die Inflationsrate, sie sind kein Fluch, nein, im Gegenteil, sie sind ein Segen, denn sie regen Investitionen an und führen so zu mehr Wohlstand und einem höheren Sozialprodukt. Das klingt nach der schönsten aller Welten: Wir drucken einfach mehr Geld, mehr bunte, farbige Scheine, und schon steigt unser Wohlstand. Und als Sahnehäubchen obendrauf bleibt die Inflation dank der Neuen Ökonomie im Keller.

Grundsätzlich kann ein solcher Mechanismus tatsächlich bei

unterausgelasteten Produktionskapazitäten funktionieren, aber auf lange Frist muss man daran zweifeln, denn selbst Inflation ist auch nicht mehr das, was sie einmal war: Steigende Geld- und Kreditmengen führen heute nicht mehr unbedingt zu steigenden Güterpreisen, sondern zu steigender Nachfrage nach Vermögensgütern, und damit zu Vermögenspreisblasen. Fachleute bezeichnen das als Vermögenspreisinflation. An die Stelle der erhofften Investitionen in neue Maschinen, Produktionstechniken, Produkte und Arbeitsplätze treten sogenannte Finanzinvestitionen. Man investiert also nicht in neue Vermögensgüter, sondern kauft lieber bereits bestehende. Statt also mit dem billigen Geld ein neues Haus zu bauen, kauft man ein bereits existierendes Haus. Die Folge sind steigende Preise dieser Vermögensgüter, also Wertsteigerungen, ohne dass das reale volkswirtschaftliche Vermögen gestiegen wäre – man hat nicht neue Werte geschaffen, sondern nur bestehende Werte umverteilt – bei steigenden Preisen dieser Vermögenswerte. Preisblasen an den Aktien- und Immobilienmärkten sind das Ergebnis mit allen Folgen, die wir im vergangenen Jahrzehnt bereits schmerzlich kennengelernt haben.

Herkömmliche Inflation, Güterpreisinflation, ist schon eine schlimme Sache, aber einiges spricht dafür, dass Vermögenspreisinflation schlimmere Folgen hat oder haben kann als herkömmliche Inflation. Die erste Überlegung ist hinreichend durch die Exzesse der drei großen Krisen des vergangenen Jahrzehnts illustriert: Zu Beginn des neuen Jahrtausends wurden große Summen in lächerlichen Internet-Geschäftsmodellen verbrannt, die steigenden amerikanischen Immobilienpreise führten dazu, dass Haus auf Haus gebaut wurde, und die Geldschwemme, die Südeuropa am Vorabend der Euro-Krise überflutete, hinterließ ebenfalls Bau-, Investitions- und Bankruinen auf dem halben Kontinent.

Das ist die wohl teuerste Folge von Vermögenspreisinflation: Wenn die Preise von Vermögenswerten durch laxe Geldpolitik künstlich aufgebläht werden, wittert jeder Investor und jeder

Geldanleger eine Goldmine und investiert sein Geld in den Markt, der gerade von der Nachfrage heimgesucht wird und durch die aufgeblähte Geldmenge stimuliert wurde. Und schon rennt eine Herde von Investoren in die gleiche Richtung, kauft Internet-Buden oder baut nutzlose Flughäfen in die Provinz oder überteuerte Investitionsruinen an spanische Strände oder investiert in Unternehmensaktien.

Vermögenspreisinflation hat eine Vernichtung von Werten und Fehllenkung von Investitionen zur Folge, denn die Arbeit und Mühen, die in wertlose Geschäftsmodelle oder Bauruinen gesteckt wurden, hätte man genauso gut in Schulen, Kindergärten oder Kraftwerke stecken können – jeder Euro, der in ein unsinniges, überteuertes Investitionsprojekt gesteckt wird, ist ein Euro, der uns für andere, sinnvollere Investitionen fehlt. Das Problem der Vermögenspreisinflation auf den Punkt gebracht besteht also darin, dass eine künstlich aufgeblasene Geldmenge Investoren dazu verleitet, ihr Geld in Vermögensgegenstände zu investieren, deren Wert nicht das widerspiegelt, was sie potenziell erwirtschaften können, sondern deren Wert einzig durch die künstlich geschaffene Mehr-Nachfrage befeuert wird. Vermögenspreisinflation ist die Vernichtung von Werten und die Fehlleitung von Investitionen.

Eng mit diesem fatalen Mechanismus verbunden ist ein zweites Problem von Vermögenspreisinflation: Wie wir bereits gesehen haben, erhofft man sich von einer laxen Geldpolitik einen positiven Effekt auf das Wirtschaftswachstum eines Landes: Die steigende Geldmenge soll Investitionen in neue Maschinen, neue Produktionstechniken (sogenanntes »Realkapital«) und Produkte anregen; diese steigern das Wachstum und damit den Wohlstand eines Landes. Da dann auch wachstumsbedingt die Steuereinnahmen steigen, kann der Staat sogar noch seine Schulden reduzieren.

In einer Welt mit Vermögenspreisinflation funktioniert das nicht: Wenn das Geld nicht in wachstumsfördernde Investitionen, sondern in inflationär aufgeblasene Luftschlösser, Internet-Buden, Zeppelinhersteller oder Immobilienruinen wandert, werden Werte vernichtet, aber kein Wachstum geschaffen. Noch fataler ist es, wenn die Vermögenspreisinflation sich nur auf bestehende Sachwerte beschränkt: Steigen beispielsweise wegen der lockeren Geldpolitik die Preise für Münzen – was wir übrigens bereits beobachten konnten –, so geben die Leute mehr und mehr Geld für Münzen aus, der Wachstumseffekt dieser Veranstaltung ist null. Hier wird lediglich Vermögen umverteilt: Wer zeitig wieder verkauft, bevor die Blase platzt, gewinnt; wer überteuert gekauft hat und nun auf seinen Kursverlusten sitzen bleibt, verliert – er hat den Gewinner finanziert. Oder wie man an der Börse sagt: Ihr Geld ist nicht weg, es hat nur jemand anderer. Während man bei normaler (Güterpreis-)Inflation zumindest darauf hoffen kann, dass es – bei moderaten Inflationsraten – auch zu positiven Wachstumseffekten kommt, ist das bei Vermögenspreisinflation regelmäßig nicht der Fall.

Nicht zuletzt lehren uns die Erfahrungen, die Japan mit einer gigantischen Vermögenspreisblase gemacht hat, dass die Folgen von Vermögenspreisinflation schlimmer sind und die Erholung länger dauert als bei normaler Inflation. Und das liegt nicht zuletzt am Finanzsystem, womit wir bei einer weiteren unangenehmen Eigenschaft dieser Form der Inflation wären: Sie hat auch drastische Folgen für ein modernes Bankensystem.

In Kapitel 2 haben wir bereits gesehen, wie ein modernes Bankensystem funktioniert: Banken vergeben Kredite an Unternehmen, und das Geld, das sie den Unternehmen als Kredit auszahlen, erhalten sie von der Notenbank, der sie im Gegenzug für dieses Geld den Kredit als Sicherheit überlassen. Unser Geld ist also durch Kredite besichert, und solange diese Kredite Werte schaffen, ist auch unser Geld durch Werte besichert. In einer Vermögenspreisinflation allerdings ist dieser Zusammenhang gefährdet, nämlich dann, wenn die Kredite, die unser Geld besichern, sich als wertlos erweisen – dann ist auch unser Geld wertlos, ihm stehen keine entsprechenden Werte mehr gegenüber. Wenn die Banken im Zuge der Vermögenspreisinflation das Geld für unsinnige Projekte und Finanzinvestitionen verleihen, denen die überschäumende Geldmenge nur vorgaukelt, dass sie sich rentieren, dann fehlt unserem Geld das, was es wertvoll macht – die realen Werte.

Und es kommt noch bedenklicher: Vermögenspreisinflation bedroht – im Gegensatz zu normaler Inflation – auch die Stabilität des gesamten Finanzsystems. Wenn Banken für unrentable Projekte und Investitionen Geld verleihen oder selbst ihr Geld in inflationär aufgeblasene Werte – beispielsweise amerikanische Immobilienkredite – investieren, dann steht rasch eine Bankenkrise auf dem Spielplan. Schuld daran ist vor allem das Geschäftsmodell der Banken, die mit wenig Eigenkapital ausgestattet das Geld ihrer Kunden weiterverleihen oder investieren. Erkennen die Kunden einer Bank, dass ihre Gelder in unsinnigen und damit wertlosen Veranstaltungen stecken, und befürchten sie, dass die Bank pleitegeht, dann werden sie versuchen, ihr Geld noch rechtzeitig in Sicherheit zu bringen. Dies löst dann einen Bank Run aus, wie wir ihn in Kapitel 4 kennengelernt haben, als George in *Ist das Leben nicht schön?* seine Bankkunden mit dem Geld ausbezahlen muss, das für seine Hochzeitsreise gedacht war. Banktechnisch gesprochen hat George seine Kunden mit Eigenkapital ausgezahlt; je weniger Eigenkapital eine Bank hat, umso rascher stehen die Bankkunden im Unterhemd auf der Straße, wenn ihre Bank mit den Einlagen Schindluder getrieben hat. Da sich Banken zudem untereinander Geld leihen, führt die Ansteckungsgefahr dazu, dass die Pleite einer Bank sich rasch auf andere Banken ausbreitet und das gesamte Bankensystem ins Wanken bringt.

Zu dieser ohnehin unangenehmen Dynamik trägt weiterhin das Deleveraging bei, das wir in Kapitel 6 kennengelernt haben: Wenn die Banken erkennen, dass Verluste und ein Ansturm der Kunden ins Haus stehen, versuchen sie, ihr Kapitalpolster zu erhöhen. Das geht aber nur, indem sie sich entweder mehr Eigenkapital besorgen (was in solchen Zeiten kaum möglich ist) oder indem sie die Kreditvergabe verringern. Also reduzieren die Banken ihre Kreditvergabe und kündigen bereits vergebene Kredite, was dazu führt, dass die Unternehmen weniger investieren können oder laufende Investitionsprojekte abgebrochen werden müssen. Die Wirtschaft bricht ein. Die wachstumssteigernden Wirkungen, die man sich von der Politik des billigen Geldes versprochen hat, kehren sich in ihr Gegenteil um: Billiges Geld treibt die Vermögenspreise, das führt nach dem Platzen der Geldblase zu einer Bankenkrise, mit der Folge, dass die Banken ihre Kreditvergabe reduzieren oder einstellen und die Wirtschaft in eine Rezession stürzt.

Eine weitere Folge des Deleveraging besteht darin, dass Vermögensbestandteile veräußert werden. Wenn beispielsweise Häuser, deren Kauf mit Bankkrediten finanziert wurde, wegen Zahlungsunfähigkeit des Hausbesitzers an die Bank zurückfallen, wird die Bank diese Häuser verkaufen. Dies ist an sich für die Bank eine gute Sache, schließlich ist das Haus eine Sicherheit für den Bankkredit. Was aber, wenn sehr viele Banken gleichzeitig sehr viele Häuser verkaufen wollen? In den Vereinigten Staaten nennt man das »fire sales«. Die Preise für diese Häuser fallen dramatisch mit der Folge, dass die Banken große Teile der dazugehörenden Kredite abschreiben müssen. Wenn der Schuldner, der das Haus auf Pump gekauft hat, pleite ist und das Haus, mit dem der Kredit besichert war, nichts mehr wert ist, ist auch der Kredit nichts mehr wert. Das wiederum bedeutet, dass Bankeigenkapital vernichtet wird – sofern es überhaupt noch vorhanden ist. Es drohen Bankinsolvenzen mit den weiter oben bereits beschriebenen Kettenreaktionen im Bankensystem.

Kurzum – je mehr wertlose, durch Vermögenspreisinflation im Wert nur künstlich aufgeblasene Vermögensgegenstände ihren Weg in die Bankbilanzen finden, umso unsicherer wird das Fundament, auf dem das Bankensystem steht. Kommt eines Tages der Moment, an dem man erkennt, dass diese Vermögenswerte nur künstlich aufgeblasen waren und keinen realen Wert haben – und dieser Moment kommt immer –, beginnt das große Zittern. Die Frage ist dann, wer die Verluste aus diesen Geschäften tragen soll oder muss. Hier gibt es mehrere Optionen.

Die naheliegende Antwort ist, dass Verluste von denjenigen getragen werden, die dafür auch verantwortlich sind. Für die Banken bedeutet das, dass ihre Eigentümer die Verluste tragen müssen – alles andere wäre mehr als unklug. Doch leider steht dem auch wieder das Geschäftsmodell der Banken entgegen: Da sie vor allem das Geld anderer Leute verleihen, ist ihre Eigenkapitaldecke – der Teil des Bankvermögens, mit dem die Anteilseigner (Eigentümer) haften – relativ klein. Daraus folgt messerscharf, dass weitere Verluste der Banken eigentlich von deren Kunden getragen werden müssten, die – so könnte man argumentieren – so naiv waren, einer Bank, die sich verzockt, Geld zur Verfügung zu stellen. Aus politischer und pragmatischer Perspektive ist das vermutlich keine Lösung – kein Politiker will ernsthaft empörte Kunden, die ihre Ersparnisse verlieren, nach Hause schicken mit dem Hinweis, man hätte sich ja seine Bank besser aussuchen können. Daher sind die Kundeneinlagen bei Banken auch bis zu einem bestimmten Betrag gesetzlich geschützt. Um zu verhindern, dass es zu Bankenzusammenbrüchen mit Kettenreaktionen im Bankensystem kommt, landen die Verluste der Bank dann meist bei den Steuerzahlern.

Strich drunter: Egal, wer die Zeche zahlt, Vermögenspreisinflationen führen letzten Endes immer zu echten Vermögensverlusten. Die Verantwortung dafür liegt überwiegend bei der Geldpolitik, die Vermögenswerte aufgeblasen und damit Fehlinvestitionen provoziert hat. Womit wir bei den Lehren des jüngsten Krisenjahrzehnts wären.

Die Lehren aus dem Jahrzehnt der Krisen liegen auf der Hand. Wenn zu viel Geld sich wie Wasser den Weg über Vermögenspreisinflation im Wirtschaftskreislauf sucht, sind die Folgen verheerend: Vermögenswerte werden vernichtet, Investitionsruinen entstehen, das Finanzsystem kommt ins Wanken, die Wirtschaft stürzt in eine Rezession. Geld alleine macht nicht nur nicht glücklich, sondern es führt auch nicht einmal zu mehr Wirtschaftswachstum.

Doch aus Kapitel 2 wissen wir, dass die Notenbanken genau dieses machen: Sie pumpen tapfer weiter Geld ins System, obwohl wir jetzt wissen, dass die Folgen verheerend sein können. Man könnte meinen, die Notenbanken hätten aus dem Jahrzehnt der Krisen nichts gelernt, doch ganz so einfach ist es nicht. Nachdem wir ein Jahrzehnt der Krisen besichtigt haben, wird es Zeit, sich der Gegenwart zu widmen. Einer Gegenwart, in der alte Lehren nicht mehr viel gelten. Dazu besichtigen wir zunächst einen der schwärzesten Tage der Raumfahrt.

DRITTER TEIL

Hässliche neue Welt

In diesem Abschnitt erfahren Sie …

… warum Sie als Sparer kaum Chancen haben, den Kosten der Euro- und Finanzmarktrettung zu entkommen, und warum auch Sachwerte dabei nicht immer weiterhelfen.

… welche Maßnahmen notwendig sind, um den Finanzsektor wieder zu stabilisieren und zukünftige Bankenkrisen zu verhindern.

… welche Möglichkeiten es gibt, den Euro zu stabilisieren – wie sie funktionieren und welche Probleme sie aufwerfen.

… warum die Notenbanken in einem fast nicht lösbaren Dilemma stecken

… welche Konsequenzen und Strategien sich für den Sparer und Investor aus diesem Dilemma ergeben.

9 »Ausweitung der Kampfzone«

Die O-Ring-Theorie

Der 28. Januar 1986 ist ein schwarzer Tag in der Geschichte der bemannten Raumfahrt: Die Raumfähre STS-51-L, besser bekannt unter dem Namen Space Shuttle Challenger, startet um 11:38 Uhr; 73 Sekunden später zerbricht sie in rund 15 Kilometern Höhe und explodiert. Die Besatzung kommt ums Leben. Auf der Suche nach der Ursache des Unglücks stoßen Ingenieure auf eine harmlose Gummidichtung, einen sogenannten O-Ring, der in den Feststoffraketen verwendet wird. Diese Gummidichtung war infolge niedriger Temperaturen in der Nacht vor dem Start spröde und damit undicht geworden. Ein Leck entstand, heißes Gas trat aus, es kam zur Explosion.

Die Kernthesen dieses Kapitels

1. Europa leidet nicht unter *einer* Krise, sondern hat drei Brandherde gleichzeitig zu bekämpfen: Bankenkrise, Schuldenkrise und Euro-Krise bedingen und verschärfen sich gegenseitig – eine fast untragbare Belastung.

2. Die traditionellen Rezepte gegen Wirtschaftskrisen versagen zunehmend – die hohe Staatsverschuldung erschwert die Finanzierung von Konjunkturprogrammen; zudem können solche Programme strukturelle Defizite wie eine falsch konstruierte Währungsunion nicht heilen.

3. Die Notenbanken stehen damit als letzter handlungsfähiger Akteur vor einem Dilemma: Entweder sie weiten die Geldmenge aus, um Bankenzusammenbrüche und Staatspleiten zu verhindern – damit steigt die Inflationsgefahr. Wollen sie aber Inflation verhindern, geht das nur um den Preis von Banken- und Staatspleiten.

4. Die Geldpolitik begibt sich auf das gefährliche Terrain der Staatsfinanzierung: Die Banken leihen Staaten Geld, die Staaten wiederum garantieren die Existenz der Banken, wodurch diese den Staaten weiter Geld leihen können. Und die Notenbanken ermöglichen dieses Spiel, indem sie die Schulden, welche die Staaten bei den Banken haben, in neues Zentralbankgeld umtauschen – man könnte auch von Staatsschulden-schrottrecycling sprechen. De facto werden die Staaten bereits teilweise über die Notenbankpresse finanziert.

> 5. Sichtbarer Ausdruck dieser Tatsache ist das Phäno-
> men der finanziellen Repression: Die Notenbank
> senkt die Zinsen, der Sparer bekommt deswegen kei-
> ne Erträge mehr auf seine Ersparnisse, und der Profi-
> teur dieser Politik ist vor allem der Staat.

Bei der späteren Untersuchung des Unglücks zeigte sich, dass
eine ganze Reihe von kleinen Fehlern ins Unglück geführt
hat: laxes Management der Routineüberprüfungen, mangel-
hafte Kommunikation zwischen den Werkstätten und den Zu-
lieferbetrieben sowie ein Management, das den Start aus politischen Gründen nicht verschieben wollte, obwohl Experten auf
das O-Ring-Problem aufmerksam gemacht hatten, und die kal-
ten Temperaturen, die den Dichtungsring spröde gemacht hatten – es war die Summe der Fehler, die zur Katastrophe führte.
Ähnlich ergeht es Europa im zweiten Jahrzehnt des neuen Jahrtausends, das mit drei Krisen kämpft: Nicht die einzelne Krise
oder die zeitliche Abfolge der drei Krisen ist entscheidend, es ist
ihre Kombination, die sie so gefährlich macht. Jede einzelne
Krise für sich genommen ist nicht dramatisch, es ist ihre Kombination, die sie so toxisch macht. Die drei Krisen sind auch
nicht unabhängig voneinander, sie existieren gleichzeitig, alle
sind Ursache und Konsequenz zugleich. Für sich genommen
wäre jede einzelne dieser Krisen keine Bedrohung – zusammen
können sie in die Katastrophe führen.
Man muss sich die drei Krisen – Bankenkrise, Schuldenkrise
und Euro-Krise – wie drei Zahnräder vorstellen, die ineinandergreifen: Dreht man an einem der Zahnräder, drehen sich automatisch auch die beiden anderen – und haben dadurch wiederum eine Rückwirkung auf das erste Zahnrad. Egal, mit welcher
Krise wir beginnen – das Ergebnis ist immer das Gleiche: eine
Katastrophe.

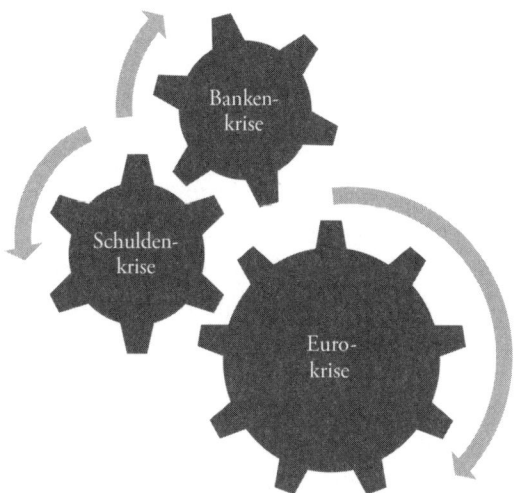

Das europäische Krisentrio – verschärft sich eine Krise, so verschärft das automatisch die anderen Krisenherde

Startet man mit der Bankenkrise, dann stellt sich die Sache so dar: Als die Lehman-Pleite über den Atlantik schwappt, schauen die Banken in ihre Bilanzen und stellen entsetzt fest, wie viel Schrott sich dort angesammelt hat. Es bleibt ihnen – auch unter dem Eindruck der Kunden, die wie im Fall Northern Rock die Schalter stürmen, um ihr Geld zurückzufordern – nichts anderes übrig, als ihre Bilanzen zu bereinigen, schlechte Kredite zu entsorgen und die Kreditvergabe zu drosseln – es kommt zu dem bereits beschriebenen Deleveraging, die Banken reduzieren ihre Kreditvergabe. Das wird zum Problem für die Euro-Staaten: Es sind nun nicht nur die Kosten der Bankenrettung, die zum Schuldenberg der Staaten beitragen, der Rückgang der Kreditvergabe durch die Banken drosselt zugleich die Konjunktur und drückt damit auf Beschäftigung und Steuereinnahmen – die Schuldenkrise der europäischen Staaten spitzt sich zu.
Doch nicht nur das: Die Schuldenkrise der europäischen Staaten verschärft nun auch die Euro-Krise, weil sie zeigt, wie weit

die europäischen Staaten in den vergangenen Jahren wirtschaftlich auseinandergedriftet sind. Das billige Geld, das aufgrund des Euro in die Südstaaten geflossen war, löste dort nur ein Strohfeuer aus, das jetzt, unter dem Eindruck der sich zuspitzenden Schuldenkrise, erlischt. Jetzt zeigen sich die strukturellen Schwächen der südeuropäischen Staaten, die bisher mit billigem Geld zugekleistert waren – als dieses Geld abfließt, wird die Sollbruchstelle der Währungsunion sichtbar. Unter dem Eindruck der steigenden Schuldenberge kommen die Banken unter Druck, die den Staaten das Geld zum Befeuern des künstlichen Booms geliehen hatten. Je deutlicher wurde, dass diese Staaten ihre Schulden nicht zurückzahlen können, umso deutlicher wurde auch, dass diejenigen, die dieses Geld verliehen hatten – die Banken – ein Problem haben. Das wiederum verstärkte die Bankenkrise, die dann wieder die Schuldenkrise verstärkte, die ihrerseits die Euro-Krise verschärfte.

Probieren Sie es selbst aus: Beginnen Sie mit einer der drei Krisen und überlegen Sie, wie diese Krise dazu führen könnte, dass die anderen Krisen verschärft werden. In etwa so: Die steigende Schuldenkrise verschärft die Bankenkrise, da die Banken den verschuldeten Staaten das Geld geliehen haben, das sie jetzt voraussichtlich nicht mehr zurückbekommen. Die daraus entstehende Bankenkrise wiederum verschärft die Schuldenkrise; zugleich verschärft die Schuldenkrise die Probleme der Euro-Zone, weil die Schuldenstaaten zunehmend ins konjunkturelle Schlingern geraten.

Das Krisentrio funktioniert auch so: Die Unterschiede zwischen den Staaten in der Währungsunion werden immer sichtbarer, und damit auch die wirtschaftlichen Schwierigkeiten, vor denen vor allem die südeuropäischen Staaten stehen. Das hat zur Folge, dass die Banken den Kredithahn zudrehen, was die Schuldenkrise verschärft – das wiederum verschärft die Spannungen innerhalb der Währungsunion, was wiederum die Bankenkrise verschärft, da die Banken ja den Problemstaaten das Geld geliehen haben. Woraufhin die Banken die Kreditvergabe

drosseln, was die Konjunktur bremst und damit die Schuldenkrise befeuert.

Unter dem Strich ist das eine recht unerfreuliche Veranstaltung – was nun? In normalen Zeiten würde die Politik bei einer
Wirtschaftskrise die Rezepte von John Maynard Keynes aus-
packen, die wir bereits im fünften Kapitel angesprochen haben:
Der Staat schiebt die Konjunktur mittels erhöhter Staatsausgaben an, und die Notenbank flankiert diese Politik mit billigem Geld, um einen Anstieg der Zinsen zu vermeiden. Doch
im Fall unseres Krisentrios funktioniert das nicht: Da wäre zum
einen die Frage, ob überschuldete Staaten sich dadurch retten
können, indem sie noch mehr Schulden machen – darüber hat
Keynes nie nachgedacht, sein Konzept war nicht für Pleitestaaten bestimmt. Und selbst wenn man sich zu diesem Schritt
entschließt – wer soll angesichts maroder Banken Staaten, die
ohnehin fragwürdige Schuldner sind, noch Geld leihen? Die
meisten Banken sind gerade deswegen abgestürzt, weil sie diesen Staaten viel Geld geliehen haben. Und jetzt sollen sie einfach so weitermachen? Können diese das denn auch, selbst
wenn sie wollten?

Wenn überhaupt jemand Geld für Konjunkturprogramme
ausgeben kann, wären das am ehesten die solideren Staaten des
Nordens, allen voran Deutschland – damit wird das Ganze ein
politisches Problem: Will man den eigenen Wählern zumuten,
dass man sich noch mehr verschuldet oder sie noch mehr Steuern zahlen lässt für Pleitestaaten, die über ihre Verhältnisse ge-
lebt haben? Und als Letztes bleibt die Frage, ob man mit Poli-
tikrezepten, die für eine konjunkturelle Schwäche der Wirtschaft
konzipiert waren, strukturelle Probleme wie eine schlecht zu-
sammengezimmerte Währungsunion und eine falsche Bankenaufsicht heilen kann. Keynes wäre da vermutlich wesentlich
skeptischer gewesen als die Politiker, die frohen Herzens Geld
ausgaben, das sie gar nicht besaßen.

Diese einfachen Überlegungen machen deutlich, warum die Politik beim Ausbruch der drei Krisen mehr oder weniger hand-

lungsunfähig war. Es blieb nur noch die Europäische Zentralbank als Retter in höchster Not. Doch auch die Zentralbank
steht vor einem Problem, das sich am besten mithilfe eines
Tricks beschreiben lässt, eines bösen Tricks: Wie kann man seiner Umwelt klarmachen, dass man verrückt ist?

Catch-22 für Notenbanken

Im Film *Catch-22. Der böse Trick* will der Bombenschütze Cap-
tain John Yossarian dem Wahnsinn des Krieges entfliehen und
kommt dabei auf eine einfache Idee: Wenn er den Ärzten klarmachen kann, dass er verrückt ist, dann müssen sie ihn doch
nach Hause schicken, oder? Leider stellt Yossarian fest, dass es
gar nicht so einfach ist, verrückt zu sein, wie man ihm erläutert:
Wer dem Krieg entkommen will, so das Argument, kann nicht
verrückt sein, wer aber verrückt ist, wird gerne im Krieg bleiben – dann muss man ihn auch nicht nach Hause schicken.
Egal, was Yossarian macht – er wird stets das Falsche tun.
Die Lage der Europäischen Zentralbank ist vergleichbar: Egal,
was sie tun wird, es wird falsch sein. Das liegt daran, dass die
Zentralbank mit einem Instrument – der Geldpolitik – mehrere
Probleme lösen soll, die nicht zueinanderpassen. Ihr ergeht es
wie John Yossarian: Will sie das eine tun, muss sie das andere
lassen.
Das Problem der Zentralbank liegt in der Beschränktheit der
Instrumente, die ihr zur Verfügung stehen: Sie soll verhindern,
dass die Schuldenkrise Europa noch tiefer in eine Rezession
treibt, zugleich soll sie das fragile Bankensystem vor dem Zusammenbruch bewahren. Und sie soll die fragile Euro-Zone
zusammenhalten. Schlimmstenfalls, so die Befürchtung, könnte
die toxische Kombination aus Schuldenkrise und Bankenkrise
eine weltweite Rezession wie im Jahr 1929 auslösen, als die Welt
im Strudel der Weltwirtschaftskrise unterzugehen drohte. Es
geht also darum, eine massive Wirtschaftskrise zu verhindern,

die vermutlich auch die Euro-Zone in die Geschichtsbücher verbannen würde.

Grundsätzlich hat eine Notenbank Instrumente, um eine solche Krise zu verhindern, und sie hat diese Instrumente auch eingesetzt – wir haben sie im dritten Kapitel kennengelernt. Quantitative Easing, Qualitative Easing, Dicke Berthas – letztlich steht hinter all diesen Instrumenten der gleiche Ansatz: Es geht darum, mehr Geld in die Wirtschaft zu pumpen. Diese Politik hat mehrere krisenlindernde Effekte: Zum einen hält die Notenbank dadurch das Zinsniveau niedrig; dies lindert die Schuldenprobleme der Euro-Staaten – sie können sich weiterhin günstig verschulden. Zugleich, so die Hoffnung, regen niedrige Zinsen die Investitionen an, was wachstumsfördernd wäre. Drittens bedeutet billiges Geld, dass die schlingernden Banken sich leichter

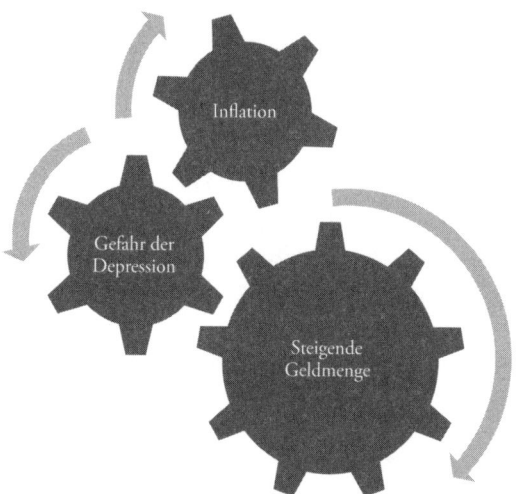

Catch-22: Egal, was die Notenbank macht – einen Fehler wird sie begehen. Steigt die Geldmenge, so rettet sie Banken und Staaten – die Depressionsgefahr sinkt, dafür steigt die Inflationsgefahr. Drehen Sie die Pfeile um, so sehen Sie die Alternative: Die Geldmenge sinkt, die Inflation sinkt, aber die Depressionsgefahr nimmt nun zu.

refinanzieren können und damit der Pleite entgehen. Das macht zwei Krisen auf einen Streich, könnte man meinen: Eine lockere Hand der Notenbank reduziert die Schuldenprobleme der Staaten und die Bilanzprobleme der Banken; indirekt entschärft das auch ein wenig die Euro-Krise (denken Sie an unsere Zahnräder), wenngleich das grundsätzliche Problem des Euro – Staaten mit unterschiedlicher Wirtschaftsentwicklung und einer Währung – damit noch nicht gelöst ist.

Das klingt alles ganz gut, aber wenn Sie die vorherigen Seiten aufmerksam gelesen haben, werden Sie sofort das Problem sehen: Aus dem vergangenen Krisenjahrzehnt haben wir eines gelernt: Zu viel Geld führt zu Problemen, vor allem an der Inflationsfront – entweder steigen die Güterpreise oder aber die Vermögenspreise –, beides keine appetitlichen Aussichten. Sieht man den Schwerpunkt der Gefahren hier, dann ist die geldpolitische Marschrichtung klar: den Geldhahn zudrehen, um weitere Eskapaden wie in den Jahren 2000 oder 2007 zu vermeiden. Billiges Geld hat die Spekulationsblasen um die Neue Ökonomie und die amerikanischen Häuser ausgelöst, billiges Geld hat die Euro-Staaten in die Staatsausgabenfalle gelockt. Will man das vermeiden, muss man Geld teurer machen. Macht man das Geld aber teurer, bringt man die Banken und die Schuldenstaaten in die Bredouille. *Catch-22* für Notenbanken. Und als wäre das nicht schon schwierig genug, begibt sich die Notenbank auf noch rutschigeren Boden, den sie niemals betreten sollte und wollte: Ihre Kampfzone weitet sich aus.

Ausweitung der Kampfzone

Wenn es etwas gibt, was jeder gestandene Notenbanker und Geldtheoretiker fürchtet, dann ist das ein Staat, der seine Schulden über die Notenpresse finanziert. Nicht zuletzt aufgrund der Erfahrungen, die man im Deutschland der 1920er-Jahre gemacht hat (die wir in Kapitel 3 kennengelernt haben), ist es vielen Notenbanken grundsätzlich untersagt, den Staat direkt mittels der Notenpresse zu finanzieren. Das gilt insbesondere für die Europäische Zentralbank – jedenfalls grundsätzlich. Das Problem ist nur, dass diese Regelung sozusagen durch die Hintertür ausgehebelt worden ist – Staaten, Banken und Notenbank haben etwas geschaffen, was in der Physik eigentlich unmöglich ist: ein Perpetuum mobile.

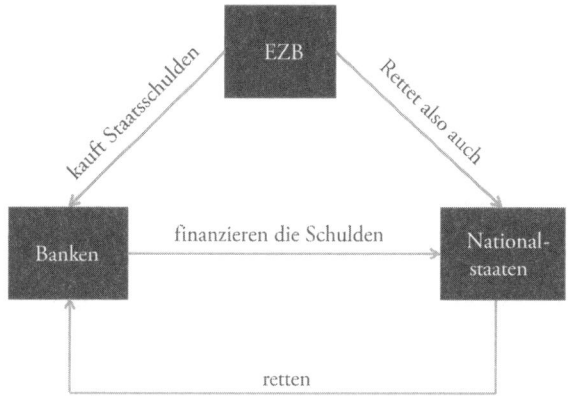

Die Ausweitung der Kampfzone oder das Staatsschulden-Perpetuum-mobile

Die Abbildung zeigt, wie das geldpolitische Perpetuum mobile funktioniert: In einem ersten Schritt finanzieren die Banken die Schulden der Staaten, indem sie diesen Kredit geben respektive Staatsanleihen aufkaufen – das rettet die Staaten vor der Schuldenpleite. Wenn die Staaten aber überschuldet sind und dem Bankrott entgegenrutschen, bedeutet das auch das Aus für die Banken, frei nach dem Motto: Habe ich 1000 Euro Schulden, habe ich ein Problem, habe ich ein paar Milliarden Euro Schulden, haben die Banken das Problem. Und in der Tat: Die drohende Pleite von Griechenland, aber auch von Spanien und Portugal hat einige Banken an den Rand des Abgrunds gebracht – ohne Hilfe wären einige pleitegegangen.

Nun sind Unternehmenspleiten grundsätzlich notwendiger Bestandteil einer Marktwirtschaft. Aber im Falle der Banken kommen ein paar Dinge zusammen, die dazu führen, dass Bankenpleiten besonders gefährlich sind: Erstens ist es ja, wie wir gesehen haben, das Geld der Kunden, das da letztlich vernichtet wird – Bankeigentümer stellen selten mehr als maximal zehn Prozent der Bilanzsumme einer Bank zur Verfügung, das restliche Geld, das bei einer Bankenpleite den Weg alles Irdischen gehen würde, ist das Geld von Kunden, die nicht einmal im Traum daran gedacht hätten, Griechenland Geld zu leihen. Das ist politisch kaum hinnehmbar: Einfache, solide Sparer verlieren ohne ihr Zutun ihr Geld, weil ihre Bank sich verzockt hat – dass da eine Kanzlerin eingreifen muss, liegt nahe.

Doch nicht nur das: Da sich Banken auch untereinander Geld leihen, würde die Pleite einer Bank unter Umständen auch Pleiten weiterer Banken nach sich ziehen, die dieser Pleitebank Geld geliehen haben – das sie auch nicht wiedersehen würden. »Dominoeffekt« nennen Experten das – aus einer umfallenden Bank wird so ein landesweiter oder sogar internationaler Bankencrash, inklusive eines möglichen Zusammenbruchs des gesamten Zahlungssystems. Auch das kann die Politik nicht zulassen – also handelt sie und rettet Banken.

Doch ganz so uneigennützig ist diese Rettung nicht: Schließlich retten die Staaten ihre Hauptkreditgeber. Eigentlich eine schräge Veranstaltung: Staaten verschulden sich bei Banken, die dadurch in Schieflage geraten, und dieselben Staaten, deren Schulden die Banken ins Rutschen gebracht haben, retten wiederum diese Banken. Der Schuldner rettet den Gläubiger, indem er für seine eigenen Schulden bürgt; die Staaten erhalten weiterhin Kredit von den Banken, weil die Banken von den Staaten gerettet worden sind.

Noch ist dieses Schuldenkarussell nicht vollständig, schließlich können die Banken nicht permanent pleitebedrohten Staaten weiter Geld leihen, zumal die Kosten der Bankenrettung den Schuldenberg der Staaten aufblähen. Würde der Kreislauf so funktionieren, hätte man wirklich ein Perpetuum mobile: Die Staaten leihen sich Geld bei den Banken und garantieren zugleich deren Existenz, wodurch die Banken den Staaten unbegrenzt Kredit geben können.

Aber es gibt kein Perpetuum mobile, weder in der Physik noch in der Wirtschaft – also wo ist der Fehler? Er steckt in den Bankbilanzen: Die Banken können nicht unbegrenzt Staatsschulden von pleitebedrohten Staaten in ihre Bilanzen laden, ohne dass die Kunden Verdacht schöpfen und ihrerseits ihre Mittel abziehen, weil sie befürchten, dass die Bank pleitegeht. Also müssen die Staatsschulden aus den Bankbilanzen verschwinden – und das ist die Stelle, an der die Notenbank ins Spiel kommt: Sie tauscht – wie wir in Kapitel 3 gesehen haben – die schlechten Staatsschuldenpapiere der Banken in Zentralbankgeld um. Die Banken werden rekapitalisiert, erhalten für Staatsschuldenschrott Banknoten, die sie wieder den Staaten als Kredit zur Verfügung stellen können, und der Staatsschuldenschrott ist in den Kellern der Notenbank (genau genommen in ihrer Bilanz) verschwunden. Staatsschuldenschrottrecycling könnte man das nennen. Im Gegensatz zum normalen Recycling ist das nicht nachhaltig.

Die Notenbank rettet also in einem ersten Schritt die Banken vor der Insolvenz, und die geretteten Banken können nun – dank der Rettung durch die Notenbank – weiter den Staaten Kredit geben, was diese davor bewahrt, dass ihnen der Kredithahn zugedreht wird und sie pleitegehen, und dadurch wiederum können die Staaten die Banken retten. Und spätestens seit EZB-Chef Mario Draghi versprochen hat, alles zu tun, um den Euro zu retten, hat die EZB den Banken und den Staaten quasi einen Blankoscheck ausgestellt: Egal, wie sehr sich Staaten verschulden, egal, wie sehr Banken dadurch ins Trudeln geraten – die Notenbank wird bereitstehen und wertlose Staatsschulden auf dem Umweg über die Bankenrettung in zahlungskräftiges Zentralbankgeld verwandeln. Bankenrettung ist Staatenrettung.

Auch wenn die EZB vordergründig angibt, dass sie das Finanzsystem stabilisieren will, durch diese Hintertür hat sie sich auf das gefährlichste Terrain begeben, das die Geldpolitik kennt: Sie hat letztlich – als einzig handlungsfähige Institution innerhalb Europas – damit begonnen, Staatsschulden mittels Notenpresse zu finanzieren. Sie hat ihre Kampfzone ausgeweitet, sie betreibt Fiskalpolitik.

Früher, vor dem Jahrzehnt der Krisen, war die Aufgabenverteilung zwischen Staat und Notenbank klar: Die Notenbank kümmert sich um die Geldpolitik, der Staat betreibt das, was wir als keynesianische Fiskalpolitik kennengelernt haben – er versucht, falls nötig, mittels kreditfinanzierter Staatsausgaben die Konjunktur anzutreiben. Leider aber haben mehr oder weniger alle Staaten dieses Konzept der Konjunktursteuerung verraten, verkauft, pervertiert: Sie haben in schlechten Zeiten viel geliehenes Geld ausgegeben, um die Konjunktur zu beleben, und in guten Zeiten haben sie die Schulden nicht zurückgezahlt – mit dem Argument, dass man damit die Wirtschaftsentwicklung bremsen würde. Zusammen mit den Schuldenbergen aus den diversen Krisen und Rettungsprogrammen hat das – wie wir bereits gesehen haben – dazu geführt, dass die meisten Staaten mit Schulden überfrachtet und damit zunehmend handlungsunfähig geworden sind. Keynesianische Fiskalpolitik war damit kaum mehr möglich.

Das ist genau die Stelle, an der die Zentralbank eingesprungen ist: Indem sie den fast bankrotten Banken die Schulden der fast bankrotten Staaten gegen gutes neues Zentralbankgeld abkauft, das die Banken wiederum den Staaten zur Verfügung stellen, rekapitalisiert sie auf dem Umweg über die Banken die Staaten, wodurch diese weiter Geld ausgeben können. De facto ist es nun die Notenbank, die darüber entscheidet, wie viel Geld die Staaten ausgeben können. Es ist die Notenbank, die Fiskalpolitik betreibt. Sichtbares Zeichen dafür ist die Wiederkehr eines Gespenstes, dem die meisten Bürger bereits begegnet sind – auch wenn sie es nicht beim Namen nennen können.

Ein Gespenst geht um

»Ein Gespenst geht um in Europa – das Gespenst des Kommunismus« – ein starker Einstieg in ein Manifest, das die Welt (nicht immer zum Guten) verändern soll, es ist das *Manifest der Kommunistischen Partei* von Karl Marx aus dem Jahr 1848. Eine der Kernforderungen in diesem Manifest ist die »Expropriation der Expropriateure«, also die Enteignung der Besitzer von Produktionsmitteln durch ökonomische oder politische Gewalt. Nach 1945, als die Staaten des Ostblocks mit dem real existierenden Sozialismus experimentierten, ging diese Enteignung recht geräuschvoll vonstatten, notfalls mit Verweis auf Arbeitslager oder Schusswaffe.

Doch auch die westliche Hemisphäre übte sich in der Enteignung ihrer Bürger, gleichwohl deutlich subtiler, so geräuschlos, dass die meisten Bürger es nicht einmal mitbekamen. Viele westliche Staaten führten Höchstgrenzen für Zinsen ein, Kapitalverkehrskontrollen, die es den Bürgern erschwerten, ihr Geld rentabler im Ausland anzulegen, oder sie kreierten Gesetze, die allesamt einem Zweck dienten: dem Staat die Finanzierung seiner Schulden zu erleichtern.

»Finanzielle Repression« nennt die Fachliteratur diese Strategie, die sich vereinfacht auf einen kurzen Satz bringen lässt: Der Staat ergreift Maßnahmen, um die Zinslast seiner Schulden zu reduzieren – auf Kosten der Bürger. Am deutlichsten wird das bei gesetzlich vorgeschriebenen Zinsobergrenzen: Wenn der Staat gesetzlich festlegt, dass die Zinsen nur eine bestimmte Höhe erreichen können, so reduziert das die Zinszahlungen des Staates zulasten der Sparer, die ihm dieses Geld leihen. Und wenn Sie nun auf die Idee kommen, zu sagen, dass man dann sein Geld eben jemand anderem leiht, der mehr Zinsen zahlt, funktioniert das leider nicht: Im Inland darf niemand höhere Zinsen zahlen – das ist ja genau der Sinn des Gesetzes – und die Kapitalverkehrskontrollen verhindern, dass Sie als Sparer Ihr Geld im Ausland anlegen dürfen.

Im Arsenal der finanziellen Repression finden sich noch viele andere, weitaus subtilere Maßnahmen, beispielsweise Gesetze, die Versicherungen zwingen, einen bestimmten Anteil an Staatsschulden als Vermögenswerte zu halten – schon hat man einen Zwangsgläubiger rekrutiert, der dem Staat Geld leihen muss, weil der Staat es so vorschreibt. Das ist wesentlich eleganter als Gulags und Gewehre, oder?

Und effektiv: Während die Schuldenberge des Ersten Weltkriegs überwiegend durch Staatsbankrott und Umschuldung beseitigt wurden, stellen Ökonomen für den Zeitraum nach 1945 fest, dass zahlreiche Staaten ihre Weltkriegsschulden mittels finanzieller Repression reduziert haben – allein für die Vereinigten Staaten schätzt man für die Zeit zwischen 1945 und 1990, dass die Einnahmen aus finanzieller Repression fast 19 Prozent des Steueraufkommens ausgemacht haben; in Italien waren es bis 1970 fast 130 Prozent. Schätzungen für andere Staaten und Zeiträume kommen zu dem Resultat, dass der (ungewichtete) Ertrag von finanzieller Repression über verschiedene Staaten hinweg für den Zeitraum von 1972 bis 1987 im Schnitt zwei Prozent des Sozialprodukts respektive neun Prozent der Staatseinnahmen ausmachte.

Und heute? Heute ist die finanzielle Repression lebendiger denn je. Es sind vor allem die Notenbanken der Welt, die, wie wir gesehen haben, die Zinsen künstlich niedrig halten, um Staaten zu retten (die dann Banken retten). Und jeder Euro Zinseinnahmen, der den Bürgern aufgrund der Niedrigzinsen verloren geht, ist ein Euro, der diese Bürger ärmer macht, aber auch ein Euro, den die Staaten sparen. Die Schätzungen über das Volumen dieser Repression sind unterschiedlich, sie liegen für die Vereinigten Staaten beispielsweise bei 2,5 Prozent des Bruttoinlandsprodukts, für Großbritannien bei 1,3 Prozent und für Deutschland bei einem Prozent – das wären mehr als 25 Milliarden Euro pro Jahr, die deutschen Sparern verloren gehen. Die Deutsche Bundesbank schätzt, dass bei sonst unveränderten Konditionen ein Anstieg der Zinsen um einen Prozentpunkt den Staat mit Mehrausgaben von rund 22 Milliarden Euro belasten könnte. Die Schätzung der Deutschen Bank hinsichtlich der Kosten für Anleger weltweit beläuft sich auf 163 Milliarden Euro über einen Zeitraum von zehn Jahren, die Postbank rechnet für 2013 mit einem realen Vermögensverlust der deutschen Sparvermögen von rund 14 Milliarden Euro, für 2014 sogar von 21 Milliarden Euro.

Dass es hierbei nicht um irgendwelche akademischen Spielereien geht, weiß jeder Bürger, der in den vergangenen Jahren versucht hat, Geld anzulegen. Angesichts der niedrigen Zinsen scheinen weder das Sparbuch noch Bundesanleihen ein geeigneter Anlageort – hier vernichtet man eher Vermögen, als dass man es aufbaut. Und bisher haben wir noch nicht davon gesprochen, was mit der Altersvorsorge, mit Renten und Pensionsansprüchen passiert, sollte diese Politik der schleichenden Enteignung fortdauern.

Schlecht für den Bürger und Sparer, gut für den Staat, der ohne Zutun des Finanzministers Geld spart und sich auf Kosten der Bürger saniert. Knapp gesagt: Die Zinspolitik der Europäischen Zentralbank verschafft den Staaten Einnahmenspielräume, und so etwas nennen Experten Fiskalpolitik. Die Kampfzone der EZB ist ausgeweitet, und die Schlachtenopfer sind die Sparer. Schlimmstenfalls wird die EZB zu einer Maschine, die Ersparnisse vernichtet. Doch nicht nur das: Die finanzielle Repression führt dazu, dass die Bürger händeringend auf alternative Anlagemöglichkeiten ausweichen: Aktien, Immobilien, Gold, Rohstoffe – alles kauft der Sparer im Anlagenotstand und treibt damit die Preise dieser Anlagemöglichkeiten nach oben. Dazu kommt noch, dass Anleger zunehmend höhere Risiken in Kauf nehmen. Wir wurden in den vergangenen Monaten oft gefragt, ob der Sparer nun der Dumme ist. Die Antwort lautet wohl: Ja. Und als wäre das nicht genug, gibt es noch einen weiteren Pfeil im Köcher der finanziellen Repression, den die Deutschen zu gut kennen. Die Billigzinspolitik der Notenbank weckt eine der Urängste der Deutschen.

10 Die Wunderwaffe versagt

»Wo bleibt sie denn, die Inflation?«

Das Nachrichtenmagazin *Spiegel* ist so etwas wie das amtliche Krisenbarometer der Deutschen: Kriege, genmanipulierte Lebensmittel, Seuchen, die Islamisierung Deutschlands, das Internet, das doof macht – der *Spiegel* ist das Aushängeschild der »German Angst« – eines der wenigen Wörter, das die Angelsachsen von uns übernommen haben. Wenn der *Spiegel* etwas auf die Titelseite hebt, dann ist es eine amtliche deutsche Paranoia. Bereits 2012, mit Heft Nummer 41, bekam die Inflationsangst den amtlichen publizistischen Stempel: Mit der Überschrift »Vorsicht, Inflation« warnte das Hamburger Nachrichtenmagazin vor der »schleichenden Enteignung der Deutschen«.

Die Kernthesen dieses Kapitels

1. Dass trotz der steigenden Geldmassen die Inflation noch nicht anspringt, liegt auch daran, dass die Banken die überschüssige Liquidität bei der Notenbank parken, um ihre Bilanzen zu stärken.

2. Die Bürger aber rechnen mit steigender Inflation und fliehen deshalb in Vermögenswerte – deren Preise steigen quer durch die Bank. Geldpolitik als Mittel der Krisenbekämpfung verliert zunehmend ihre Wirksamkeit.

3. Eine Flucht in Sachwerte erweist sich in Zeiten der Vermögenspreisinflation als eine Strategie, die nur unter sehr restriktiven Bedingungen erfolgreich sein kann. Vor allem in der Altersvorsorge muss man befürchten, dass man der allgemeinen Inflation und der Sachwertinflation nicht entgehen kann.

4. Die Verlierer der kombinierten Finanz-, Euro- und Schuldenkrise sind die Sparer. Die Erträge ihrer Ersparnisse werden durch finanzielle Repression und die Vermögenspreisinflation teilweise bis auf null gedrückt, und wenn sie Pech haben, erwischen sie auch noch einen ungünstigen Moment zum Auflösen ihrer Ersparnisse und verlieren damit Vermögenssubstanz.

Ganz so falsch kann der *Spiegel* dabei nicht liegen, zumindest was die Ängste der Deutschen angeht – da reicht schon ein kurzer Gang durch eine Buchhandlung: *Die Inflation kommt. Und wie Sie sich jetzt schon schützen können, Sprengsatz Inflation, Vermögenssicherung im Euro-Desaster, Wirtschaftliche Selbstverteidigung* lauten die Titel, die dem potenziellen Leser und Inflationsopfer aus den Regalen entgegenspringen. Inflationsangst hat in Deutschland publizistische Hochkonjunktur. Und zu Recht: Vom Institut für Demoskopie Allensbach nach ihren Ängsten befragt, gaben die Deutschen an, dass nur die Angst, pflegebedürftig zu werden, größer ist als die Angst vor Inflation. Inflation macht den Deutschen mehr Angst als Krankheiten wie Krebs, als Terroranschläge oder Arbeitslosigkeit.

Kein Wunder, dass die Deutschen angesichts der Milliardensummen, die im Zuge der Banken-, Schulden- und Euro-Krise aufgerufen wurden, angsterfüllt nach der Brieftasche greifen und sich fragen, wer das alles bezahlen soll. Und da sie wissen, dass der Staat sich das auch fragt, liegt die Vermutung nahe, dass der steuerzahlende Bürger derjenige sein soll. Wenn man den Bürger nicht mit zu vielen Steuern verärgern oder in die Schattenwirtschaft treiben will, dann geht das recht einfach – mit Inflation. Der Mechanismus ist simpel: Je mehr Geld die Notenbank in Umlauf bringt, umso mehr steigen die Preise, da ein mehr oder weniger gleichbleibender Güterberg von immer mehr Geldscheinen gejagt wird. Der Durchschnittsbürger und Geldbesitzer bekommt für das gleiche Geld immer weniger – genau das ist Inflation. Für den Staat als Schuldner ist aber ein anderer Effekt der Inflation entscheidend: Mit steigenden Preisen werden die Forderungen seiner Gläubiger weniger wert; umso leichter kann er seine Schulden zurückzahlen. Die Gläubiger schauen in die Röhre, ebenso wie alle Besitzer von Geld. Zeit also für wirtschaftliche Selbstverteidigung, für Vermögenssicherung? Vielleicht nicht ganz, denn bisher haben sich die Inflationsängste der Deutschen nicht bewahrheitet – die Preisentwicklung im Euro-Gebiet ist trotz der gigantischen Entgleisungen der Geldpolitik, die wir im zweiten Kapitel geschildert haben, stabil geblieben. »Wo bleibt sie denn, die Inflation?« spottete denn auch die Hamburger *Zeit*, der *Focus* fragte sich (besorgt?): »Ja wo ist sie denn, die Inflation?« Ja, wo ist sie denn? Was stimmt nicht an der Prognose, dass eine steigende Geldmenge zu steigenden Preisen führt?

Im ersten Kapitel haben wir den Zusammenhang zwischen Inflation und Geldmenge ausgiebig besichtigt: Der Wert unseres Geldes bestimmt sich durch das Verhältnis zwischen dem hergestellten Güterberg – dem Sozialprodukt – und der Menge des umlaufenden Geldes. Je mehr Geld einen gleichbleibenden Güterberg jagt, umso geringer ist dessen Kaufkraft, umso höher die Inflation. Was diesen Zusammenhang angeht, dürfte es eigentlich keinen Irrtum geben: In den vergangenen Jahren ist die Geldmenge in den wichtigsten westlichen Industrienationen gestiegen – doch die Inflation lässt auf sich warten. Warum?

Der Grund dafür sind einmal mehr – die Banken. Die Notenbanken pumpen das Geld – wie wir im ersten und zweiten Kapitel gesehen haben – über das Bankensystem in die Wirtschaft. Die Banken reichen Wertpapiere – beispielsweise fast wertlose Griechenland-Anleihen – bei der Notenbank ein und bekommen im Gegenzug dafür Zentralbankgeld. Und hier ist der Flaschenhals: Die Banken, immer noch voller Angst vor einem Ansturm auf die bei ihnen liegenden Geldsummen, leihen das Geld nicht aus, vergeben keine neuen Kredite, wie es die Notenbank möchte, sondern sie horten das Geld auf ihrem Konto bei der Notenbank – das sind in der Notenbanksprache die sogenannten Überschussreserven. Im Ergebnis bedeutet das, dass das Geld, das die Notenbanken über die Wirtschaft gießen, gar nicht in der Realwirtschaft ankommt, sondern im Bankensystem hängen bleibt (oder zur Kreditvergabe an den Staat verwendet wird, wie weiter oben beschrieben). Damit kann das Geld kaum zu mehr Krediten, zu mehr Nachfrage führen – und die Preise steigen auch nicht. Die Inflation wird vertagt.

Steckbrief: Der Inflationsmacher

Der deutsch-argentinische Kaufmann und Sozialreformer Silvio Gesell (1862–1930) hat mit seiner Idee einer Freiwirtschaftslehre Ökonomen und Laien gleichermaßen fasziniert und polarisiert. Gesells Idee: Wenn Menschen ihr Geld horten, weil sie auf steigende Zinsen oder sinkende Preise warten, führt das zu einem Einbruch der Wirtschaft. Deswegen, so seine Idee, müsse Geld rosten, es müsse regelmäßig mit kostenpflichtigen Wertmarken beklebt werden, damit es seine Gültigkeit behalte. Will man dieses sogenannte Freigeld oder Schwundgeld dann länger aufbewahren, so muss man dafür bezahlen, statt wie üblich Zinsen zu bekommen. Damit hat man große Anreize, sein Geld auszugeben, statt es unter das Kopfkissen zu legen. Und damit niemand auf die Idee kommt, sein Geld in Land zu stecken, um so der Gebühr zu entgehen, solle Grund und Boden gegen Entschädigung in öffentliches Eigentum überführt werden. Die Besitzer dürfen das Land zwar weiterhin nutzen, jedoch nur gegen eine Abgabe an den Staat. Ihren Optimismus beziehen die Anhänger Gesells aus zwei Experimenten während der 30er-Jahre des 20. Jahrhunderts, als im bayerischen Dorf Schwanenkirchen und in der Tiroler Gemeinde Wörgl Freigeld sehr erfolgreich in Umlauf gebracht wurde. Allerdings stoppten die Behörden diese Experimente, weil sie keine Parallelwährung haben wollten. Einen wichtigen Gedanken hat die Freigeldlehre: Es kann tatsächlich zu Situationen kommen, in denen Menschen das Geld horten, also unter das Kopfkissen stopfen. In solchen Fällen kann es in der Tat zu sehr tiefen Rezessionen oder Depressionen kommen – allerdings gibt es hier andere Instrumente, die ebenso gut oder sogar besser helfen können. Normale Inflation ist letztlich bereits eine Gebühr auf die Haltung von Geld und führt dazu, dass es rascher ausgegeben wird. Das Problem der Freigeldlehre liegt eher in der langen Frist: Eine Währung, deren Haltung Geld kostet, kann rasch von inoffiziellen Parallelwährungen abgelöst werden; die Menschen werden versuchen, das Geld, das ständig weniger wert wird, zu vermeiden. Solche Entwicklungen werden regelmäßig in Staaten mit hohen Inflationsraten beobachtet. Kurzum: Freigeld ist geeignet, unter speziellen Umständen kurzfristige konjunkturelle Probleme zu bekämpfen, aber erstens gibt es dafür auch andere Instrumente, und zweitens muss man sich fragen, ob man für ein kurzfristig wirksames Instrument sich nicht andere langfristige Probleme ins Haus holt. Der Ökonom Wilhelm Röpke charakterisierte die Freigeldlehre und ihre Ableger einmal so: »Alle diese monetären Erlösungslehren – unter denen die sogenannte ›Freigeldlehre‹ Silvio Gesells am bekanntesten ist – laufen mit eintöniger Regelmäßigkeit auf Inflation hinaus.«

Aber sie ist nicht aufgehoben: Sollten die Geschäftsbanken wieder großzügiger Kredite vergeben, sollte daraufhin die Konjunktur anspringen, dann werden die Gelder, die jetzt noch auf den Überschusskonten der Geschäftsbanken ruhen, wie eine Lawine zu Tal stürzen, und dann kann es zu Inflation kommen. Allerdings muss es nicht dazu kommen, wie wir später sehen werden – aber die Gefahr ist real.

Darüber hinaus heißt das nicht, dass wir nicht schon jetzt unter den Folgen der Geldpolitik leiden: Zum einen wären da niedrige Zinsen, die zu einer Enteignung der Sparer führen – das sind die Lasten aus der finanziellen Repression; diese stellen ganz reale Verluste für die Bürger dar. Aber es kommt noch etwas dazu: In den vorherigen Kapiteln haben wir gesehen, dass eine lockere Geldpolitik in der jüngeren Vergangenheit regelmäßig zu einem Anstieg der Vermögenspreise geführt hat, zu dem, was man als Vermögenspreis- oder Sachwertinflation bezeichnet (oder mit einem Anglizismus als »asset price inflation«). Diese Spielart der Inflation ist in erster Linie angstgesteuert. Die Bürger sehen, dass die Geldmenge zunimmt, sie erahnen, dass dies zu einer Entwertung des Geldes führen kann oder sogar muss, spüren bereits die Folgen dieser Politik in Form kümmerlicher Zinsen – und fliehen.

Und wohin fliehen die Bürger? Wenn nicht ins Ausland, dann in alle Werte, von denen man glaubt, dass sie vor Inflation schützen: Gold, Immobilien, Rohstoffe, Aktien, bis hin zu Briefmarken, Münzen, seltenen Büchern und anderen Sammlerstücken. Diese Vermögensgegenstände, so die Idee der Inflationsflüchtlinge, sind vor Entwertung gefeit, da sie ja – anders als Geld – wirklich vorhanden sind. Steigt die Inflationsangst, so steigt auch ihr Wert oder anders gesagt, ihr Preis. Das Ergebnis dieser Veranstaltung ist ein Anstieg aller Sachwert- und Vermögensgüterpreise. Was ist von dieser Ausweichstrategie zu halten? Kann sie funktionieren? Ist Angst hier ausnahmsweise ein guter Ratgeber?

Die Sachwertpsychose

Es gibt nur wenige Worte, die es aus dem Deutschen ins Englische geschafft haben – das »Waldsterben«, der »Kindergarden«, der »Blitzkrieg«, das »Fahrvergnügen« und die »German Angst« gehören dazu. Würde man den Deutschen politisch unkorrekte kulturelle oder ethnische Stereotype zuordnen, würde man sie sicher als ängstliches Volk charakterisieren, ein Volk, das Angst hat vor Vogelgrippe und BSE, vor Google-Kameras und Datenspeicherung, vor Ausländern und Terroristen, vor gepanschtem Bier und – vor Inflation. Woher diese Angst kommt, haben wir bereits gesehen: Der Zusammenbruch einer gesamten Volkswirtschaft aufgrund einer galoppierenden Inflation hat sich tief ins kollektive Gedächtnis der Deutschen eingegraben, und die Folge dieser Angst ist die Flucht in die Sachwerte.

Der deutsche Finanzwissenschaftler Günter Schmölders hat diese von Inflationsfurcht getriebene Flucht in Sachwerte einmal als »Sachwertpsychose« bezeichnet – wenn sich eine Herde von Anlegern, getrieben von der Furcht vor Inflation, in Bewegung setzt, kann das unangenehme Folgen haben. Lassen Sie uns untersuchen, was da passiert – und welche Folgen es haben kann.

Der Anfang dieser Psychose ist die Furcht vor Inflation – die angesichts der Eskapaden der Zentralbanken durchaus nachvollziehbar ist. Normalerweise würde das Ganze nun wie folgt ablaufen: Die Notenbank erhöht die Geldmenge, lockert die monetären Zügel, was zu einem Anstieg der Kreditvergabe führt. Das wiederum hilft der Wirtschaft auf die Beine, Produktion und Beschäftigung steigen, die Wirtschaft kommt in Fahrt, die Einkommen steigen, woraufhin die Nachfrage steigt – und dann steigen die Preise, die Inflation erhebt ihr hässliches Haupt. Das ist genau der Effekt, den die Notenbanken erzielen wollen. Boomt die Wirtschaft dann dank der lockeren Geldpolitik, wachsen die Steuereinnahmen, die Banken kommen wieder auf die Beine, und als angenehmer Nebeneffekt sinken wegen der Inflation die Schulden der Staaten, da sie real weniger wert sind. Klingt gut.

Leider zu gut, um wahr zu sein. Wie wir oben bereits gesehen haben, hakt es bei diesem Mechanismus: Die Banken horten das billige Geld der Notenbanken auf ihren Konten, um ihre Bilanzen zu stabilisieren, und sie vergeben aus Angst vor einem neuen Crash weniger Kredite; daher findet das billige Geld nicht den Weg in die Wirtschaft, und die Unternehmen verzichten aufgrund der unsicheren wirtschaftlichen Lage auf weitere Investitionen. Die Wachstumseffekte der Geldpolitik bleiben aus, lediglich die Banken werden stabilisiert.

Aber das ist nicht der einzige Grund, warum die lockere Geldpolitik der Notenbanken bisher versagt hat; der zweite Grund ist die Sachwertpsychose. Wenn der Teil des billigen Geldes, der seinen Weg in die Wirtschaft findet, nicht für Investitionen in Maschinen, Gebäude und andere Produktionsgüter genutzt wird, um neue Werte zu schaffen, sondern um bestehende Werte zu kaufen, bleiben die Wachstumseffekte des billigen Geldes aus. Warum?

Ganz einfach: Wenn mit dem frisch gedruckten Geld der Notenbanken neue Firmen gegründet, neue Produkte hergestellt werden, steigt das Sozialprodukt – der Güterberg und das Dienstleistungsvolumen, die wir herstellen, werden größer. Wenn aber nur bestehende Güter – Aktien, Immobilien, Briefmarken, Gold – gekauft werden, wechselt das Geld einfach nur seinen Besitzer, neue Werte aber werden nicht geschaffen. Um es auf den Punkt zu bringen: Wenn mit dem frisch gedruckten Geld neue Häuser gebaut werden, steigt das Sozialprodukt, wenn damit nur existierende Häuser ver- und gekauft werden, also den Besitzer wechseln, passiert nichts – außer dass die Immobilienpreise steigen. Das Ergebnis dieser Veranstaltung ist Vermögenspreisinflation, also ein Anstieg der Vermögenspreise.

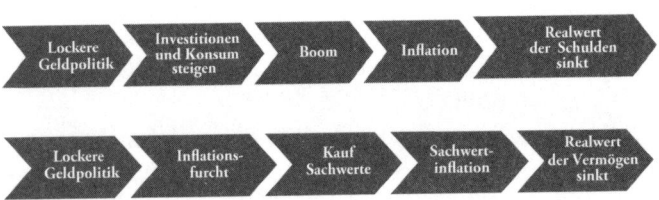

Geldpolitik in der alten Welt (oben) und in Zeiten der Sachwertpsychose (unten)

Insgesamt ist das für die Notenbanken der Welt eine unangenehme Veranstaltung: Lehrbuchmäßig betrachtet haben sie alles richtig gemacht, aber das Lehrbuch hat offenbar versagt. Es hat sich etwas geändert in der Welt der Geld- und Finanzpolitik; die alten Lehrsätze verlieren zunehmend ihre Gültigkeit.

Das neue Skript sieht anders aus: Die Menschen haben gelernt oder glauben, gelernt zu haben, dass mehr Geld mehr Inflation bedeutet, weswegen zusätzlich gedrucktes Geld in Sachwerte statt in Neuinvestitionen wandert; dadurch verliert die Geldpolitik einen Großteil ihrer Wirkung. Die goldenen Zeiten, in denen man einfach mehr bunte, bedruckte Scheine in den Umlauf bringen musste, um eine Volkswirtschaft aufzurichten, scheinen vorbei zu sein. Wie das Jahrzehnt der Krisen, das wir im zweiten Teil besichtigt haben, gezeigt hat, schafft die Geldpolitik heutzutage Vermögenspreisblasen; dadurch schwindet ihr Einfluss auf das reale Wirtschaftsgeschehen.

Selbst wenn ein Teil des frisch gedruckten Geldes in Neuinvestitionen gesteckt wird – so wird es häufig dazu genutzt, weitere der bereits völlig überteuerten Sachwerte herzustellen. Besichtigen kann man das beispielsweise an der spanischen Küste, an der sich eine Bauruine an die andere reiht, finanziert mit billigem Geld und gebaut in der Illusion, dass die steigenden Immobilienpreise Ausdruck steigender Nachfrage nach Immobilien sind. Waren sie aber nicht, sie waren nur Ausdruck der Sachwertpsychose in Form einer Immobilienpreisblase.

Solche Vermögenspreisblasen müssen sich eines Tages in Luft auflösen, oder um es anders zu sagen: Die aufgeblähten Vermögenswerte werden entlüftet. Wenn alle zugleich ihre Häuser, Aktien oder Immobilien verkaufen wollen, um entweder Gewinne zu realisieren oder Kredite abzubezahlen, geraten die Vermögenspreise ins Rutschen, und dann merkt man, dass der Reichtum nur auf dem Papier stand. Wie schmerzhaft das ist, haben wir im zweiten Teil des Buches gesehen: Ob die Immobilienpreisblasen in Japan, den Vereinigten Staaten oder Spanien platzen oder die Aktienmärkte der New Economy kollabieren – fällt eine Vermögenspreisblase in sich zusammen, sind die Folgen zumeist gravierend. Der Internationale Währungsfonds kommt 2003 nach einer Analyse von Vermögenspreisblasen von 1960 bis 2000 zum Ergebnis, dass bei Aktienpreisblasen der Kurssturz zwischen 40 und 60 Prozent betrug, bei einer mittleren Dauer von zehn Quartalen; demgegenüber erreichte der Preissturz bei Immobilienblasen 27 bis 28 Prozent bei einer Dauer von 16 bis 19 Quartalen. Einer amerikanischen Studie von Kyle Chauvin, David Laibson und Johanna Mollerstrom aus dem Jahr 2009 zufolge können die volkswirtschaftlichen Kosten von Vermögenspreisblasen – in Abhängigkeit von Parameterspezifikationen in den Berechnungen – zwischen einem und zehn Prozent des gesamtwirtschaftlichen Konsums betragen.

Aber nicht nur aus gesamtwirtschaftlicher Sicht ist eine Vermögenspreisinflation schmerzhaft, auch für die einzelnen davon Betroffenen ist sie nicht weniger peinigend – womit wir bei einer wichtigen Frage wären: Kann man sich einer Vermögenspreisblase überhaupt entziehen? Was ist von der Sachwertpsychose zu halten? Dazu müssen wir zunächst einmal überlegen, wie sich eine Vermögenspreisinflation ausbreitet.

Stellen Sie sich dazu einen Stau auf einer dreispurigen Autobahn vor – gehören Sie auch zu den Fahrern, die ständig die Spur wechseln? Und? Wie erfolgreich ist man dabei in der Regel? Eher wenig. Das liegt daran, dass alle Fahrer die gleiche Idee haben: Sie versuchen, stets auf die schnellste Spur zu wechseln. Wenn das aber viele Fahrer tun, ist dieser Versuch zum Scheitern verurteilt: Jedes Mal, wenn ein Fahrer von der langsameren Spur auf die schnellere wechselt, macht er die schnellere Spur langsamer und die langsame Spur schneller. Das führt dazu, dass am Ende die durchschnittliche Geschwindigkeit in allen Spuren in etwa die gleiche ist.

Ersetzen Sie nun »Autobahn« durch »Kapitalmarkt«, »Fahrer« durch »Sparer« und »Geschwindigkeit« durch »Rendite«, dann wissen Sie, warum die Chancen, an den Kapitalmärkten der Sachwertinflation zu entgehen, gering sind: Sobald die Preise einer Vermögensklasse steigen, wenden sich die Anleger einer anderen Vermögensklasse zu, deren Preise noch nicht gestiegen sind, woraufhin dort die Preise steigen – wie auf der Autobahn. Am Ende werden durch die Sachwertinflation die Preise aller

Vermögensgüter steigen – genau das, was wir bereits beobachten. Ein Rennen darum, die Vermögensnische zu finden, in der man noch günstig einsteigen kann. Und? Wie groß sind die Chancen, dass man da als Erster ist und noch vor den Profis erkennt, wo die Renditelücke ist? Lassen Sie uns einmal überlegen, ob, und wenn ja, unter welchen Umständen, Sie das Rennen gegen die Inflation gewinnen können.

Das große Rennen: Wer entkommt der Inflation?

Verkauf Kauf	während des Preisanstiegs	nach dem Preisverfall
vor dem Preisanstieg	Gewinn	Verlust oder Gewinn
während des Preisanstiegs	Gewinn oder Verlust	Verlust

Jeder spekulative Erwerb von Vermögensgütern hat – wie in der obigen Tabelle zu sehen ist – zwei Seiten, sowohl beim Kauf als auch beim Verkauf gibt es zwei verschiedene Zeitpunkte, an denen man verkaufen kann – sie bestimmen den Erfolg eines Investments. Spekulativ ist ein Erwerb immer dann, wenn Vermögensgüter – beispielsweise eine Immobilie – nicht zur Eigennutzung oder als langfristige Anlage gekauft werden, sondern um sie später teurer zu verkaufen. Nahezu alle Vermögenserwerbe dürften daher eine spekulative Komponente haben. Und? Wer gewinnt in diesem Spiel?

Die Tabelle zeigt, wer die großen Verlierer einer solchen Inflation sind: diejenigen, die zuletzt auf den fahrenden Zug aufgesprungen sind (das ist das rechte, untere Feld in der Tabelle). Wer im Februar 2000 Internet-Aktien gekauft hat, versteht das sofort – bereits wenige Monate später hatten diese Aktien nur noch Papierwert. Wer kurz vor Ende der Blase einsteigt, zahlt künstlich aufgeblasene und damit völlig überteuerte Preise, und wenn die Blase platzt, steht er mit wertlosen Aktien, einem Haus oder anderen Sachwerten da, die erheblich an Wert verloren haben. Beispielhaft dafür sind die Immobilien in Spanien, die wir bereits besichtigt haben, die für teures Geld gebaut wurden und nun leer stehen – wer in diese Immobilien investiert hat, hat heute kein Vermögen mehr.

Gut, nun sagen Sie sich vielleicht, dass das anders aussieht, wenn man rechtzeitig auf den fahrenden Zug auf- und von ihm auch wieder abgesprungen ist (in der Tabelle wäre das der linke, obere Quadrant); wer bereits 1998 Internet-Aktien gekauft und im März 2000 verkauft hat, der hat doch einen guten Schnitt gemacht, oder? Zunächst einmal ist das richtig, auch wenn wir darauf hinweisen müssen, dass weder an der Börse noch an irgendeinem anderen Vermögensmarkt zum Ein- und Ausstieg geklingelt wird – wer traut sich wirklich zu, immer zum richtigen Zeitpunkt zu kaufen oder zu verkaufen? Man muss vielmehr befürchten, dass die Sachwertpsychose zu einer Herdenveranstaltung wird, bei der ein Anleger dem anderen hinterherrennt, um nicht die vielen vermeintlichen Gewinne zu versäumen und als Trottel dazustehen – ganz, wie wir es in der Krise der Neuen Ökonomie gesehen haben, die wir im sechsten Kapitel besichtigt haben.

Aber stellen wir dieses Argument einmal zur Seite und überlegen wir, wie es den Glücklichen oder Cleveren ergeht, die rechtzeitig ausgestiegen sind – haben sie der Inflation ein Schnippchen geschlagen?

Die Antwort ist typisch für Ökonomen und macht sie so unbeliebt: Es kommt darauf an. Fangen wir einmal mit dem einfachsten Fall an: Jemand hat Geld angelegt, bevor die Vermögenspreise durchgestartet sind, und hat rechtzeitig vor dem Platzen der Blase verkauft und das dabei verdiente Geld in teure Kleidung, Luxusrestaurants und Fernreisen gesteckt. Diesem Menschen kann man gratulieren – er hat alles richtig gemacht, aber hat er der Inflation ein Schnippchen geschlagen? Die Antwort lautet überraschenderweise Nein, aus einem einfachen Grund: Er hat zwar mit seinen Sachwerten kein Geld verloren – sie sind ja im Wert gestiegen – doch wenn zugleich auch die Inflation gestiegen ist, muss er nun mehr für seine teure Kleidung, seine Luxusrestaurants und seine Fernreisen bezahlen. Was er an seinen Investments in Sachwerten verdient hat, muss er – je nach Ausmaß der Inflation – nun mehr für seine Konsumausgaben zahlen. Gewinnen kann man nur, wenn man das Gewonnene in Konsum umsetzt, bevor auch die Konsumgüterpreise steigen.

Es kommt also in diesem idealtypischen Fall darauf an, wie viel Geld man mit dem Investment in Sachwerte gewonnen hat und wie hoch die Güterpreisinflation ausfällt – das Verhältnis dieser beiden Größen zueinander entscheidet darüber, wie groß das Schnippchen ist, das man der Inflation geschlagen hat. Je höher die Inflationsrate im Vergleich zu den Erträgen aus den Sachwertinvestments, umso geringer wird die Chance, der Inflation zu entkommen. Der Idealfall für unseren Investor wäre es natürlich, wenn er sich rechtzeitig vor dem Platzen der Vermögenspreisblase verabschiedet, seine Gewinne realisiert und die befürchtete Inflation nicht eingetreten ist. Doch selbst dann hat die Sache noch eine Fußangel, die das Finanzamt auslegt: Wenn der Staat sich nicht über Inflation entschulden kann, dann muss er es über Steuern tun – die auch auf Vermögenswertzuwächse und Vermögenseinkommen anfallen und den Sieg über die Inflation wieder gefährden.

Unter dem Strich ist das nicht so gelaufen, wie man sich es erhofft hatte: Man kauft eine Immobilie und entkommt damit den negativen Folgen der Inflation – so einfach ist das leider nicht. Und es wird noch unangenehmer, wenn wir einen weiteren Fall erörtern: Wie ergeht es dem Sparer, der fürs Alter vorsorgen will? Nehmen wir einmal an, Sie wollen langfristig sparen, fürs Alter, für den Ruhestand. Haben Sie dieses Geld in einem Vermögensgegenstand gespart, der von der Sachwertinflation erfasst wird, kann das unangenehme Folgen haben: Entweder Sie steigen zum richtigen Zeitpunkt aus, oder aber Ihre Ersparnisse gehen unter, sobald die Vermögenspreisblase platzt. Um das anschaulich zu machen: Sie haben für das Alter in eine teure Immobilie investiert und freuen sich, dass Sie einen Sachwert anstelle von inflationsgefährdetem Geld besitzen. Wenn aber die Blase platzt, bevor Sie Ihre Immobilie verkauft haben und in den Ruhestand gehen, platzen auch Ihre Träume von der Altersvorsorge.

Gut, sagen Sie, was aber, wenn man die Immobilie rechtzeitig verkauft (wir sind also im oberen, linken Quadranten der Tabelle)? Haben Sie Ihren Ruhestand bereits erreicht, werden Sie die Erträge aus dem Verkauf konsumieren – dann gilt alles das, was wir oben bereits gesagt haben. Wenn Sie aber noch eine Weile bis zum Ruhestand haben, haben Sie ein neues Problem: Was machen Sie mit dem Erlös aus dem Verkauf der Immobilie? Ist die Sachwertinflation noch am Toben, wäre es eine schlechte Idee, diesen Erlös in andere Sachwerte zu investieren – deren Wert ist ja bereits aufgebläht, und wenn Sie zu solch einem späten Zeitpunkt investieren, werden Sie nur Geld verlieren. In Zeiten der Sachwertinflation ist es wenig sinnvoll, Sachwerte zu verkaufen, um die Verkaufserlöse in andere Sachwerte zu stecken – Sie wechseln nur vom Regen in den Dauerregen.

Ihnen bleibt dann nur die Möglichkeit, den Verkaufserlös auf einem Geldmarktkonto zu parken, wo es dann auch von der Inflation vermindert wird und zudem – Sie erinnern sich – so gut wie keine Erträge erwirtschaftet. Sie warten auf den richtigen Zeitpunkt, an dem Sie wieder in andere Sachwerte investieren können, also auf den Zeitpunkt, an dem die Blase geplatzt ist. Einmal abgesehen davon, dass es da immer noch die dumme

Sache mit dem fehlenden Signal zum Ein- und Ausstieg gibt, ist nicht gesagt, dass die Vermögenspreise sofort wieder abheben werden, nachdem die Blase geplatzt ist. In Japan beispielsweise haben sich die Aktienpreise 20 Jahre nach dem Crash noch immer nicht erholt.

Das hört sich jetzt so an, als würde das alles niemandem nützen. Also lautet die berechtigte Frage: Wer verdient überhaupt an der ganzen Veranstaltung? Und wohin verschwinden eigentlich die Milliarden, die im Zuge eines Crashs vernichtet werden?

»Ihr Geld ist nicht weg, es hat nur jemand anderes«

Wenn es an der Börse kracht, so liest oder hört man zumeist am nächsten Tag von den Medien, dass etliche Milliarden an Vermögenswerten vernichtet worden seien – stimmt das?

Nicht unbedingt. An der Börse gibt es dazu einen Spruch, den enttäuschte Aktionäre zu hören bekommen: Ihr Geld ist nicht weg, es hat nur jemand anderes. Rein technisch gesehen stimmt das: Wenn jemand eine Aktie für 100 Euro kauft, und diese Aktie anschließend auf 50 Euro fällt, so hat der Käufer der Aktie 50 Euro verloren, der Verkäufer hingegen 50 Euro gewonnen – er hat den Schwarzen Peter rechtzeitig weitergegeben und damit einen Verlust von 50 Euro verhindert. Rein technisch gesehen ist damit kein Vermögen vernichtet worden, es ist nur umverteilt worden.

Für die Unglücklichen, die zum falschen Zeitpunkt eine Aktie, ein Haus, Gold oder andere Sachvermögen gekauft haben, ist das natürlich ein schwacher Trost, während sich die Gewinner freuen – allerdings haben wir ja gesehen, dass auch sie den Tücken einer Vermögenspreisinflation nur schwer entkommen können. Doch nicht nur das: Je höher die Preise der Vermögensgüter steigen, umso mehr sinkt ihr realer Ertrag, wie ein einfaches Beispiel zeigt: Wer eine Aktie für 100 Euro kauft und jedes Jahr sagen wir zehn Euro Dividende erhält, erwirtschaftet eine Rendite von zehn Prozent. Wenn aber die Aktie wegen der Sachwertpsychose auf 200 Euro klettert und man sie zu diesem Preis kauft, beträgt die Rendite der Dividendenzahlung von zehn Euro nur noch fünf Prozent. Je teurer man einen Vermögensgegenstand kauft, desto geringer ist seine Rendite.

Damit haben wir einen weiteren Wermutstropfen für den tapferen Sparer identifiziert: Die anschwellenden Vermögenspreise senken die realen Erträge von Sachwertinvestitionen, die Ersparnisse der Bürger werden auf diesem Weg noch weiter geschröpft. Zusammen mit den Maßnahmen der finanziellen Repression muss man konstatieren, dass die Verlierer der kombinierten Finanz-, Euro- und Schuldenkrise eindeutig feststehen: Es sind die Sparer. Die Erträge ihrer Ersparnisse werden durch finanzielle Repression und die Vermögenspreisinflation teilweise unter den Nullmeridian gedrückt, und wenn sie Pech haben, erwischen sie auch noch einen ungünstigen Moment zum Auflösen ihrer Ersparnisse und verlieren damit Vermögenssubstanz.

Um es auf den Punkt zu bringen: Die Niedrigzinspolitik der Notenbanken weltweit vernichtet die Erträge vieler Sparer, führt entweder zur Inflation, welche die realen Erträge der Ersparnisse vernichtet, oder aber zur Sachwertinflation, die schlimmstenfalls nicht nur die Erträge der Ersparnisse, sondern beim Platzen der Blase auch die Ersparnisse selbst vernichtet. Überspitzt formuliert, können Notenbanken für Sparer zu gigantischen Vermögensvernichtungsmaschinen mutieren.

Das wären also die Verlierer der Notenbankpolitik – aber wer profitiert davon? Die Antwort auf diese Frage ist schnell gefunden: Es sind zum einen die Banken, die – wie wir im dritten Kapitel gesehen haben – den Schrott aus ihren Bilanzen in die Bilanz der Notenbanken schaufeln, es sind aber auch die Staaten, die dank der laxen Politik der Notenbanken und der finanziellen Repression sich auch weiterhin billig finanzieren können – in Europa sind das vor allem die überschuldeten Südstaaten, aber auch alle übrigen Staaten. Das in Kapitel 9 beschriebene Staatsschulden-Bankenrettungs-Perpetuum-mobile kommt den Sparer teuer zu stehen.

Insgesamt ein wenig erfreuliches Ergebnis: Sparer und Vermögensbesitzer bluten zugunsten von Banken und Staaten; man kann fast von einer schleichenden Enteignung sprechen, welche die Notenbanken auf den Weg bringen. Aber es wäre dennoch falsch, ihnen die Schuld an der Misere zuzuschieben; die Sachlage ist etwas komplizierter, man könnte sie in etwa wie folgt beschreiben: Was macht man, nachdem man einen Tiger am Schwanz gepackt hat?

11 Das Balu-Dilemma

»Bist du verrückt?«

In dem legendären Disney-Streifen *Das Dschungelbuch* gerät Balu, der Bär, in eine recht unangenehme Situation: Um seinen Freund Mogli vor dem Tiger Shir Khan zu retten, packt er kurz entschlossen Shir Khan am Schwanz und ermöglicht Mogli dadurch die Flucht. Als Mogli in Sicherheit ist, rufen Balus Freunde ihm zu, er könne nun den Tiger loslassen, worauf Balu antwortet: »Seid ihr verrückt? Der hat am anderen Ende Zähne!« Balu ist dem zum Opfer gefallen, was wir – ihm zu Ehren – das Balu-Dilemma nennen wollen: Man bringt sich schnell und kurz entschlossen in eine Situation, aus der es kein einfaches Entkommen mehr gibt. Oder wie Goethe es einmal formulierte: »Das erste steht uns frei, beym zweyten sind wir Knechte.«

Die Kernthesen dieses Kapitels

1. Die herkömmliche Krisenpolitik der vergangenen Jahre funktioniert in Zeiten überschuldeter Staaten, fragiler Bankensysteme und aufgeklärter Anleger, die um die Folgen dieser Politik wissen, nicht mehr richtig.

2. Die Maßnahmen der Notenbanken waren die einzige Chance, die Lage der Weltwirtschaft kurzfristig zu stabilisieren – die Notenbanken können der Politik aber nur Zeit kaufen, um strukturelle Maßnahmen zu ergreifen, sie bieten keine dauerhafte Lösung.

3. Die Notenbanken können die Politik des billigen Geldes nicht einstellen, ohne Gefahr zu laufen, dass Bankenkrise, Staatsschuldenkrise und Euro-Krise wieder aufleben – sie können diese Politik aber auch nicht unbegrenzt fortführen.

4. Momentan warten Notenbanken und Politik auf ein Wunder in Form starken Wirtschaftswachstums. Aber gerade die Wirtschafts- und Finanzpolitik trägt wenig dazu bei, Letzteres auf den Weg zu bringen.

Die Notenbanken der Welt stecken – ähnlich wie unser Freund Balu – in einem solchen Dilemma, und wir wollen uns einmal anschauen, wie sie da hineingeraten sind.

Ausgangspunkt des ganzen Dilemmas war die dreifache Krise, die wir im neunten Kapitel erörtert haben. Es war in der Politik und auch in weiten Kreisen der ökonomischen Zunft Konsens, dass der Staat hier eingreifen musste, um eine neue Weltwirtschaftskrise mit einem Totalabsturz der Weltwirtschaft zu verhindern. Bei einem normalen Konjunktureinbruch hätte – gemäß dem keynesianischen Drehbuch – der Staat seine Ausgaben erhöht und die Notenbank das Geld billig gehalten. So funktionierte in der Vergangenheit Konjunkturpolitik.

Doch nicht diesmal: Die hoch verschuldeten Staaten waren nicht mehr in der Lage, zusätzliches Geld auszugeben, eben weil sie ihre Verschuldungsspielräume ausgereizt hatten. Diese Schuldenhöhe war einerseits die Folge der Bankenrettung, andererseits aber die Konsequenz daraus, dass es die Politik nie verstanden hat, vermutlich auch nicht verstehen wollte, wie Konjunkturpolitik wirklich funktioniert: Schulden machen in schlechten Zeiten, Schulden zurückzahlen in guten Zeiten. Das »Schuldenmachen« haben die Politiker recht gut im Griff, das »Schuldenzurückzahlen« hingegen nicht. Addiert man noch die vielfach wahltaktisch motivierten Ausgaben der modernen Sozialstaaten und der überforderten Parteienstaaten hinzu, kommt ein ansehnlicher Schuldenberg zusammen; und wer zu viele Schulden hat, kann sich irgendwann nicht mehr weiter verschulden.

Kurzum: Die hohen Schulden vieler Staaten machten es ihnen unmöglich, sich angesichts der Krise so weit zu verschulden, wie es vielleicht erforderlich gewesen wäre – das traditionelle keynesianische Lehrbuchskript hatte ausgedient. Man muss vermuten, dass eine weitere Zunahme der Verschuldung in einen Teufelskreis geführt hätte (und in einigen Staaten geschah das auch): Je höher die Staaten sich verschulden, umso vorsichtiger werden deren Gläubiger und verlangen höhere Zinsen als Risikoprämie, was die Schuldenlast der Staaten noch mehr erhöht; zudem würden die steigenden Zinsen die Konjunktur abwürgen. Staaten mit maroden Staatsfinanzen können nun mal dauerhaft keine maroden Banken retten, die ihrerseits teilweise gerade deshalb marode sind, weil es die Staatsfinanzen auch sind. In der Tat ein Teufelskreis. Fiskalpolitik war für viele der Krisenstaaten daher keine Option mehr.

Damit blieb nur noch die Geldpolitik übrig, um den ganzen Schlamassel zu bekämpfen, und auf einmal sollte diese zur Wunderwaffe werden: Sie sollte die lahmende Konjunktur antreiben, die angeschlagenen Banken retten, die Finanzmärkte stabilisieren und die Staatsschuldenprobleme im Auge behalten. Und für diese Aufgaben stand und steht ihr nur ein einziges Werkzeug zur Verfügung: die Notenpresse. Der Plan war einfach, wir haben ihn bereits im neunten Kapitel besichtigt: Die Notenbank druckte mehr Geld und tauschte es gegen die faulen Kredite aus den Bilanzen der Geschäftsbanken – das sollte das Finanzsystem stabilisieren. Die Geschäftsbanken sollten – nachdem ihre Bilanzen wieder stabiler waren – den Staaten mehr Kredite geben, das sollte die Staatsschuldenkrise unter Kontrolle halten. Und da die Staaten das Geld wiederum ausgeben konnten, würde das die Konjunktur befeuern, so das Kalkül. Zusammen mit den niedrigen Zinsen, die für mehr Investitionen sorgen sollten, schien das ein kluger Plan.

Das ist eine recht ambitionierte Veranstaltung: Da krachen überall auf der Welt Banken zusammen, Finanzmärkte geraten ins Wanken, Staaten sind überschuldet, die Wirtschaft lahmt, und alles, was wir diesem Krisentrio entgegensetzen, besteht darin, bunte Papierzettel zu drucken und »Geldscheine« zu nennen. Kann das wirklich gut gehen?

Zunächst einmal ging das sogar erstaunlich gut, denn das frisch gedruckte Geld kaufte etwas, von dem man sagt, man könne es gar nicht kaufen: Zeit. Die Banken konnten in aller Ruhe ihre Bilanzen sanieren, und die Staaten konnten sich weiter bei den frisch sanierten Banken refinanzieren. Man gewann also wertvolle Zeit, um tiefer gehende Anpassungsmaßnahmen und Reformen zu ergreifen. Welche das im Einzelnen sein könnten, wollen wir im nächsten Abschnitt erörtern.

Uns interessiert hier vor allem das Dilemma der Notenbanken, nachdem sie den Tiger beherzt am Schwanz gepackt und die Wirtschaftswelt vor dem Abgrund aufgefangen hatten, indem sie Geld druckten. Doch was nun? Was passiert, wenn die Notenbank den Schwanz des Tigers wieder loslässt?

Ausstieg aus dem Ausstieg

In unserem *Dschungelbuch* geht die Geschichte mit Balu und dem Tiger glimpflich aus: Ein Blitz schlägt ein, Feuer entsteht, und Mogli, Balus Freund, greift sich beherzt einen brennenden Ast und bindet ihn dem Tiger an den Schwanz, woraufhin dieser in Panik die Flucht ergreift – Balu ist aus seiner Notlage befreit. Für die Notenbanken, die den Tiger der Finanzkrise, der Staatsschuldenkrise und der Euro-Krise am Schwanz gepackt haben, dürfte es nicht ganz so einfach werden – das zeigte sich bereits im Spätsommer 2013, als an den Finanzmärkten die Angst umging, die amerikanische Notenbank Fed werde ihre Politik des billigen Geldes ändern und die monetären Zügel anziehen. Die Angst der Finanzmärkte war unmittelbar sichtbar, und erst als die Notenbank signalisierte, dass man die Welt auch weiterhin mit billigem Geld füttern werde, atmeten die Finanzmärkte erleichtert durch und belohnten sich mit Kursgewinnen.

Aber warum diese Panik? Was würde passieren, wenn die Notenbanken der Welt auf einmal das Gelddrucken auf das Normalmaß zurückschrauben würden? Um diese Frage zu beantworten, muss man sich daran erinnern, dass die Notenbank an drei verschiedenen Fronten kämpft. Fangen wir einmal mit dem Naheliegenden an: Wenn die Notenbank den Geldhahn zudreht, reduziert sie die Refinanzierungsmöglichkeiten der Banken – diese bekommen weniger Geld, sie können damit weniger Kredite an die Wirtschaft weiterreichen. Das würde dazu führen, dass die Investitionstätigkeit der Wirtschaft sinkt, die Beschäftigung geht zurück, damit auch der Konsum – kurzum: Es kommt zu einem Konjunktureinbruch. An der Konjunkturfront verliert die Notenbank den Kampf. Schon die Aussicht auf steigende Zinsen dämpft die Wachstumserwartungen. Die Teilnehmer an den Finanzmärkten reagieren darauf sofort. Krisenstimmung und erste Anzeichen von Panik werden sichtbar. Doch nicht nur das, mit einer stagnierenden oder sogar schrumpfenden Wirtschaft geraten nun auch die Staatshaushalte der Krisenländer wieder unter Druck: Steuereinnahmen sinken, die Ausgaben für Arbeitslose steigen, und die steigenden Zinsen verteuern die Staatsschulden – die Schuldenkrise verschärft sich und damit auch die Krise des europäischen Kontinents. Die sich verschärfende Schuldenkrise wiederum hat Rückwirkungen auf die immer noch fragilen Finanzmärkte: Je größer die Schuldenprobleme der Staaten wieder werden, umso größer werden auch die Probleme der Banken, die diesen Staaten schließlich die Finanzmittel geliehen haben.

Solange die Konjunktur nicht auf vollen Touren läuft, tun sich die Notenbanken schwer damit, aus der Politik des billigen Geldes auszusteigen. Würden sie das vorzeitig tun, könnten sie einen Konjunktureinbruch auslösen, der die Situation der Banken und der Krisenstaaten verschlechtern würde; die schon als überwunden betrachtete Euro-Krise könnte auf diesem Weg sehr leicht wiederbelebt werden. Und dann ist sie wieder da, die dreifache Krise aus Kapitel 9.

Das bedeutet aber nicht, dass die Notenbank ihre Politik risikolos ändern kann, sobald die Konjunktur wieder anzieht, denn da wäre ja noch die Bankenkrise: Solange die Bilanzen der europäischen Banken noch mit Immobilien- und Staatsschuldenmüll verschandelt sind, hätte ein Rückzug der Notenbanken entsprechende Folgen für das Bankensystem: Einige Bankenpleiten sind vermutlich notwendig und auch zu verkraften, wenn es aber zu einem Bank Run kommt, wie wir ihn in Kapitel 4 erörtert haben, würde das Finanzsystem sich zusammenfalten – mit den entsprechenden Folgen für Konjunktur, Staatsfinanzen und den Euro.

Gut, was aber, wenn die Konjunktur anzieht, die Bankbilanzen bereinigt sind und das Finanzsystem stabilisiert ist? Kann dann die Notenbank den Schwanz des Tigers loslassen und ihre Geldpolitik wieder in gewohntes Terrain zurückführen? Es besteht auch dann noch ein Restrisiko in Form der Überschuldung einiger Staaten, die derzeit ebenfalls nur mit billigem Geld über Wasser gehalten werden. Sollten die Notenbanken die Geldzügel wieder anziehen, so würde das mehr oder weniger automatisch bedeuten, dass die Staaten höhere Zinsen für die Refinanzierung ihrer Schulden zahlen müssen. Solange in der Euro-Zone die Staatsfinanzen etlicher Länder nicht saniert sind, schwebt über dem Rückzug der EZB auf den Normalkurs der Geldpolitik das Damoklesschwert einer erneuten Schuldenkrise, und damit einer wieder aufflackernden Euro-Krise. Um es noch drastischer auszudrücken: Sollte es den Staaten der Euro-Zone nicht gelingen, das Bankensystem und die Großbanken sicherer zu machen, die Staatsschulden abzubauen und auf niedrigem Niveau zu stabilisieren sowie den wirtschaftlichen Bruch zwischen Nord- und Südstaaten der Euro-Zone zu kitten, dann gab es den Euro die längste Zeit. Keine schönen Aussichten.

Balu-Dilemma pur: Nachdem die EZB damit angefangen hat, mithilfe der Notenpresse Staaten, Banken und Konjunktur zu retten, kann sie damit nicht so leicht aufhören, ohne alle drei Krisen wieder aufleben zu lassen. Eines dürfte wohl klar sein: Gelddrucken kann eine sinnvolle Zwischenlösung sein, um Zeit zu gewinnen, aber es ist keine Lösung, die man im politischen Jargon als »nachhaltig« bezeichnet: Man kann Schuldenberge zwar dadurch entsorgen, dass man Geld druckt; dies funktioniert aber nur dann, wenn die Verschuldung in eigener Währung erfolgt ist. Die Zustände in Deutschland 1922/23 haben eindringlich gezeigt, welche Folgen das haben kann. In einer Währungsunion mit vielen wirtschaftlich sehr unterschiedlichen Staaten ist eine solche Politik selbstzerstörerisch für die Gemeinschaftswährung.

Damit ist klar, dass die EZB, aber auch die Notenbanken der übrigen Wirtschaftsmächte, diese Politik irgendwann einstellen müssen, damit nicht das passiert, was wir im zweiten Teil des Buches besichtigt haben: Vermögenspreis- und Güterpreisinflation und damit die nächste, noch schwerere Krise. Die Notenbanken stecken also in einem echten Balu-Dilemma: Lassen sie den Schwanz des Tigers los und stellen die wundersame Geldvermehrung ein, so riskieren sie, dass die Dreifachkrise wieder aufflammt; halten sie den Tiger weiterhin am Schwanz gepackt, riskieren sie eine Sachwertinflation und den Aufbau einer neuen Krise – ähnlich den Krisen aus unserem zweiten Teil, vermutlich aber noch heftiger.

Was aber wäre gewesen, wenn sich die EZB und die anderen Zentralbanken anders verhalten hätten? Wenn sie Bankencrashs, Staatspleiten oder gar einem Ende des Euro freie Bahn gewährt hätten? Ganz ehrlich: Das ist seriös nicht zu beantworten; nur so viel kann vermutlich gesagt werden: Es wäre weder zu einem Untergang des Kontinents gekommen, noch hätten wir innerhalb von Wochen oder Monaten wieder blühende Landschaften gehabt. Unserem Geld wäre es auch dann an den Kragen gegangen. Anstelle darüber zu spekulieren, was gewesen wäre, wenn, sollten wir nach vorne blicken. Lassen Sie uns eine kurze Bestandsaufnahme machen, bevor wir darüber nachdenken, was nun zu tun ist.

Zwischenfazit

Als die Welt noch in Ordnung war, also in den 1970er- und 1980er-Jahren, war die Konjunkturpolitik ein geordnetes Gebiet: Geht es der Wirtschaft konjunkturell schlecht, dann gibt der Staat mehr Geld aus, die Notenbank druckt mehr Geld, und schon kommt der Motor wieder in Fahrt. Das war eine geordnete Welt mit wohldefinierten Problemen. Danach kamen die wilden 90er, die Dotcom-Krise, die Immobilienkrise, der Lehman-Schock und die Euro-Krise, und auf einmal geriet diese wohlgeordnete Welt aus den Fugen: Statt an der konjunkturellen Front zu kämpfen, muss die Politik einen Dreiklang aus Schuldenkrise, Bankenkrise und Euro-Krise meistern. Aus den geordneten Verhältnissen ist in Europa ein Drei-Fronten-Krieg geworden, der zu eskalieren droht. Und zu allem Übel ist die Fiskalpolitik mehr oder weniger kampfunfähig geworden, alle Last liegt auf den Schultern der Geldpolitik, die sich auf ein gefährliches Spiel eingelassen hat. Sie hat kurzfristig die wirtschaftlichen Schmerzen aus den Verwerfungen der Staatsfinanzen, des Finanzwesens und des Euro mit dem Morphium des billigen Geldes betäubt, doch eine Heilung der zugrunde liegenden Erkrankung ist davon nicht zu erwarten, allenfalls Schmerzlinderung und Aufschub. Die Notenbanken haben sich auf neues, unbekanntes Terrain begeben, weltweit erleben wir einen historisch einmaligen Großversuch – mit ungewissem Ausgang. Finden wir keine besseren Lösungen für unsere Probleme, droht uns paradoxerweise das billige Geld zu ruinieren. Also was nun? Was können, was müssen wir tun? Lassen Sie uns Vögel füttern gehen.

VIERTER TEIL

Aufbruch in die neue Welt

In diesem Abschnitt erfahren Sie

... warum Staatsschuldenpapiere nicht risikolos in Bankenbilanzen schlummern dürfen.

... warum wir mehr Bankenpleiten brauchen.

... warum es bei der Reform der Währungsunion zu einem Konflikt zwischen Solidarität und Solidität kommt.

... wie man sich selbst gegen die Folgen der Geldpolitik verteidigen kann.

12 Eine sichere Bank

Superkalifragilistikexpiallegetisch

So schnell geht das: Da will man ein paar Vögel füttern – und schon kippt eine Bank um. Der Schuldige ist in diesem Fall der kleine Michael Banks, der sein gespartes Taschengeld lieber dazu verwenden möchte, Vögel zu füttern, als es auf ein Sparkonto zu packen. Der Chef der Bank, Mr. Dawes Senior, hat dafür gar kein Verständnis – Vögel füttern? Wer Vögel füttere, bekomme nur fette Vögel, Michael solle gefälligst das Geld hergeben und auf sein Konto einzahlen. Es kommt zum Streit. Dawes will Michael seine zwei Pence abnehmen, der wehrt sich, ruft laut, dass er sein Geld zurückhaben wolle – und schon nimmt das Drama seinen Lauf: Die Kunden im Schalterraum der Bank hören, dass Michael sein Geld zurückhaben will und Mr. Dawes sich weigert; sie vermuten, dass der Bank das Geld ausgeht. Panikartig stürmen sie daraufhin die Schalter und wollen ihr Geld zurückhaben – die Bank geht im Chaos unter.

Die Kernthesen dieses Kapitels

1. Will man das Bankensystem wetterfest machen, so gibt es dazu nur eine vernünftige Maßnahme: Banken mit wesentlich mehr Eigenkapital ausstatten.

2. Die üblichen Argumente der Banken gegen höhere Eigenkapitalanforderungen sind nicht stichhaltig. Die implizite Staatsgarantie für das Überleben von Banken wirkt wie eine Subvention, mit deren Hilfe sich Banken billiger Geld beschaffen können – die Lasten der Fehlschläge gehen dann auf Kosten des Steuerzahlers.

3. Die Staaten haben bei der Bankenregulierung versagt – sie haben die Regeln so gestaltet, dass die Banken ihnen billig Geld leihen konnten, was zu einem wichtigen Mitauslöser der Finanzkrise wurde.

4. Das Grundübel der Rettungspolitik der vergangenen Jahre ist, dass immer wieder private Verluste mit öffentlichen Mitteln aufgefangen wurden – das Wissen um die implizite Rettungsgarantie machte Investoren und Banken leichtsinnig. Wer für den Schaden nicht aufkommen muss, scheut auch das Risiko nicht.

5. Um den Teufelskreis von Banken- und Staatenrettung zu unterbrechen, müssen wir geordnete Insolvenzen zulassen – und zwar sowohl bei Banken als auch bei Staaten. Andernfalls werden Staaten immer erpressbar sein.

> 6. Solange Banken mit geringer Kapitalausstattung und der Lizenz, Staaten unbegrenzt Geld zu leihen, dieses auch tun, bleiben Staaten und Banken in einer unheilvollen gegenseitigen Abhängigkeit.

Gut, ganz so schlimm ist es nicht; dieser Bankenzusammenbruch passiert nur in der Fantasie der Walt-Disney-Studios, nämlich im Film *Mary Poppins*, der neben dem herrlichen Wort »Superkalifragilistikexpiallegetisch« die klassische Beschreibung eines Bankenzusammenbruchs enthält – leider recht realistisch, wie wir bereits im vierten Kapitel gesehen haben. Das haben wir in den vergangenen Jahren schmerzvoll gelernt: Banken sind schon aufgrund ihrer Konstruktion anfällig für Zusammenbrüche; Krisengefahr ist sozusagen ein Teil des Geschäftsmodells.

Nun waren zu Zeiten von *Mary Poppins* – wir befinden uns in den 30er-Jahren des vergangenen Jahrhunderts – Banken eine eher nationale Veranstaltung: Sie liehen den heimischen Unternehmen Geld und investierten bevorzugt im Inland. Zudem spielte der Finanzsektor damals noch keine so prominente Rolle wie heute – heute haben sich die Spielregeln geändert, und ein kleiner Junge, der die Vögel füttern will, könnte schlimmstenfalls gleich das internationale Bankensystem zerstören.

Die Logik der internationalen Bankgeschäfte war und ist einfach: Mit zunehmender Internationalisierung des Handels wurden auch Unternehmen internationaler, weswegen sie, so die Idee, internationale Banken benötigen, die sie bei ihren Auslandsabenteuern begleiten, beraten und finanzieren. Auf diesem Weg, so die Hoffnung, fließt das Geld leichter in die Staaten, die es benötigen, finanziert dort Investitionen, schafft Arbeitsplätze und Wachstum. Zugleich sorgen international operierende Banken für mehr Wettbewerb im Inland und damit für effizientere Finanzmärkte und bessere Konditionen für die Kunden.

So weit die Theorie. Falsch war und ist sie nicht, vielleicht hat sie sogar zu gut funktioniert. Banken wurden immer internationaler und immer vernetzter, und immer mehr Kapital konnte in den letzten Winkel der Erde fließen – und bisweilen floss dieses Kapital zu reichlich, in zu großen Strömen dorthin. Besonders problematisch war es in Europa, wo eine einheitliche Währung und die Hoffnung der Investoren, dass man einen Mitgliedsstaat der Europäischen Währungsunion nicht pleitegehen lassen wird, dazu führten, dass Staaten wie beispielsweise Griechenland sehr viel importierten und von Kapitalzuflüssen überschwemmt wurden – mit bekannten Folgen. Die Flut von Kapital konnte nicht produktiv für die Entwicklung der betroffenen Volkswirtschaften verwendet werden und führte zu den unschönen Nebenwirkungen, die wir im zweiten Teil des Buches besichtigt haben.

Der Nachteil von über Ländergrenzen hinweg hochgradig verflochtenen Banken besteht darin, dass sie international sind – fällt heute eine Bank in New York um, dann wackeln auch im letzten Winkel Europas die Bankentürme, ein Phänomen, das man als Lehman-Effekt bezeichnen könnte. Damit wurden nicht nur Unternehmen und Banken international, sondern auch die Krisen; die Ansteckungsgefahr, die von Finanz- und Bankenkrisen ausgeht, ist heute ungleich höher als zu Zeiten von *Mary Poppins*. Allerdings hat das auch einen Vorteil: Wenn Krisen internationaler werden, bedeutet das, dass sich die Kosten der Krise auf mehr Schultern verteilen, die ausländischen Banken schultern nun einen Teil der Kosten der nationalen Krise – dadurch kann das einzelne Land diese besser tragen. Beispielhaft dafür ist die Krise der isländischen Banken: Als diese umkippten, mussten die Regierungen Großbritanniens und der Niederlande ihre Bürger selbst retten, was Mervin King, damals Chef der englischen Notenbank, zu der Bemerkung veranlasste, dass Banken global im Leben und national im Sterben seien. Die Isländer fanden das vermutlich praktisch, die Briten und Niederländer eher weniger. Ausländische Banken waren es auch, die Südkorea 1997 und Dubai 2009 in ihren Krisen beistanden. Internationale Banken sind also ein Hort der Ansteckung und ein stabilisierender Faktor zugleich. Die Frage ist nur: Wie macht man sie wetterfest?

Wetterfeste Banken

Diese Überlegungen machen eines deutlich: Internationale Banken sind unverzichtbar, wenn man Handel treiben und international investieren will, sie bringen Wohlstand und Krisen zugleich. Man würde also sicherlich das Bankers-Kind mit dem Bad ausschütten, wenn man Banken zu nationalen Spardosen degradieren würde; aber klar ist auch, dass sie ein Regelwerk benötigen, und dass die bisherigen Regelwerke offensichtlich wenig dazu beigetragen haben, uns vor kleinen Jungen zu schützen, die gerne Vögel füttern. Also was tun?

Eine bemerkenswert einfache Lösung trägt den Namen der drittgrößten Stadt der Schweiz: Basel. Dort sitzt der 1974 gegründete Baseler Ausschuss für Bankenaufsicht, in dem Mitglieder der Notenbanken und Bankenaufseher aus 27 Ländern sitzen. Sein Ziel: die Aufsichtsregeln für die Finanzbranche vereinheitlichen. »Basel III«, oder der Basler Akkord, wie er auch genannt wird, ist das Schreckgespenst aller Finanzexperten und -studierenden, ein Regelwerk, das komplizierter ist als das Räderwerk einer Uhr oder die Aussprache von Superkalifragilistikexpiallegetisch. Auf die haarigen Details dieses Abkommens wollen wir hier verzichten und uns stattdessen auf den Kern des Abkommens konzentrieren. Die Botschaft von Basel lautet: Banken brauchen mehr Kapital.

Nach all dem, was wir in Kapitel 4 besichtigt haben, ist das leicht einzusehen: Banken verdienen Geld, indem sie das Geld anderer Leute verleihen oder investieren. Wenn aber bei der Kreditvergabe oder den Investments etwas schiefgeht, dann ist das Geld dieser anderen Leute weg, und je mehr die Kunden so etwas befürchten, umso rascher ziehen sie ihre Gelder von der Bank ab – im Zweifelsfall, um damit Vögel zu füttern –, und die Bank kippt um. Und je internationaler die Banken sind, umso rascher breitet sich dann dieses Virus auf andere Banken aus.

Vor dieser viralen Bankeninfektion gibt es nur einen wirksamen Schutz – und der heißt Eigenkapital. Die Idee ist einfach: Je größer der Anteil des eigenen Geldes ist, mit dem die Bank beziehungsweise die Eigentümer der Bank ihre Geschäfte betreiben, umso sicherer ist das Geld der Kunden – geht etwas schief, dann ist es zuerst das Geld der Bank, respektive der Bankeneigentümer, das verloren geht. Im Branchenjargon des Basler Akkords nennt man das dann Kern- und Eigenkapital, in der Sprache der Journalisten heißt das – sofern dieses dröge Thema überhaupt durch den publizistischen Blätterwald rauscht – »Kapitalkissen« oder »mehr Geld auf die Seite legen«, Bezeichnungen, die, wie wir gleich sehen werden, unglücklich sind.

So einfach diese Idee ist, so wirkungsvoll ist sie auch: Wenn eine Bank auf der Aktivseite ihrer Bilanz Unfug treibt – zu viele faule Kredite vergibt, in unsinnige Immobilienpapiere investiert oder ähnliche Eskapaden unternimmt –, dann hat das zwar immer auch Konsequenzen auf der Passivseite der Bilanz; aber diese Konsequenzen gehen umso mehr zulasten der Eigentümer (Aktionäre) der Bank, je höher das Eigenkapital ist, das die Banken vorhalten müssen. Erst wenn im Fall eines solchen Missmanagements das Eigenkapital der Bank aufgebraucht ist, geraten auch die Kundengelder in Gefahr. Vergäbe im Extremfall die Bank nur mit eigenem Geld Kredite, liefe kein Bankkunde Gefahr, Geld zu verlieren – Fehlinvestments gingen dann ausschließlich zulasten der Eigentümer der Bank.

Die Vorteile einer solchen Politik liegen auf der Hand: Je mehr Eigenkapital eine Bank hat, umso stabiler ist sie, und je stabiler sie ist, umso weniger Bankencrashs werden wir sehen, was erstens dazu führt, dass die Kunden sich sicherer fühlen (was das Risiko eines Bank Run wie bei *Mary Poppins* reduziert), und zweitens den angenehmen Nebeneffekt hat, dass Regierungen weniger Banken retten müssen – ganz so, wie sich das der Steuerzahler wünscht. Eine einfache, aber wirkungsvolle Maßnahme – wer sollte etwas dagegen haben?

Sie ahnen es: die Banken. Natürlich. Das erste Argument, das gegen diese Politik oft ins Feld geführt wird, bezieht sich auf das zusätzliche Kapital, das sie dann benötigen. Dieses zusätzliche Eigenkapital, so argumentieren die Banken, liege dann ungenutzt im Keller der Bank, statt in der freien Wirtschaft investiert zu werden, um Werte und Beschäftigung zu schaffen. Die unglückliche Wortwahl in den Medien, dass die Banken dann »mehr Geld auf die Seite« legen müssten, unterstützt diese Illusion – denn nichts anderes ist dieses Argument. Natürlich legen die Banken das zusätzliche Eigenkapital nicht in den Keller und auch nicht auf die Seite – sie verleihen, investieren und verwenden es genauso wie zuvor das Geld ihrer Kunden. Der Volkswirtschaft geht also kein Kapital verloren, das unbeschäftigt im Keller der Bank liegen würde. Das Einzige, was sich geändert hat, ist der Umstand, dass nun nicht das Geld der Kunden arbeitet (oder verloren geht), sondern das eigene Geld der Bank. Die Herkunft des Geldes (das in der Bankbilanz auf der rechten Seite, der Passivseite, steht) spielt keine Rolle dafür, wie das Geld verwendet wird (das steht auf der linken Seite der Bilanz).

Möglicherweise wissen auch die Banken, dass dieses Argument nicht stichhaltig ist; ihnen kommt es auf etwas anderes an: Mehr Eigenkapital bedeutet, dass es für die Banken teurer wird – das ist ihr Problem. Natürlich ist es im Zweifelsfall stets billiger, anderer Leute Geld ins Feuer zu stellen als die eigenen Mittel. Aber auch hier denken die Bankiers vielleicht ein wenig zu kurz: Zwar ist es auf den ersten Blick für eine Bank in der Tat billiger, mit dem Geld anderer Leute zu arbeiten, doch auf den zweiten Blick muss das nicht so sein. Je mehr Eigenkapital eine Bank hat, umso stabiler ist sie, umso geringer ist auch das Risiko für die Aktionäre, dass die Bank umkippt. Und je geringer das

Risiko für die Bank ist, desto eher werden Aktionäre ihr Geld
in die Bank investieren, und umso weniger Kompensation werden sie von der Bank für eventuelle Risiken verlangen. Die
Kapitalbeschaffungskosten der Banken werden also bei höheren
Eigenkapitalanforderungen nicht notwendigerweise steigen:
Aufgrund der verbesserten Sicherheit der Bank werden die
Eigenkapitalgeber mit einer geringeren Rendite zufrieden sein,
und die Risikoreduktion senkt zudem die Kosten des Fremd-
kapitals. Eine sichere Bank erhält Kapital günstiger als eine Wa-
ckelbank.

Was hauptsächlich passiert bei höheren Eigenkapitalanforderungen an Banken, ist eine Umverteilung des Risikos: Je mehr
Eigenkapital eine Bank hat, desto mehr verschiebt sich das Risiko der Verluste im Falle einer Bankenpleite von den Bankkunden zu den Eigentümern der Bank. Und? Finden wir das
schlimm? Wohl eher eine rhetorische Frage.

Ob sich letztlich die Finanzierungskosten der Banken bei höheren Eigenkapitalanforderungen verteuern – und wenn ja, um
wie viel –, ist eine offene Frage. Aber selbst wenn sich die Ban-
kenfinanzierung verteuern sollte, steht dem ein anderer Effekt
gegenüber: Solange Staaten ihren Banken eine implizite Über-
lebensgarantie geben, liegt das Risiko eines Crashs bei den
Steuerzahlern – wenn sich Banken also in diesem Fall billiger
finanzieren können, dann deshalb, weil die Kapitalgeber darauf
vertrauen, dass im Krisenfall nicht ihr Geld weg ist, sondern das
Geld der Steuerzahler. Je eher die Bank durch den Staat gerettet
wird, wenn sie ins Schlingern kommt, umso leichtsinniger wird
sie Kredite vergeben. Die implizite Staatsgarantie für das Überleben von Banken wirkt also wie eine Subvention, mit deren
Hilfe sich Banken billiger Geld beschaffen können. Und wenn
diese Subvention wegfällt, kann durchaus der Fall eintreten,
dass Banken trotz des reduzierten Bankrottrisikos mehr für ihr
Eigenkapital bezahlen müssen. Als Bank mag man das nicht so
gut finden, aber als Steuerzahler?

Wenn es im Interesse des Steuerzahlers ist, dass Banken mehr

Eigenkapital vorhalten und dadurch sicherer werden, dann sollte es auch im Interesse der Regierungen liegen, richtig? Leider nicht.

Ein absolut sicheres Investment

Erinnern Sie sich noch an Heinrich Hermann Kurschildgen? Er soll den Nazis beweisen, dass er Gold herstellen kann, und tut in dieser Situation das einzig Vernünftige: Er flieht. Die Suche nach Gold hat die Menschen nie losgelassen, sie hat nur ihr Gesicht geändert: Alchemie, Eldorado, Klondike, der Stein der Weisen – auf viele Arten haben Menschen nach dem gelben Metall gesucht. Auch die heutigen Finanzmärkte sind auf der Suche nach Gold, wenngleich sich diese Suche etwas subtiler verkleidet – heute sucht man rentable Investments, sogenannte Überrenditen, man sucht höheren Ertrag und höhere Sicherheit zugleich. Eine dieser Versionen der modernen Goldgräberei an den Finanzmärkten ist die Suche nach dem sicheren Investment – eine Investition, bei der man garantiert nichts verlieren kann.

Wer realistisch ist, weiß, dass es nur wenig Dinge auf Erden gibt, die absolut sicher sind – der Tod und die Steuer, beispielsweise, wie Benjamin Franklin bemerkte. Aber sichere Investments? Zumindest bis vor wenigen Jahren dachte man, dass es diese sicheren Papiere gibt: stabile, regelmäßige Erträge bei einem Risiko von null. Und was waren das für Wunderinvestments? Staatsanleihen natürlich, also Papiere, die man kauft, um Staaten Geld zu leihen. Das Argument war simpel: Kann man sich wirklich vorstellen, dass ein souveräner Staat mit einer hoch entwickelten Wirtschaft seine Schulden nicht zurückzahlen kann? Wer denkt denn so etwas?

Vermutlich jeder, der im Geschichtsunterricht aufgepasst hat – allein die vergangenen 200 Jahre werden mit mehr als 300 Staatspleiten dekoriert. Von wegen sicheres Investment. Heute haben die meisten Investoren diese Lektion neu gelernt: Staaten können pleitegehen, und eine Staatsanleihe ist kein sicheres Investment.

Hätte man diese Lektion früher beherzigt, wäre uns vielleicht einiges erspart geblieben, denn auch die Bankenregulierer haben unterstellt, dass Staatsanleihen ein sicheres Investment sind. Doch warum kam es dann zu einer Bankenkrise? Die Aufsichtsbehörden wissen durchaus, dass Banken eine riskante Veranstaltung sind, und sie wissen auch, dass das Geld der Bankkunden umso gefährdeter ist, je riskanter die Bank das Geld ihrer Kunden investiert, also verleiht. Folglich ersann man eine einfache Regel: Je riskanter die Investments, die eine Bank tätigt, umso mehr eigenes Kapital muss sie zurücklegen, um dieses Investment mit diesem eigenen Geld abzusichern. Die Logik dieser Regelung ist klar: Je riskanter die Investments der Bank, umso mehr eigenes Geld muss sie ins Feuer stellen – gehen die Investments schief, dann ist in erster Linie das Geld der Banken gefährdet, nicht das der Kunden. Eine kluge Veranstaltung.

Allerdings gab es bei dieser Veranstaltung eine Ausnahme, Sie ahnen es: Da man Staatsanleihen als sicher ansah, mussten Banken, die Staaten Geld liehen, kein Eigenkapital dafür hinterlegen; die Spekulation mit Staatsschulden ging voll auf die Kappe der Bankkunden. Das ist in doppeltem Sinn logisch: Wenn es risikofrei ist, als Bank Staaten Geld zu leihen, sind auch die Kundengelder der Bank nicht in Gefahr, dann muss die Bank auch kein Eigenkapital hinterlegen. Die zweite Ebene dieser Logik ist etwas versteckter: Wenn eine Bank kein teures Eigenkapital hinterlegen muss, wenn sie Staaten Geld leiht, kann sie Staaten das Geld zu einem geringeren Zins leihen – diese Regelung sorgt dafür, dass Staaten weniger zahlen müssen, wenn sie neue Schulden aufnehmen oder Altschulden refinanzieren.

Ein Schelm, wer hier Unanständiges denkt: Die Staaten als Herren der Bankenregulierung gestalten selbige so, dass es für sie billiger wird, sich zu verschulden. Man muss vermuten, dass ein

Großteil unserer Probleme aus dieser unheilvollen Allianz von Banken und Staaten rührt: Die Staaten regulieren die Banken, die zu ihren (Haupt-)Gläubigern gehören, und die Regulierung führt dazu, dass Staaten als Großschuldner der Banken einen Rabatt auf ihre Schulden bekommen. Das Ergebnis: Banken und Staaten ketten sich aneinander; geht einer unter, nimmt er den anderen mit. Abgerundet wird diese Veranstaltung von den Notenbanken, die mit ihrer Politik des billigen Geldes die beiden Untergangskandidaten retten – mit all den Folgen, die wir bereits hinlänglich erörtert haben.

Hieraus ergibt sich der erste einer Reihe von Trippelschritten, die aus der Krise herausführen: Die unheilvolle Allianz zwischen Banken und Staaten, die sich anschaulich in den Regelungen zur Bankenregulierung zeigen, muss aufgekündigt werden. Solange Banken Staaten finanzieren, die dann die Banken retten, wenn sie pleitegehen, und solange die Notenbanken das finanzieren, wird das Schulden-Perpetuum-mobile weiterlaufen, wird die Notenbank weiter gezwungen sein, Geldscheine zu drucken, werden die Bürger für diese Allianz aufkommen müssen. Und wie soll das funktionieren? Vielleicht, indem man sich auf ein paar einfache Regeln zurückbesinnt. Lernen kann man diese Regeln in teuren Frankfurter Luxusrestaurants.

Wir brauchen mehr Pleiten

Wer einmal in der Finanzbranche gearbeitet hat, war in Frankfurt, und mit hoher Wahrscheinlichkeit war er auch in einem jener Restaurants, die teilweise bemerkenswert überteuert sind – da werden schlimmstenfalls zentimetergroße Häppchen zum zweistelligen Euro-Preis gereicht. Fragt man Erstsemester-Studierende, warum diese Restaurants so teuer sind und warum sich Leute finden, die diese hohen Preise zahlen, erntet man eine große Zahl von Antworten – interessanterweise fehlt allerdings meistens eine: Weil es Geschäftsessen sind. Klarer Fall:

Man lädt einen Kunden zum Essen ein, und der Chef zahlt die Rechnung. Warum also sparen?

Dieses einfache Beispiel illustriert eines der ehernen Prinzipien der Wirtschaft: Wer bestellt, bezahlt. Wer anderer Leute Geld ausgibt, entdeckt an sich freizügige Adern, vor allem dann, wenn er das Geld anderer Leute auch noch für andere Leute ausgibt – warum sich zurückhalten?

Den Banken und Staaten muss man einen Mangel an Wer-be-stellt-bezahlt-Mentalität attestieren: Die Banken bekamen Geld von Aktionären, Gläubigern und auch Kunden, weil jeder erwartete, dass man im Falle eines Bankencrashs sein Geld vom Staat zurückbekommt – warum also sich Sorgen machen, wenn man einer Bank Geld anvertraut? Ähnlich dachten Investoren, die Staaten Geld liehen: Niemand konnte sich in Europa vorstellen, dass ein Staat pleitegeht, und sollte ein solches Unglück drohen, so würden die anderen Staaten zur Rettung eilen.

Unter dem Strich eine unerfreuliche Veranstaltung: Geht die Bank pleite, zahlt der Steuerzahler, geht der Staat pleite, zahlt der europäische Steuerzahler – warum soll sich also der normale Investor darüber Gedanken machen, wem er sein Geld leiht? Deswegen kamen Banken und Staaten so leicht an Geld – es war ein einseitiger Handel. Geht es gut, verdienst du an uns, geht es schief, kommt der Steuerzahler dafür auf. Gewinne privatisieren, Verluste sozialisieren.

Damit haben wir die wahre Ursache unseres gegenwärtigen Dilemmas gefunden: Es gab in den vergangenen Jahren zu wenig Pleiten. Das klingt zunächst einmal merkwürdig, wenn nicht sogar zynisch, schließlich haben wir jede Menge Abstürze gesehen – Griechenland, Island, Zypern, Lehman, Hypo Real Estate – und jetzt sollen wir noch mehr Pleiten brauchen?

Schaut man genauer hin, waren alle diese Pleiten in den vergangenen Jahren nicht so richtige Pleiten – immer hatte irgendwo irgendwer den Fuß dazwischen, um das Schlimmste zu verhindern, in der Regel der Staat. Wo immer Gelder im Feuer standen, griff der Staat ein und zahlte die von den Verlusten bedrohten Gläubiger oder Eigentümer (zumindest teilweise) aus, und verbreitete eine eindeutige Botschaft: Fürchtet euch nicht, der Steuerzahler ist mit euch. Oder die Europäische Union. Oder die Europäische Zentralbank. Oder alle zugleich.

Wann immer Verluste am Horizont heraufzogen, öffnete ein Finanzminister seine Brieftasche und blätterte sehr viele Scheine auf den Tisch, um Banken zu retten, Staaten zu retten, Wähler zu beruhigen und Krawalle aufgebrachter Investoren zu verhindern. Und der Steuerzahler lächelte säuerlich und zahlte. Kein Wunder, dass bei einer solchen Atmosphäre die Gelder immer weiter in alberne Verwendungsrichtungen fließen.

Nehmen wir einmal das Beispiel der Hypo Real Estate, eine Bank, die sich satt mit ihren Investments ruiniert hat – was tat die Regierung? Anstatt die Bank in einer gedanklich-juristischen Sekunde pleitegehen zu lassen und anschließend in aller Ruhe abzuwickeln, wurden die Eigentümer einer bankrotten Bank teilentschädigt. Womit sie das verdient hatten und warum man den Aktionären der ungezählten Internet-Buden, die pleitegegangen sind, nicht auch eine Entschädigung gezahlt hat, wissen nur die Götter.

Diese Überlegungen lassen nur einen Schluss zu: Risiko muss wieder einen Preis bekommen. Wer sich auf ein riskantes Investment einlässt – und jedes Investment ist mit Risiko behaftet –, muss dieses Risiko auch selbst tragen, schließlich streicht er ja auch die Gewinne ein, wenn es gut geht. Mit anderen Worten: Die Welt braucht den Mut zur Pleite, wenn nötig im ganz großen Stil. Wie so etwas geht? Fragen wir doch einmal ein paar Promis.

Pleite mit Glamour

Was haben Gunter Gabriel, Edward III. von Großbritannien, Peter Lustig, Philipp II. von Spanien und Schlagerprinzessin Michelle gemeinsam? Ganz einfach: Sie alle haben mindestens eine Pleite hingelegt. Der Superstar unter ihnen ist eindeutig Philipp II., der das spanische Reich gleich dreimal ruiniert hat. Zu allen Zeiten, mit allen Methoden und in allen Ländern gab und gibt es Pleiten, und wird es sie geben.

Dies schließt selbstverständlich Staaten mit ein – durch die Jahrhunderte existiert kaum ein Staatengebilde, das nicht mindestens einmal seine Gläubiger geprellt und seine Schulden nicht zurückgezahlt hätte. Doch seit Beginn der Euro-Krise scheut die Politik davor zurück, das hässliche P-Wort in den Mund zu nehmen; stattdessen werden Teilpleiten wie im Fall Griechenlands mehr oder weniger schlecht getarnt und andere Pleiten mit viel Steuerzahlergeld aufgeschoben. Staaten, so scheint die neue politische Doktrin, dürfen nicht pleitegehen, ebenso wenig wie Banken.

Der Grund für diese Aversion gegen Banken- oder Staatspleiten ist nicht etwa ein plötzlich entdecktes Verantwortungsgefühl gegenüber den Gläubigern, sondern die Angst vor den Folgen einer solchen Veranstaltung, die wir schon im Kapitel 9 als europäisches Krisentrio kennengelernt haben: Da die größten Gläubiger der Staaten die Banken sind, würde eine Staatspleite unweigerlich Bankenpleiten nach sich ziehen, die sich rasch international ausbreiten könnten. Also rettet man Staaten, um einen Kollaps des Finanzsystems zu verhindern, der auch zu einem Kollaps des Euro führen würde.

Da ist sie wieder, die unheilige Allianz zwischen Staaten und Banken: Solange Banken mit geringer Kapitalausstattung und der Lizenz, Staaten unbegrenzt Geld zu leihen, dieses auch tun, sind die Banken quasi Geiseln der Staaten – oder anders herum, je nach Perspektive. Staatspleiten werden erst dann möglich, wenn wir ein sicheres Finanzsystem haben. Wie man das sicher macht – siehe obige Ausführungen.

Wenn wir also ein Bankensystem haben, das wieder wetterfest ist, können, nein, müssen wir das Undenkbare wagen: Wir müssen geordnete Staatspleiten zulassen. Die Vorteile dieser Idee liegen auf der Hand: Erstens gibt es keine teuren, langwierigen Rettungsaktionen mehr auf Kosten der Steuerzahler, und zweitens werden diejenigen, die überlegen, Staaten Geld zu leihen, scharf kalkulieren und nicht mehr leichtfertig ihr Geld Staaten hinterherwerfen in der Hoffnung, dass im Zweifelsfall der Steuerzahler für einen Verlust aufkommt. In der Privatwirtschaft ist das eine eiserne Regel – wer sich übernimmt, meldet Insolvenz an, und die Eigentümer und Gläubiger haften –, warum soll das nicht auch für Staaten gelten?

Was für Staaten gilt, muss auch für Banken gelten – natürlich müssen wir auch Banken erlauben, sich aus dem Kreis der unternehmerisch Tätigen zu verabschieden, und den Eigentümern und Gläubigern der Banken muss auch klar sein, dass sie für diese Pleite geradestehen müssen – wie bei jedem anderen Unternehmen auch.

Bleibt noch eine Frage: Was ist mit den gewöhnlichen Kunden der Bank? Darf man denen zumuten, dass sie mit der Bank untergehen, auch wenn sie nur ihr Sparbuch dort deponiert haben? Eine kritische Frage, sie bringt uns zum letzten Baustein einer Sanierungsstrategie des Finanzsektors: der berühmt-berüchtigten Bankenunion. Ein genuin europäisches Thema.

Ein einig Volk von Europäern

Das mit Europa ist so eine Sache: Im Prinzip sind wir alle gute Europäer, wollen einen geeinten, befriedeten Kontinent, sind gegen nationale Egoismen und für die Solidarität der Nationen. In der Praxis allerdings ist damit oft rasch Schluss – nicht einmal für ein einheitliches Tempolimit reicht die Einigkeit, und wenn es darangeht, die Solidarität in klingende Münze umzuwandeln, wird die europäische Luft rasch dünn.

Kein Wunder, dass die Luft noch dünner wird, wenn es darum geht, zukünftige Münzen in europäische Solidarität zu gießen, beispielsweise bei der Frage nach der Einlagensicherung für Banken. Um was geht es hier? Im Kern um Folgendes: Wenn eine Bank zusammenklappt, dann sind – wie wir bereits mehrfach gesehen haben – rasch die Gelder der Eigentümer und Gläubiger weg, auch die Gelder derjenigen Kunden, die nur das Sparbuch deponieren wollten. Nun kann man sich natürlich auf den Standpunkt stellen, dass sich der Kunde vorher darüber informieren muss, wie sicher die Bank ist, der er sein Geld anvertraut – das Argument hat durchaus etwas für sich. Aber machen wir uns nichts vor: Aus politischer Perspektive ist die Idee, den Bankkunden selbst verantwortlich für die Auswahl der Bank zu machen, selbstzerstörerisch. Was also tun?

Einlagensicherung heißt die Lösung: Banken schließen sich zu einer Art Versicherung zusammen, die im Falle des Zusammenbruchs einer Bank den Bankkunden einen Teil ihrer Einlagen ersetzt. Jede Bank zahlt eine Versicherungsprämie, und sollte sie insolvent werden, können ihre Kunden mithilfe der Einlagensicherung entschädigt werden. Eine feine Idee, die allerdings an einem Problem leidet, das jede Versicherung hat: Die Existenz einer Versicherung führt dazu, dass die Versicherten ihr Verhalten ändern; Ökonomen nennen das ein moralisches Risiko oder im Fachjargon »Moral Hazard«.

Konkret bedeutet das, dass jeder Bankkunde sich diejenige Bank suchen wird, die ihm die höchsten Zinsen zahlt, egal, wie riskant die Bank ist – schließlich bekommt man ja sein Geld von der Einlagensicherung wieder, sollte etwas schiefgehen. Will also eine Bank mehr Kunden anlocken, so bietet sie höhere Zinsen (die sie nur mit riskanteren Geschäften erwirtschaften kann); die Kunden kommen, die Geschäfte der Bank werden riskanter – und am Schluss zahlt dann der Einlagensicherungsfonds die Zeche. Unschön.

Nun mag man diesen Effekt noch auf nationaler Ebene tolerieren, doch was, wenn die Einlagensicherung europaweit erfolgen soll? Dann zahlt im schlimmsten Fall der deutsche Sparer die Zeche für eine griechische Bank, die sich verspekuliert hat. Man muss schon ein begeisterter Europäer sein, um bei diesem Gedanken nicht nervös auf dem Stuhl hin und her zu rutschen.

Noch nervöser wird das Hin-und-her-Rutschen, wenn es um die Frage geht, wer welche Banken durch die Zufuhr von neuem Kapital wiederbeleben oder aber schließen und wer europäische Banken beaufsichtigen soll. Genau das ist Gegenstand der Debatte um die europäische Bankenunion. Unter dem Dach dieser Bankenunion sollen drei Dinge vereint werden: eine gemeinsame Bankenaufsicht, ein Mechanismus zur Abwicklung maroder Banken und eine gemeinsame europäische Einlagensicherung. Hier lauert eine Menge politischer Sprengstoff. Das mit der Einlagensicherung und der Bankenabwicklung haben wir bereits geklärt: Zum einen geht es um die Frage, wer dafür aufkommen wird, wenn eine Bank schließen muss – die Eigentümer, die Gläubiger, die Kunden? National? Europaweit? Grundsätzlich gilt dabei: Wer bestellt, sollte bezahlen. Je enger der Zusammenhang zwischen der Verantwortung für das Geld und dem Schmerz der Verluste ist, umso stabiler wird die europäische Finanzarchitektur sein. Darüber hinaus aber geht es bei der Bankenunion auch darum, wer entscheidet, wann eine Bank geschlossen wird – nationale Instanzen oder eine EU-Institution? Auch hier lauert der europäische Spaltpilz: Will man sich als stolzer Franzose, Italiener oder Deutscher von Brüssel vorschreiben lassen, wann man eine Bank zu schließen hat? Das riecht nach Verhandlungsbedarf.

Eng mit dieser Frage verknüpft ist auch die nächste Frage zur Bankenunion: Wer soll die Banken beaufsichtigen, ihnen im Zweifelsfall auf die Finger klopfen, wenn die Kapitaldecke zu dünn wird, oder ihnen Geschäfte untersagen? Will man sich als stolzer Franzose, Italiener oder Deutscher von Brüssel – aber das hatten wir ja schon. Und im Zweifelsfall muss man dann noch darüber diskutieren, ob Nationalstaaten im Alleingang ihre eigenen Banken retten dürfen – auch da sehen wir Diskussionsbedarf an den Verhandlungstischen der europäischen Freunde. Mittlerweile wird hier einiges an Vorschlägen diskutiert, erste Entwürfe wurden gemacht, erste – zaghafte – Schritte unternommen, erste Debatten geführt. Doch anstatt Sie mit technischen Details zu belästigen, die schlimmstenfalls nach einem Jahr wieder überholt sind, wollen wir einmal überlegen, was zu tun ist, damit die Europäische Union *nicht* vom Bankenspaltpilz befallen wird.

Für wetterfeste europäische Finanzmärkte

Grundsätzlich ist die Idee der Banken- und Staatspleiten richtig: Wenn jeder Eigentümer oder Gläubiger einer Institution sich bewusst ist, dass er im Zweifelsfall sein eingesetztes Geld verlieren kann, wird er sich entsprechend vorsichtig verhalten und sich gründlicher überlegen, wem er wie viel Geld zur Verfügung stellt. Und er kann sich dann auch nicht beklagen, wenn er sein Geld infolge einer Insolvenz verliert. Zugleich werden windige Banken und zu ausgabefreudige Staaten auf diesem Weg diszipliniert – wer darauf achtet, wem er sein Geld zur Verfügung stellt, wird nicht jeden finanziellen oder europäischen Wahnsinn finanzieren.

Allerdings haben wir gesehen, dass diese Idee in einigen Fällen anecken kann: Will eine Regierung ihre Banken pleitegehen lassen? Die Strategie, den Rest der Union mit der eigenen Bankenpleite zu erpressen, immer mit Verweis darauf, dass dies auch die Banken in anderen Mitgliedsstaaten der EU zu Fall bringen könnte, scheint da vielversprechender. Genau diese Strategie gilt es zu verhindern: Solange Nationalstaaten ihr eigenes Bankenaufsichtssüppchen kochen, muss man damit rechnen, dass sie ihre Banken eher lax beaufsichtigen, was ihnen finanzielle Luft und somit Wettbewerbsvorteile verschafft und zugleich die Staatsfinanzierung über diese Banken erleichtert. Geht das schief, dann ruft man nach der europäischen Bankenrettungssolidarität, mit dem dezenten Hinweis, dass eine Pleite im eigenen Land ja auch andere Banken gefährden würde.

Genau dies soll die europäische Bankenunion verhindern: Wenn die europäischen Volkswirtschaften durch eine gemeinsame Währung und einen gemeinsamen Binnenmarkt aneinandergekettet sind, braucht man für die Banken, die den innergemeinschaftlichen Waren- und Kapitalverkehr finanzieren, ein einheitliches Regelwerk, das dafür sorgt, dass alle Banken nach den gleichen Regeln spielen, und das auch klärt, wann und wie eine Bank abgewickelt wird. Ein wichtiger Bestandteil dieser Regeln muss sein, die Finanzierung der europäischen Staaten durch ihre Heimatbanken zu regulieren und die unheilvolle Koalition von Banken und Staatshaushalten zu beenden.

Sie sehen: Richtig angewendet kann eine Bankenunion Bankenpleiten und ihre europaweiten Ansteckungseffekte weitgehend verhindern, ein einheitliches Spielfeld für alle europäischen Banken schaffen; sie kann verhindern, dass nationale Banken ins Schleudern geraten, weil sie ihrer Regierung zu viel Geld geliehen haben – was dann wieder die Regierung selbst ins Schleudern bringen kann. Diese Union muss einheitliche Regeln festlegen, die klären, wie viel Eigenkapital eine Bank vorhalten muss, wann sie als insolvent gilt, wie man sie abwickelt und wer dafür aufkommt. Kann man das europaweit einheitlich regeln und durchsetzen, wäre die europäische Finanzarchitektur um einiges stabiler – und mit ihr auch der Euro und die Europäische Union.

Das klingt alles so einfach – oder? Natürlich nicht. Es wäre auch zu schön, um wahr zu sein. Problem Nummer eins der Bankenunion sind wieder einmal der Nationalstolz und die Eigeninteressen: Will man sich als Franzose, Italiener oder Deutscher von einer übergeordneten Instanz vorschreiben lassen, wann man eine Bank zumachen soll – eine Maßnahme, die viele Bürger ihr Geld und einige Bürger ihren Arbeitsplatz kosten würde? Eben.

Allerdings hätte die europäische Bankenunion eine attraktive Seite für die notleidenden Südstaaten der Union, jedenfalls dann, wenn man sie entsprechend gestaltet. Was, wenn die Bankenunion sich nicht nur auf die Regulierung der Banken, sondern auch auf ihre Rettung erstreckt? Genau dieses Spiel fand im Jahr 2013 statt: Verborgen hinter vielen technischen Details und umständlichen Regulierungsfragen versuchten die Südstaaten, ihre maroden Banken von der EU retten zu lassen.

Der Trick funktionierte wie folgt: Noch gegen Ende des Jahres 2013 mussten die Nationalstaaten ihre Banken selbst retten – ein teures und wenig amüsantes Unterfangen. Ein Beschluss der europäischen Staats- und Regierungschefs vom Juni 2012 sieht allerdings vor, dass kriselnde Banken direkt aus dem europäischen Rettungsfonds ESM – der von allen Mitgliedsstaaten der Union getragen wird – finanziert werden können, sobald eine funktionierende Bankenunion besteht. Mit anderen Worten: Sobald die Bankenunion steht, zahlt die Gemeinschaft der Europäer letztlich die Zeche für Bankenmissmanagement in einzelnen Staaten. Ökonomisch gesehen eine Katastrophe, politisch wohl auch keine Werbeaktion für die EU.

Um es auf den Punkt zu bringen: Eine Bankenunion ist notwendig, aber nur, wenn sie clever ins Bild gesetzt wird – begeht die Politik hier noch mehr Fehler, steigen die Chancen, dass wir in naher Zukunft wieder mit D-Mark bezahlen. Was soll, was darf eine Bankenunion, was darf sie nicht?

Wenn Sie noch einmal an unsere Frankfurter Luxusrestaurants denken, dann ist die Antwort klar: Die Bankenunion darf nicht dazu führen, dass irgendwer bestellt und nicht bezahlt. Konkret bedeutet das: Zum einen sollten nach wie vor die Nationalstaaten für die Pleiten ihrer eigenen Banken selbst bezahlen – andernfalls müssen wir damit rechnen, dass einige Staaten weiterhin mit ihren Banken nicht sonderlich verantwortungsbewusst umgehen, warum sollten sie auch? Aus diesem Grund sollte auch das System der Einlagensicherung eine nationale Veranstaltung bleiben: Wenn die Verluste der Bankkunden von der Gemeinschaft getragen werden, gibt es für die einzelnen Nationalstaaten wenig Anreize, sich um ihre Banken zu kümmern – im Zweifelsfall zahlt ja die EU.

Und damit dieses ganze Paket funktioniert, muss es durch eine einheitliche Instanz reguliert und beaufsichtigt werden, die dafür sorgt, dass europaweit die gleichen Spielregeln gelten – das sorgt für einen fairen Wettbewerb in Europas Bankenlandschaft und beugt möglichen weiteren Bankenkrisen vor.

Doch dieses gesamte Paket wird versagen, wenn wir nicht zugleich auch unser europäisches Haus wieder in Ordnung bringen, das schwere Konstruktionsmängel aufweist. Welche das sind, lässt sich recht gut anhand einer einfachen Frage illustrieren: Was ist das Gegenteil von Majorität?

13 Solidarität gegen Solidität

»Entenhausen« oder: jeder gegen jeden

Also, wie lautet das Gegenteil von Majorität? Wissen Sie es? Eines sicherlich nicht: Entenhausen. Genau das war aber die Antwort eines Kandidaten in der Quizshow »Einer gegen alle«, der auch ansonsten eher ein Donaldianer war. Die Antwort auf die Frage, wie der Lyriker und Essayist hieß, der im Dezember 1998 den Heinrich-Heine-Preis erhalten hat, war für ihn ganz klar »Dorette Duck«. Wer sonst?

Die Kernthesen dieses Kapitels

1. Die Europäische Währungsunion leidet unter einge-
   bauten Konflikten, in deren Zentrum die Notenbank
   steht: Sie soll die Stabilität der Währung garantieren,
   aber auch die Stabilität des Finanzsektors, zudem soll
   sie es den Staaten ermöglichen, sich billig zu entschulden. Werden diese Konflikte nicht entschärft, wird
   die Währungsunion scheitern.

2. Grundsätzlich gibt es nur zwei Modelle für die Reform der Währungsunion: Solidarität oder Solidität.

3. Das Modell der Solidarität beruht maßgeblich auf
   einer Transferunion: Starke Staaten greifen ärmeren
   Staaten finanziell unter die Arme. Dies kann über viele
   Wege wie einen Finanzausgleich, einen europäischen
   Haushalt, Rettungs- und Stabilisierungsfonds oder
   Euro-Bonds erfolgen. Das Risiko einer Transferunion
   besteht darin, dass einzelne Staaten ihre Ausgabendis-
   ziplin vernachlässigen, weil sie wissen, dass der Rest
   der Gemeinschaft dafür geradestehen wird. Aus diesem
   Grund funktioniert eine Transferunion nur zusammen mit einer Vergemeinschaftung der Finanzpolitik
   der einzelnen Staaten. Eine Transferunion erfordert
   eine Fiskalunion. Eine funktionierende Fiskalunion
   innerhalb Europas aber dürfte kaum Chancen auf
   Verwirklichung haben.

4. Das Gegenmodell Solidität setzt auf die Eigenverantwortung der einzelnen Staaten. Wenn Staaten oder
   Banken überschuldet sind, soll eine Insolvenzord-
   nung eine geordnete Abwicklung garantieren – zulasten der Eigentümer und Gläubiger statt zulasten der

> Steuerzahler. Der Nachteil dieses Modells ist die Tatsache, dass wir finanzielle und ökonomische Unterschiede im Euro-Raum akzeptieren müssen, ebenso wie die Tatsache, dass die einzelnen Staaten ihre Zuständigkeit und Verantwortung für die Fiskalpolitik übernehmen und behalten müssen. Die Geldpolitik wäre dann von der Last befreit, weiterhin Staaten zu retten.

Das Prinzip von »jeder gegen jeden« ist einfach: Zwölf Kandidaten treten gegeneinander an und versuchen, sich gegenseitig aus dem Rennen zu schießen, indem sie eine Frage des Quizmasters richtig beantworten und dann den Kandidaten aussuchen, der die nächste Frage beantworten soll. Wer dreimal falsch antwortet – indem er beispielsweise Dorette Duck zur Literaturpreisträgerin macht – ist raus. Gnade gibt es keine, hier spielt jeder gegen jeden.

Nun ist eine Währungsunion nicht gerade eine Quizshow, aber zumindest eines hat sie mit unserer Quizshow gemeinsam: Hier spielt jeder gegen jeden. Wenn wir uns die zentralen Akteure des Euro-Dramas einmal vergegenwärtigen – denken Sie an unser Krisentrio aus Kapitel neun –, dann entsteht das, was wir einmal die Jeder-gegen-jeden-Triade nennen wollen.

Schauen wir uns einmal diese Ärger-Pyramide näher an. Der erste Konfliktherd besteht zwischen der Europäischen Zentralbank, deren Aufgabe es ist, die Inflation unter Kontrolle zu halten (das ist der linke, untere Teil der Pyramide), und den europäischen Staaten, die mit ihren Schuldenbergen kämpfen (das ist die Spitze der Pyramide). Der Konflikt liegt auf der Hand: Die Notenbank möchte mittels disziplinierter Geldpolitik die Inflation im Zaum halten – was zum einen dazu führen kann, dass die Konjunktur nicht ganz so prächtig brummt und die Steuereinnahmen der Staaten nicht so üppig fließen; zum anderen bedeutet weniger Inflation auch weniger Möglichkeiten für die Staaten, sich auf diesem Weg lautlos eines Teils ihrer Schulden zu entledigen. Jeder gegen jeden.

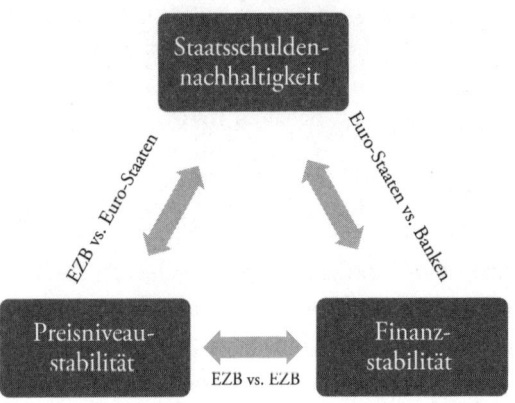

Ärger im europäischen Haus: die Jeder-gegen-jeden-Triade

Nun sieht es derzeit so aus, als wäre dieser Konflikt kein Problem mehr, da derzeit keine Anzeichen von Inflation zu sehen sind. Doch so ganz stimmt das nicht, wie wir bereits hinlänglich erörtert haben: Nicht die Konsumgüterpreise steigen, sondern die Preise der Vermögensgüter – auch das ist Inflation, und die Folgen dieser Politik haben wir im zweiten Abschnitt dieses Buches ausführlich beschrieben. Bedenkt man, dass Vermögenspreisblasen mindestens genauso gefährlich sind wie die übliche Inflation, so ist klar, dass sich die Notenbank dieser Herausforderung nicht dauerhaft entziehen kann – sie wird früher oder später den Exzessen auf den Vermögensmärkten die finanzielle Grundlage entziehen müssen.

Die Konsequenz wird sein, dass die Notenbank die Zinsen erhöhen und die finanzielle Repression beenden muss – diese Politikänderung wird es den Staaten erschweren, ihre Schulden in den Griff zu bekommen. Hier lauert ein veritabler Konflikt für die Euro-Zone.

Und da ist noch Konfliktherd Nummer zwei, der Konflikt zwischen den Staaten, die ihre Finanzen im Griff haben wollen (die Spitze der Pyramide), und den Banken, die mit der Stabilität des Finanzsystems spielen. Diese Konfliktlinie kennen wir bereits ebenfalls: Die Banken sehnen sich nach billigem Geld, nach einer Regulierung, die ihnen kaum Kosten auferlegt, und nach einer Instanz, die im Zweifelsfall die Scherben zusammenkehrt, wenn eine oder mehrere Banken an die Wand gefahren werden. Da sie den schuldengeplagten Staaten Kredite geben, kann die Politik auch nicht nach Belieben Banken gegen die Wand fahren lassen und ihnen hohe Kosten auferlegen, welche die Kredite an die Staaten verteuern würden. Und so stecken die Staaten im Dilemma: Jede Bewegung, die das Finanzsystem sicherer macht, führt zu einer Verteuerung der Staatsverschuldung; aber jede Maßnahme, die man unterlässt, um das Finanzsystem sicherer zu machen, vergrößert die Gefahr einer neuen Krise, die dann die Staatsfinanzen noch mehr belastet. Wie unschön.

Konfliktherd Nummer drei ist der interessanteste, denn hier spielt ein Kandidat gegen sich selbst – es ist die Europäische Zentralbank: Auf der einen (linken) Seite soll sie die Inflation bekämpfen; dies erfordert eine restriktivere Geldpolitik. Auf der anderen Seite aber soll sie für stabile Finanzmärkte sorgen, da die Aufgabe, die Finanzmärkte und die Banken zu beaufsichtigen, im Zuge des europäischen Kompetenzgerangels bei ihr gelandet ist. Und wie stabilisiert man Finanzmärkte? Langfristig, indem man die Rezepte befolgt, die wir im vorherigen Kapitel erörtert haben – vor allem mehr Eigenkapital und mehr Eigenverantwortung.

Kurzfristig aber hat die Europäische Zentralbank beschlossen, die Finanzmärkte vor allem über billiges Geld zu stabilisieren, mit dessen Hilfe sich die Banken für eine bestimmte Zeit sanieren können. Gut für die kurzfristige Finanzmarktstabilität, schlecht für die Inflationsbekämpfung. Die Notenbank leidet sozusagen an institutionalisierter Schizophrenie: Mit der linken Hand bekämpft sie die Inflation, mit der rechten reicht sie Geld

aus, um die Finanzmärkte zu stabilisieren – da braucht man
schon schwere Medikamente, um im Sattel zu bleiben.

Diese drei Konflikte sind sozusagen im Gerüst der Europäischen Währungsunion der alten Ordnung verankert – entschärft man sie nicht, so wird der Euro auf lange Frist wohl daran zerbrechen. Womit wir bei der Frage wären, wie sie denn
aussehen muss, die schöne neue Euro-Welt. Wie könnte sie aussehen? So wie das Jahr 1985?

Maastricht 2.0: Solidarität

Was wissen Sie noch über das Jahr 1985? Vielleicht, dass das
Kreuzfahrtschiff Achille Lauro von palästinensischen Terroristen entführt wurde, oder dass in London und Philadelphia das
Benefizkonzert Live Aid stattfand? Dass die Forscher Jean-Louis
Michel und Robert Ballard das Wrack der Titanic entdeckten,
oder dass Johannes Rau zum Kanzlerkandidaten für die Bun-
destagswahl 1987 gekürt wurde? Vielleicht erinnern Sie sich ja
auch noch daran: 1985 kam Windows 1.0 auf den Markt, der
Urgroßvater der Software, mit der heute wohl weltweit die
meisten Rechner betrieben werden. Doch so ganz ausgereift war
diese Version noch nicht, denn es folgten viele weitere Versionen, in denen das Programm verbessert wurde oder neue Funk-
tionen hinzukamen. In der Computerbranche versieht man die
neuen Versionen mit einer Ziffer, sodass auf Windows 1.0 dann
Windows 2.0, 3.1 und so weiter und so weiter folgten – dieses
Manuskript wurde auf der Version Nummer acht getippt, was
zeigt, dass es immer Verbesserungsmöglichkeiten gibt.

Die Idee, neue verbesserte Versionen mit höheren Ziffern zu bezeichnen, aber den Namen des Produkts selbst beizubehalten,
hat sich längst von der Softwareindustrie ausgehend im Alltags-
gebrauch eingebürgert, auch in der Politik. Und so lautet der
Plan, die Europäische Währungsunion zu reparieren, auch nicht
»Reform der Währungsunion«, sondern verniedlichend »Maast-

richt 2.0«. Vermutlich soll diese Bezeichnung darüber hinwegtäuschen, dass die ursprüngliche Konstruktion der Währungsunion wenig wetterfest war – also her mit der neuen Version. Verkürzt man die verwirrende Debatte um die vielen, vielen Gestaltungsoptionen, so bleiben zwei Varianten für eine neue Währungsunion übrig: Während Modell eins auf Solidarität setzt, verspricht Modell zwei weniger Solidarität, dafür aber mehr Solidität. Lassen Sie uns die beiden Modelle einander gegenüberstellen – beginnen wir mit dem Modell Solidarität.

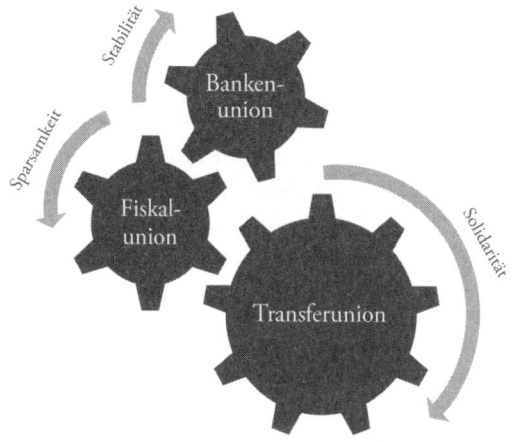

Maastricht 2.0: das Modell Solidarität

Das Modell Solidarität beruht auf drei Rädern, die jeweils eine unterschiedliche Funktion erfüllen sollen, aber erst zusammen ein funktionierendes Konzept ergeben; fällt eines der drei Elemente aus, so fällt auch das Konzept in sich zusammen.

Das erste Element ist eine funktionierende Bankenunion, um all diejenigen Dinge zu verhindern, über die wir im vorherigen Kapitel gesprochen haben – Stabilität ist das Ziel dieses Elements, genauer gesagt, Finanzmarktstabilität. Gemeinsame Aufsicht über die europäischen Banken und gemeinsame Regeln zur Abwicklung insolventer Institute können in der Tat vor

Bankenzusammenbrüchen und kollabierenden Finanzsystemen schützen.

Der zweite Baustein dieses Modells enthält maßgeblich die Idee der Solidarität: Die Staaten Europas sollen miteinander und füreinander einstehen, um zu verhindern, dass ein Staat in die finanzielle Klemme gerät. Die weniger blumige Bezeichnung dieser Idee: Transferunion. Die Wege, auf denen der innereuropäische Finanzausgleich bewerkstelligt werden kann, sind recht unterschiedlich und mehr oder weniger versteckt.

Möglichkeit Nummer eins, die innereuropäische Solidarität herzustellen, wäre das, was man Finanzausgleich nennt: Die stärkeren Länder greifen im Rahmen eines institutionalisierten Prozesses den schwächeren Mitgliedern der Union unter die Arme. Die Deutschen kennen dieses Konzept bereits, in Deutschland gibt es einen Finanzausgleich zwischen den finanzstarken und den finanzschwachen Bundesländern. Und? Wie funktioniert der so?

Die Antwort darauf hängt davon ab, in welchem Bundesland Sie leben: Die Bayern, Hessen und Baden-Württemberger sehen den deutschen Finanzausgleich mit eher gemischten Gefühlen; diese drei Länder sind die einzigen, die im Rahmen des Länderfinanzausgleichs finanziell Federn lassen müssen und 2012 knapp acht Milliarden Euro an die ärmeren Verwandten, also die übrigen Bundesländer, gezahlt haben. Allein die Bayern zahlten vier Milliarden Euro, und mehr als drei Milliarden davon gingen nach Berlin – arm, aber nicht pleite, dank der bayerischen Gelder.

»Bei aller Solidarität … Ein Transfersystem, bei dem Bayern allein die Hälfte der gesamten Ausgleichssumme in ganz Deutschland zahlt, ist aus dem Ruder gelaufen und muss korrigiert werden«, poltert Bayerns Ministerpräsident Horst Seehofer, der zusammen mit Hessen Klage beim Verfassungsgericht eingereicht hat – das sei »ein Akt von Notwehr«, es wäre fast Untreue gegenüber den bayerischen Steuerzahlern, wenn die Staatsregierung das geltende System weiter untätig hinnehmen würde. Mecklenburg-Vorpommerns Ministerpräsident Erwin Sellering giftete prompt zurück, dass Bayern »wieder einmal auf Spaltung statt auf Gemeinsamkeit in Deutschland« setze. Die Geberländer im Finanzausgleich hingegen mosern, dass finanzschwache Nehmerländer mit dem Geld üppige Abgeordnetengehälter, beitragsfreie Kindergartenplätze oder ein gebührenfreies Studium finanzieren. Im schlimmsten Fall saniert ein Land seinen Haushalt, indem es seinen Bürgern solche Dinge wie Kita- oder Studiengebühren zumutet, während die Nehmerländer mithilfe der Zahlungen aus dem Finanzausgleich ihren Bürgern kostenlose Kindergärten und Studienplätze spendieren.

Diese kurzen Zitate illustrieren bereits das Problem des Finanzausgleichs: Solidarität ist erstens stets eine Frage der Perspektive und zweitens der Beträge, um die es geht. Wer auf der Zahlerseite steht, hat naturgemäß mehr Interesse an der Eigenverantwortung aller Beteiligten, wer auf der Nehmerseite unterwegs ist, neigt eher der Ansicht zu, dass ein wenig mehr Solidarität doch gut für alle sei. Und überhaupt, man solle sich doch nicht so anstellen.

In Deutschland jedenfalls hat dieses System des Finanzausgleichs zu einer politischen Spaltung in Nehmer- und Geberländer geführt, zu einer Spaltung zwischen den drei reichen Südländern und dem Rest der Republik. Eine Spaltung entlang der Himmelsrichtungen – wenn Ihnen das jetzt bekannt vorkommt, wissen Sie, warum ein solcher Finanzausgleich vermutlich wenig geeignet ist, das politische Fundament des Solidaritätsmodells zu bilden.

In Deutschland ist die Empörung über den Finanzausgleich bei den Bürgern recht gering, aus zwei einfachen Gründen: Erstens geht es letztlich doch um überschaubare Beträge, und zweitens ist das System des Länderfinanzausgleichs derart kompliziert und undurchschaubar, dass man niemandem, der nicht eine gesunde Konstitution hat, empfehlen kann, sich näher damit zu beschäftigen. Und was komplex und unübersichtlich ist, lässt sich weder in Wahlkämpfen noch in Zeitungsartikeln einfach vermitteln; wenn die Summen dann noch überschaubar sind und zudem die Zahlungen letztlich ja doch innerhalb der nationalen Grenzen bleiben, will man als Bürger, Demokrat und Wähler nicht so kleinlich sein. Oder?

Anders ist das vermutlich, wenn dieser Finanzausgleich erstens über die nationalen Grenzen hinausgeht und zweitens an finanziellem Umfang zunimmt – womit wir beim innereuropäischen Finanzausgleich wären. Wollte man diesen europäischen Finanzausgleich – sozusagen das Leuchtfeuer der europäischen Solidarität – nach deutschem Muster einführen, so würde man auf hohe Beträge kommen, die im Namen der europäischen Solidarität zwischen Europas Staaten verschoben würden. Je nach Gemüts-, Finanz- und Datenlage kommen da recht unterschiedliche Berechnungen zustande, wie viel das kosten könnte. Die Deutsche Bank schätzt, dass die Deutschen rund zwölf Milliarden Euro pro Jahr springen lassen müssten, der Wirtschaftswissenschaftler Kai Konrad rechnet mit bis zu 74 Milliarden Euro pro Jahr, die der deutsche Steuerzahler auf den Tisch des europäischen Hauses legen müsste – in früheren Schätzungen kam er sogar im Extremfall auf bis zu 260 Milliarden Euro pro Jahr. Vereinfacht gesagt kann man nur Folgendes feststellen: Je kleiner die Summen sind, die umverteilt werden, umso geringer der politische Widerstand, aber auch die Wirkung dieses Finanzausgleichs – und umgekehrt.

Nun können Sie je nach Gemütslage und Meinung hoffen oder befürchten, dass ein solcher innereuropäischer Finanzausgleich (nicht) zustande kommt; Fakt ist aber, dass eine europäische Transferunion längst existiert.

Bisher haben wir von einem direkten, regelmäßigen und institutionalisierten Prozess gesprochen, in dessen Rahmen Geld von den reicheren zu den ärmeren Staaten Europas fließt. Wie es sich für Demokraten gehört, sollte dieser Prozess offen und transparent sein, damit sich der Wähler und Steuerzahler eine Meinung bilden kann. Lassen wir diese Nebenbedingungen einmal beiseite und beschränken uns auf den ökonomischen Kern, den Transfer von Wohlstand von Reich zu Arm, so ist der innereuropäische Finanzausgleich bereits in vollem Gang: Maßnahmen, die Gelder innerhalb Europas umverteilen, gibt es zuhauf. Als eine Form der Umverteilung wird in der Politik der Haushalt der Europäischen Union genannt – auf ihm basiert die berüchtigte Nettozahlerdebatte: Man berechnet, was ein Land an die Europäische Union an Beiträgen und weiteren Abgaben abführt, und zieht davon das ab, was man aus dem Gemeinschaftshaushalt erhält – das Ergebnis bezeichnet man dann als Nettoposition. Sie soll Auskunft darüber geben, in welchem Umfang man finanziell von der Europäischen Union profitiert. Die britische Premierministerin Margaret Thatcher hat diese Debatte mit ihrer legendären »I want my money back«-Politik zur Kunstform aufgewertet. Unabhängig davon, was von dieser Debatte zu halten ist, muss man konstatieren, dass hier in der Tat eine Umverteilung von Mitteln stattfindet, wenngleich in eher bescheidenem Rahmen; sie erfolgt allerdings weniger nach der Maßgabe, dass Reich an Arm zahlen soll.

Wenngleich die Nettozahlerdebatte in normalen Zeiten schon recht emotional und äußerst bandagengehärtet geführt wird, findet der lautlose europäische Finanzausgleich derzeit woanders statt, nämlich bei den Rettungsaktionen. Rettungsschirme, Finanzstabilisierungsmechanismen und -fazilitäten, verbilligte Kredite an Krisenstaaten, gemeinschaftliche Bankenrettung – all diese Aktionen sind letztlich nichts anderes als ein versteckter Ressourcentransfer von den reichen Staaten an die kriselnden Euro-Mitglieder. Der europäische Finanzausgleich ist damit längst Realität, nur dass er hier eher verdeckt stattfindet und eigentlich mit einem Verfallsdatum versehen ist – auch wenn ein Ende dieser Politik bisher nicht in Sicht ist. Schwer vorstellbar, dass die Verantwortlichen diese Form des Finanzausgleichs bis in alle Ewigkeit fortführen können – sollte diese Politik ihr Ende finden, dann müsste man über den offenen Finanzausgleich, den wir oben beschrieben haben, diskutieren.

Ein weiterer versteckter Finanzausgleich läuft derzeit über die Europäische Zentralbank, die, wie wir gesehen haben, Schrottpapiere der Banken in Zentralbankgeld umgetauscht hat. Fallen diese Papiere aus, so bleibt die Notenbank auf den Verlusten sitzen, und diese gehen zulasten der Mitgliedsstaaten. Schlimmstenfalls läuft das wie folgt: Ein Staat verschuldet sich mittels Staatsanleihen, die nationalen Banken kaufen diese Anleihen, reichen sie an die Notenbank weiter, von der sie dafür Zentralbankgeld bekommen – die Schulden des Staates liegen jetzt in der Bilanz der Notenbank. Zahlt der Staat seine Schulden nun nicht oder nur teilweise zurück, so muss die Notenbank diese Summen abschreiben, und dieser Verlust führt bestenfalls dazu, das der Notenbankgewinn, der an die Mitgliedsstaaten verteilt wird, sinkt, die nationalen Finanzminister also geringere Einnahmen haben. Wenn alles schiefgeht, ist der Verlust der Notenbank so groß, dass ihr das Eigenkapital ausgeht, dann müssten die Finanzminister – also die Steuerzahler – Geld nachschießen. Und schon sind ein paar Milliarden innerhalb Europas umverteilt.

Weder die Rettungsaktionen noch dieser geldpolitische Finanzausgleich sind »nachhaltig« – auf Dauer kann man das nicht machen. Wer also das europäische Modell »Solidarität« umsetzen will, kommt nicht umhin, früher oder später einen Finanzausgleich zu institutionalisieren, aus temporären und verzweifelten Ad-hoc-Rettungsaktionen eine regelmäßige Veranstaltung zu machen. Wer aber den oben beschriebenen offenen Finanzausgleich nach deutschem Vorbild vermeiden will – beispielsweise weil er befürchtet, dass der Wähler dem nicht zustimmen wird –, muss zu versteckteren Maßnahmen greifen. Das wäre der letzte Pfeil im Köcher der Umverteiler: die berühmt-berüchtigten Euro-Bonds.

Die Grundidee der Euro-Bonds ist einfach: Die Staaten Europas nehmen ihre Schulden gemeinsam auf und verteilen sie dann unter sich. Das muss man sich so vorstellen wie bei einer großen Familie: Der Sohn will sich Geld leihen für eine Play-

Station – die Bank will ihm das Geld nur gegen sehr hohe Zinsen leihen, weil sie fürchtet, dass der Sohn es nicht zurückzahlen kann, und dieses Risiko lässt sich die Bank bezahlen. Also beschließt die Familie, sich bei der Bank gemeinsam Geld zu leihen und das geliehene Geld untereinander aufzuteilen und später gemeinsam zurückzuzahlen. Für den Sohn ist das prima: Er bekommt jetzt das Geld für seine PlayStation, und als Zugabe ist der Kredit sogar günstiger geworden, weil die Bank ihn den Eltern für einen niedrigeren Zinssatz gibt, da sie diese für vertrauenswürdiger hält als einen teenagenden PlayStation-Fan.

Was die Rückzahlung des Kredits angeht, gibt es zwei Möglichkeiten: Entweder der Sohn zahlt seinen Anteil des Kredits zurück – dann ist die Welt wieder in Ordnung, fast nichts ist passiert. Kann der Filius aber den Kredit nicht zurückzahlen, muss der Vater für den Sohn aufkommen – die Bank interessiert es nicht, was mit dem geliehenen Geld gemacht wurde; derjenige, der unterschrieben hat, muss zahlen. Was dann im sogenannten Innenverhältnis geschieht, steht auf einem anderen, eher pädagogischen Blatt.

Für den Sohn ist das eine nette Veranstaltung: Er bekommt den Kredit der Bank billiger, weil die Bank bei der Zahlungsunfähigkeit des Sohnes auf die Solvenz der Eltern zählen kann. Für die Eltern kann das allerdings teurer werden, wenn die Bank doch noch fragen sollte, was mit dem Kredit gemacht werden soll. Wird der Kredit für Konsumzwecke (die PlayStation) verwendet, wird sie das Risiko, dass der Kredit vielleicht doch nicht zurückgezahlt wird, höher einschätzen und berücksichtigen. Warum sie das tut, ist rasch geklärt: Konsum schafft keine zusätzlichen Werte, aus denen die Rückzahlung erfolgen kann. Daher ist ein Konsumkredit unsicherer als ein Investitionskredit und somit teurer.

Ganz ähnlich funktionieren Euro-Bonds oder andere Maßnahmen zur gemeinsamen Schuldenaufnahme. Für die klammen Länder wird die Schuldenaufnahme billiger, weil sie – wie der

Sohn in unserem Beispiel – die gute Kreditwürdigkeit der reichen Länder nutzen; die reichen Länder müssen für ihre Schulden höhere Zinsen zahlen, weil die Gläubiger fürchten, dass die ärmeren Länder ihren Anteil nicht zurückzahlen und diese Belastung auch das Risiko eines Zahlungsausfalls bei den reicheren Ländern erhöht. Selbst wenn die armen Länder also ihre Schulden zurückzahlen, kostet diese Veranstaltung die reichen Länder etwas, weil sie höhere Zinsen für ihre eigene Verschuldung zahlen müssen – ein klassischer innereuropäischer Transfer.

Wie teuer kann das denn werden? Auch hier gehen die Meinungen weit auseinander: Bei der Bundesregierung kursierte eine Schätzung, dass Euro-Bonds den Bund mindestens 17 Milliarden Euro jährlich kosten könnten, andere Quellen sprechen von bis zu 2,5 Milliarden Euro im ersten Jahr, nach zehn Jahren werden dann 20 bis 25 Milliarden Euro daraus. Das Institut für Weltwirtschaft an der Universität Kiel kommt auf zehn Milliarden Euro jährlich, das ifo Institut errechnet sogar 47 Milliarden Euro pro Jahr.

Das Gemeine an diesen Kosten ist, dass sie unsichtbar sind – wir sprechen hier von Einsparungen, auf die man verzichtet; diese sind keine Auszahlungen, und daher werden sie in den nationalen Haushalten nicht als Mehrausgaben ausgewiesen. Die Tatsache, dass das betreffende Land ohne Euro-Bonds geringere Zinslasten hätte, ist im Haushalt nicht zu finden. Das erklärt, warum diese Variante bei Politikern so beliebt ist: Euro-Bonds verschleiern das wahre Ausmaß der Kosten der Umverteilung. Euro-Bonds sind letztlich ein verdeckter Weg in die Transferunion, aber politisch einfacher vermittelbar als ein direkter Finanzausgleich.

Wie auch immer man zu der Idee der europäischen Solidarität und dem damit verbundenen Herumschieben von Milliardenbeträgen steht – ein Problem hat die Idee der Solidarität immer, ein Problem, dessen Namen sich von einem englischen Würfelspiel ableitet: Hazard.

Euro-Rettung als Glücksspiel

Hazard ist ein Glücksspiel, das mit zwei Würfeln gespielt wird und trotz seiner komplizierten Regeln im 17. und 18. Jahrhundert sehr beliebt war. Offenbar waren die Spielregeln für viele Spieler schwer zu verstehen – heute steht das Wort »Hazard« für unkontrolliertes Risiko, für den Weg in den Ruin. Bei Ökonomen steht das Wort »Hazard« im Zusammenhang mit dem Wort »Moral« für das eigentliche Problem der Idee der europäischen Solidarität: Was passiert, wenn die Solidarität die Eigenverantwortung drastisch reduziert? Klarer Fall: Es finden sich sofort Trittbrettfahrer, die von der Solidarität der anderen profitieren.

Genau das, so muss man befürchten, passiert bei einer Transferunion – egal, wie sie ausgestaltet ist: Die Aussicht, dass ein Teil der eigenen Ausgaben von der Gemeinschaft getragen wird, wird dazu führen, dass Länder finanziell über die Stränge schlagen werden. Warum sich mit Sparbemühungen herumplagen, wenn am Ende dann die Zeche doch per Transferunion auf alle Beteiligten umgelegt wird?

Die Befürworter des Solidaritätsmodells wissen auch um diese Gefahr, deswegen enthält das Modell Solidarität neben der Bankenunion und der Transferunion noch ein drittes Element, nämlich die Fiskalunion. Deren Ziel besteht darin, genau diese Anreize zum Schlendrian, das moralische Risiko, den Moral Hazard, zu verhindern, indem sich die Mitglieder der Transferunion dazu verpflichten, ihre Haushalte in Ordnung zu bringen und zu halten.

Vereinfacht gesagt bedeutet die Fiskalunion nichts anderes als eine Vergemeinschaftung der nationalen Staatshaushalte: Die Europäische Union kontrolliert gemeinsam das Haushaltsgebaren ihrer Mitgliedsstaaten und sorgt so dafür, dass keiner der Mitgliedsstaaten sich auf Kosten der anderen Mitglieder finanzielle Extravaganzen gönnt. Die Vorstellungen darüber, wie genau dies geschehen soll, sind vielfältig; in der strengsten Form läuft das auf einen zentralen Haushalt der Union hinaus, auf direkte Durchgriffsrechte für einen europäischen Finanzminister, der fiskalische Verstöße von Mitgliedsländern ahndet und auch Gegenmaßnahmen erzwingen kann. Verkürzt gesagt, eine Transferunion erfordert eine Überwachung der nationalen Haushaltsdisziplin, damit Trittbrettfahrer draußen bleiben. In der am weitesten gehenden Version läuft das darauf hinaus, dass die Staaten der Euro-Zone die Höhe ihrer Gesamtausgaben nicht mehr selbst festlegen können, sondern dass sie von Brüssel bestimmt werden.

Grundsätzlich ist diese Idee im Rahmen des Solidaritätsmodells richtig: Gemeinsame Haftung ist nur bei gleichzeitiger direkter Kontrolle der nationalen Haushaltsdisziplin möglich, andernfalls wird die Solidaritätsgemeinschaft rasch auseinanderfallen. Wir stehen gegenseitig füreinander ein, aber – Vertrauen ist gut, Kontrolle ist besser – achten darauf, was der andere jeweils tut. Praktisch gesehen muss man allerdings Zweifel anmelden, ob das so funktionieren kann: Werden die Staaten Europas bereit sein, ihre nationalen Kompetenzen in so weitreichender Form an Brüssel abzugeben? Und wer kontrolliert dann die Bürokraten und Politiker in Brüssel? Mit der jetzigen demokratischen Grundverfassung der Europäischen Union ist dieses Modell kaum vereinbar; genauso wenig ist vorstellbar, dass Franzosen, Italiener oder Deutsche es akzeptieren würden, ihre Haushaltsrechte – das wichtigste und vornehmste Recht jedes Parlaments – an Brüssel abzutreten. Noch nicht einmal das Solidaritätsmodell des deutschen Bundesstaats geht so weit.

Die bisherigen Erfahrungen nähren diese Zweifel an der Machbarkeit dieses Modells. Der Maastrichter Vertrag – die Version 1.0 sozusagen – hatte genau solche Vorkehrungen vorgesehen: Das Haushaltsdefizit sollte nicht mehr als drei Prozent des Sozialprodukts betragen, der Schuldenstand unter 60 Prozent des Sozialprodukts bleiben. Doch selbst diese sehr allgemeinen und groben Vorgaben des Vertrags wurden ignoriert und auch nicht sanktioniert – diese Missachtung des Vertrags ist letztlich eine der maßgeblichen Ursachen der Euro-Krise.

Und jetzt die Preisfrage: Wenn schon in guten Zeiten solche eher laxen und allgemeinen Vorgaben nicht eingehalten wurden, wie soll dann jemals eine viel umfassendere und invasivere Fiskalunion funktionieren? Wenn aber diese Säule des Solidaritätskonzepts nicht funktioniert, bricht das ganze Konzept auseinander; dann wird es nicht gelingen, die Trittbrettfahrer im Zaum zu halten. Das moralische Risiko wird zur Ausnutzung und Aushöhlung der Transferunion führen – was unweigerlich deren Ende zur Folge haben wird. Zeit für eine Generalkritik.

Das Modell Maastricht 2.0 – Solidarität – funktioniert also wie folgt: Die Bankenunion stabilisiert die Finanzmärkte, die Transferunion vermindert die wirtschaftlichen Unterschiede zwischen den Euro-Staaten, stärkt den Zusammenhalt der Union und reduziert die wirtschaftlichen Ungleichgewichte zwischen den Unionsstaaten. Dies soll zugleich die Krisengefahr reduzieren, während die Fiskalunion quasi als Flankenschutz dafür sorgen soll, dass die Transferunion einzelne Staaten nicht dazu verleitet, über ihre Verhältnisse zu leben und auf die Solidarität der anderen Staaten zu bauen.

Das Risiko dieses Entwurfes ist und bleibt die Transferunion: Hier werden Haushaltsrisiken und Ressourcen sozialisiert; im schlimmsten Fall mutiert sie zu einer Vollkaskoversicherung für verschwenderische Staaten und wird zum Milliardengrab für alle Staaten, die auf solide Finanzen achten wollen. Und der schlimmste Fall tritt dann ein, wenn die Fiskalunion versagt – so, wie schon ähnliche Vorkehrungen versagt haben, die der Maastrichter Vertrag 1.0 vorgesehen hatte.

Lassen sich nationale Verschuldungsgrenzen nicht durchsetzen, so werden sich die Staaten Europas weiter über das nachhaltige Niveau hinaus verschulden. Und nicht nur das: Wenn man darauf hoffen kann, dass die eigenen Schulden von der Gemeinschaft getragen werden, wird auch die Bankenunion Schaden nehmen, weil die Staaten dann weiterhin versuchen werden, ihre nationalen Banken zu retten und die Kosten dafür über Rettungsfonds oder gemeinsame Einlagensicherungen auf die Gemeinschaft abzuwälzen. Das Ergebnis ist eine unwirksame Bankenunion und eine nicht mehr bezahlbare Transferunion.

Was dann kommt, kennen wir bereits, denn nun bleibt nur noch eine Instanz übrig, die sich ihrer Verantwortung für den Euro als Gemeinschaftswährung nicht entziehen können wird – die Europäische Zentralbank. Sie wird nun wieder versuchen, den Untergang der Währungsunion über eine entsprechende Öffnung der Geldschleusen zu verhindern und damit unser Geldsystem noch weiter politisieren und letztlich ruinieren.

Schaut man genauer hin, haben wir das Solidaritätsmodell Maastricht 2.0 bereits getestet, denn gerade diese Konstellation praktizieren wir derzeit: Ein Vertrag, der nationale Schuldengrenzen nicht durchsetzen konnte, Nationalstaaten, die sich hoffnungslos verschuldet haben, eine Gemeinschaft, die durch die Hintertür diese Schulden sozialisiert, und eine Geldpolitik, die das Ganze versucht, mit billigem Geld zu retten. Nicht dass es so geplant war, aber so ist es gekommen – das wirft ein bezeichnendes Licht auf die Hoffnungen, dass dieses Arrangement doch noch funktionieren könnte.

Und zu allem Übel zeigen die bisherigen Erfahrungen, dass dieses Modell eher die Spaltung Europas vorantreibt, als sie zu verhindern, denn sie befeuert den Konflikt zwischen den wirtschaftlich erfolgreichen Zahlern und den hinterherhinkenden Empfängerstaaten – in der europäischen Transferunion wird Nord gegen Süd gespielt, ganz analog zu den Verteilungskämpfen im deutschen Finanzausgleich.

Insgesamt scheint diese Version von Maastricht 2.0 keine so gute Idee zu sein – wie sieht die Alternative aus? Lassen Sie uns die zweite Version von Maastricht 2.0 besichtigen.

Maastricht 2.0: Solidität

Das Modell Solidität besteht ebenfalls aus drei Elementen, die ineinandergreifen, sich gegenseitig ergänzen: eine funktionierende Bankenunion, die Haftung der Eigentümer und Gläubiger der Finanzinstitute und Regeln für geordnete Staatsinsolvenz. Lassen Sie uns diese Elemente näher besichtigen.

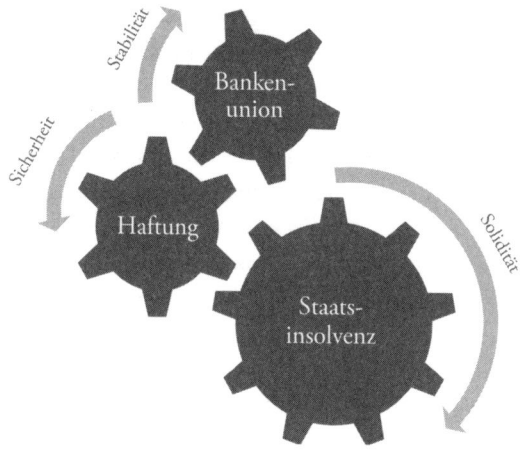

Maastricht 2.0: das Modell Solidität

Die Bankenunion soll – ähnlich wie im Modell Solidarität – dafür sorgen, dass die Finanzmärkte stabilisiert werden, dass wir einheitliche Regeln haben, wie man Banken beaufsichtigt, mit welchen finanziellen Mitteln sie ausgestattet sein müssen und wie man im Falle eines Falles insolvente Banken abwickelt. Doch im Gegensatz zum Solidaritätsmodell wird die Bankenunion um ein weiteres Element ergänzt, das mehr Sicherheit im Finanzsektor verspricht: Haftung.

Gemeint ist damit eine eigentlich selbstverständliche Sache: Geht eine Bank, ein Finanzinstitut pleite, so müssen dafür zuerst die Eigentümer und Aktionäre geradestehen; reicht das noch nicht aus, dann müssen die Gläubiger dieser Institutionen auf ihr Geld verzichten. Diese Bedingung soll Schluss machen mit teuren Rettungsaktionen zulasten der Steuerzahler und diese vor den Folgen einer unverantwortlichen Bankenpolitik schützen. Eigentümerhaftung macht Schluss mit einer Politik, bei der im Erfolgsfall die Investoren Gewinne einstreichen und im Fall des Scheiterns die Steuerzahler für die Verluste aufkommen. Solange die Investoren nicht den Schmerz des Verlustes fürchten und fühlen müssen, werden wir immer wieder teure, steuerfinanzierte Rettungsaktionen bestaunen können. Sofern demgegenüber Investoren die Bonität der Institutionen prüfen, werden sie auch Wert darauf legen, dass diese solide wirtschaften – und damit automatisch dazu beitragen, dass unser Bankensystem sicherer wird.

Diese Idee der Verantwortung gilt natürlich auch für das größte Risiko – den Staat. Dies bringt uns zum dritten Element des Modells Solidität: Staatsinsolvenz. Wenn uns die vergangenen Jahre eines gelehrt haben, dann die Tatsache, dass wir Staaten nicht retten können. Und sollen. Sie sind einfach »too big to save«, also zu groß, um gerettet werden zu können. Abgesehen davon, dass sie viel zu teuer ist, setzt die Rettung eines Staates genau die gleichen Fehlanreize wie die Rettung einer Bank: Wissen die Verantwortlichen, dass sie im Zweifelsfall gerettet werden, können sie eine unverantwortliche Politik betreiben, bei der sie Gewinne – bei Staaten beispielsweise Wahlsiege – privatisieren und Verluste sozialisieren. Zudem werden diejenigen, die den Staaten Geld leihen, wesentlich stärker darauf achten, wem sie wofür Geld leihen. Das wirkt automatisch disziplinierend, denn für wählerstimmenmaximierende Luftschlösser gibt es dann wohl kaum noch Geld.

Die Grundidee des Modells Solidität ist also Eigenverantwortung – wer bestellt, bezahlt, und wer Geld verleiht oder investiert, muss auch damit leben, dass er es verlieren kann. Er wird für die Gefahr der Verluste ja auch mit entsprechenden Erträgen entschädigt. Solange Gläubiger darauf achten, wem sie das Geld leihen – weil sie wissen, dass niemand sie entschädigen wird –, werden Banken und Staaten viel weniger in der Lage sein, unverantwortlich mit diesem Geld umzugehen. Eigenverantwortung macht Finanzsysteme und Staatsfinanzen belastbarer und sicherer. Zum Wohl der Steuerzahler.

Allerdings muss man eine Konsequenz dieses Vorschlags akzeptieren: Eine wirtschaftlich einheitliche Union mit einheitlicher Finanzkraft und einheitlichen Lebensverhältnissen ist in diesem Konzept kaum möglich, es sei denn, die betreffenden Staaten stellen sie selbst her. Die zumindest anfänglichen Unterschiede in den Lebensverhältnissen sind unmittelbare Konsequenz der Idee, dass jeder für sich selbst verantwortlich ist. Das soll nicht bedeuten, dass man einzelnen Staaten nicht hilft, wenn sie in Not geraten, aber wir reden hier von unverschuldeten Problemen wie Naturkatastrophen und globalen Wirtschaftskrisen. Wurde die Katastrophe aber von Politikerhand angerichtet, wäre die solidarische Hilfe der falsche Anreiz, wie wir gesehen haben. Selbstverständlich sind in diesem Konzept Strukturhilfen nach bisherigem Muster auch weiterhin möglich.

Damit rückt die Idee der Staatsinsolvenz ins Blickfeld: Kann ein Staat den eingegangenen Verpflichtungen aus seiner Verschuldung nicht mehr nachkommen, so muss die Möglichkeit bestehen, dass er sich in einem geordneten Verfahren entschuldet, und zwar zulasten derjenigen, die ihm – ob leichtsinnigerweise oder auch nicht – Geld geliehen haben. Die realistische Gefahr einer Staatsinsolvenz sorgt dafür, dass Investoren ihre Gelder nicht bedenkenlos verleihen in der Hoffnung, dass im Falle eines Misserfolgs die Gemeinschaft einspringt und sie entschädigt. Und wenn die Investoren sich nicht mehr leichtfertig verhalten, dann können die Staaten auch nicht mehr leichtsinnig mit deren Geld umgehen.

Das ist der Kern des Modells Solidität: Die Drohung einer Insolvenz, also eines Verlustes des eingesetzten Geldes, führt zu größerer Verantwortung, zu soliderer Verwendung der Mittel und damit zu weniger Banken- und Staatspleiten. Und selbst wenn es schiefgeht, ergeht man sich nicht in langwierigen, ermüdenden und kostspieligen Rettungsaktionen, sondern macht einen klaren Schnitt. Das ist also im Kern das Alternativmodell Maastricht 2.0: finanzielle Solidität statt riskanter Solidarität, nationale Risikoverantwortung und Risikovorsorge, starke Anreize für Staaten und Banken, finanzielle Solidität zu wahren, starke Anreize für Investoren, die Kreditwürdigkeit der Banken und Staaten zu prüfen, und als Folge aus diesem Arrangement Schutz der Steuerzahler vor kostspieligen Rettungsaktionen. Für die Befürworter des Modells Solidität ist die Kehrseite dieser Konzeption die Tatsache, dass wir finanzielle und ökonomische Unterschiede im Euro-Raum hinnehmen müssen, ebenso wie die Tatsache, dass die einzelnen Staaten ihre Zuständigkeit und Verantwortung für die eigene Fiskalpolitik übernehmen.

Für die Europäische Zentralbank bedeutet das, dass sie nicht mehr mit billigem Geld Staaten und Banken retten muss, sondern sich auf ihre eigentliche Aufgabe konzentrieren kann, nämlich die Stabilität und Solidität unserer Währung zu garantieren. Das Konzept Solidität macht Schluss mit der geldpolitischen Geisterbahnfahrt der vergangenen Jahre.

Nun sollte klar geworden sein, dass keines der Konzepte für Maastricht 2.0 – das Solidaritätsmodell wie auch das Soliditätsmodell – einfach umgesetzt und anschließend auch durchgesetzt werden kann. Wie will man so umfassende Reformen durchsetzen in einer Gemeinschaft, in der es noch nicht einmal gelingt, ein einheitliches Tempolimit einzuführen? Aber was passiert, wenn es keine Reformen gibt? Ein paar Gedanken wollen wir in aller Kürze darauf verwenden, zu überlegen, was passiert, wenn der Euro scheitern sollte.

Wenn der Euro scheitert

Manche Ereignisse – wie die Hyperinflation der 1920er-Jahre – hinterlassen tiefe Spuren im kollektiven Gedächtnis, andere hingegen werden rasch innerhalb weniger Generationen vergessen, obwohl sie jahrzehntelang die Geschicke eines Kontinents bestimmten. Ein solches Ereignis ohne bleibenden Eindruck in den Erinnerungen der Europäer war die Lateinische Münzunion, die im 19. Jahrhundert fast 50 Jahre lang das monetäre Gesicht Europas prägte.

1865 einigten sich Frankreich, Belgien, Italien und die Schweiz auf einen gemeinsamen Silber- oder Goldgehalt ihrer Münzen. Die Folge war, dass diese Währungen nun in jedem der genannten Länder verwendet werden konnten. Die Union war dabei nur als erster Schritt zu einer weiter reichenden Integration gedacht. Alle »zivilisierten Nationen« sollten der Union beitreten.

Doch so richtig wollte das Ganze dann doch nicht funktionieren. Spätestens als ein weiteres Mitglied hinzutrat, das sofort nach dem Beitritt zur Münzunion anfing, zu schummeln, begannen die Probleme. Es bezahlte seine Staatsschulden mit Papiergeld, das – eine Besonderheit der Münzunion – nur im jeweils ausstellenden Land galt, und tauschte dieses Papiergeld gegen die Gold- und Silbermünzen aus den anderen Unionsländern ein. Nach einer Staatspleite, einer Umschuldung und dem Versuch, eine internationale Aufsicht über die Staatsfinanzen zu etablieren, warf man das Mitglied aus der Währungsunion. Wer das Mitglied war? Griechenland.

So überraschend kann also das Ergebnis des letzten Versuchs, Europa über eine gemeinsame Währung zu einigen, nicht sein – wir hätten es wissen können. Das Beruhigende daran ist: Die Auflösung einer Währungsunion bedeutet nicht das Ende der Welt. Dies ist empirisch gut abgesichert: Von 1948 bis 1997 gab es 130 Austritte aus gemeinsamen Währungsarrangements, aber nur 16 Eintritte. Oder um es direkter zu sagen: Die vergangenen

50 Jahre waren eher eine Geschichte der monetären Desintegration als eine Zeit der Währungsintegration.

Ein Auseinanderbrechen der Euro-Zone wäre also weder historisch noch ökonomisch eine Überraschung; die Frage ist nur, wie so etwas aussehen könnte. Hier kann man drei verschiedene Szenarien unterscheiden.

Im ersten Szenario, wir wollen es einmal »weiter so« nennen, wurschtelt die Politik fröhlich weiter wie bisher, der bestehende Rahmen der Währungsunion wird nicht geändert und angepasst. Stattdessen hangelt man sich von Rettungsprogramm zu Rettungsprogramm, garniert mit mehr oder weniger (öffentlichkeits)wirksamen Ausgabenkontrollen und Spardiktaten, und zusammengehalten wird das alles von einer Notenbank, die den Kontinent mit Geld überschwemmt. Wir halten dieses Szenario nicht für eine dauerhafte Lösung. Langfristig wird sie in einem der verbleibenden Szenarien münden.

Szenario Nummer zwei wäre der Austritt eines oder mehrerer Länder aus der Währungsunion. Keine Frage, eine turbulente Angelegenheit. Die Währungen der Staaten mit wirtschaftlich schwacher Konstitution werden augenblicklich abwerten, die Bürger werden versuchen, ihr Geld in die wirtschaftlich soliden Staaten zu bringen – was deren Währung aufwerten wird. Es ist vor allem dieses Schreckgespenst der Aufwertung, mit dem versucht wird, beispielsweise den Deutschen einen Austritt aus der Währungsunion zu vergrämen – doch man muss dieses Argument etwas relativieren. Eine Aufwertung bedeutet zwar, dass die eigenen Exporte für das Ausland teurer werden, vielleicht verliert man auch Marktanteile, aber jeder Bürger wird diese Aufwertung auch positiv merken – beispielsweise beim Tanken. Wenn eine Währung aufwertet, bedeutet das, dass man zugleich auch billiger im Ausland einkaufen kann – ein Effekt, den die Aufwertungsphobiker gerne vernachlässigen.

Nicht zuletzt spricht ein einfaches Argument dafür, dass man diese Aufwertung hinnehmen muss: Sie resultiert letztlich aus einer unterschiedlichen wirtschaftlichen Entwicklung in den

Mitgliedsstaaten der Währungsunion und ist damit nur das Symptom, aber nicht die Ursache dieser Unterschiede. Verhindert man Auf- oder Abwertungen, so bedeutet das nicht, dass die unterschiedliche wirtschaftliche Entwicklung der Staaten keine Konsequenzen mehr hat – sie tauchen nur an anderer Stelle auf, beispielsweise in den Transferzahlungen, die dann im Rahmen der Transferunion fällig werden. Wer meint, die Folgen einer wirtschaftlich auseinanderdriftenden Union verhindern zu können, indem er eine Auf- beziehungsweise Abwertung verhindert, sollte den Unterschied zwischen Ursache und Wirkung noch einmal überdenken.

Wird dieser Unterschied aber weiterhin ignoriert, so droht Szenario Nummer drei: Die Union fliegt komplett auseinander. Zu den Folgen siehe unsere Überlegungen zu Szenario Nummer zwei – nur um einiges heftiger und turbulenter.

Wie auch immer das Euro-Experiment – um nichts anderes handelt es sich hier – ausgeht, so bleiben doch ein paar Gewissheiten:

Erstens wird die Welt nicht untergehen, wenn der Euro untergeht. Es wird immer Währungen geben, wie sie auch heißen mögen.

Zweitens bedeutet ein Ende des Euro nicht das Ende der Europäischen Union und des gemeinsamen Binnenmarktes. Beide haben bereits vor dem Euro existiert, beide können auch in einer Post-Euro-Zeit existieren – es sei denn, unsere Politiker versagen wieder, denn die Europäische Union lebt von der Fähigkeit der Politik, Kompromisse zu schließen und nationale Egoismen hintanzustellen.

Drittens bedeutet das Ende des Euro, dass wir das nächste Mal vorsichtiger sein werden mit solchen Experimenten – und überlegen müssen, was wir falsch gemacht haben.

Viertens werden beim Scheitern des Euro Sachwerte genauso neu bewertet wie Geldvermögen – die Flucht in Sachwerte wird nicht notwendigerweise vor den unruhigen Zeiten schützen, die dann auf uns zukommen. Klar ist, dass man auch in einem solchen Fall weder Immobilien noch Gold wird essen können – genauso wenig wie Geldscheine. Aber – und das ist tröstlich – der Untergang des Euro bedeutet nicht den Untergang unseres Vermögens. Unser Vermögen besteht letzten Endes in dem, was wir in der Lage sind, an Werten zu erzeugen, also in unserer eigenen Produktivität. Was uns zur letzten Frage bringt: Was tun mit unserem Geld? Auf alle Fälle den weißen Lügen ausweichen und kapitale Fehler vermeiden.

14 Finanzielle Selbstverteidigung

Einige unangenehme Wahrheiten

Im angelsächsischen Sprachgebrauch gibt es die sogenannte »weiße Lüge« – das ist eine gut gemeinte Lüge, die verhindern soll, dass die Dinge schlimmer werden, wenn man die Wahrheit sagt. Es mag durchaus sein, dass es so etwas wie weiße Lügen gibt – aber mit Sicherheit nicht in der Geldanlage. Das Prekäre daran ist, dass wir bisweilen – auch oder gerade in Gelddingen – dazu neigen, uns selbst weiße Lügen zu erzählen. Psychologisch betrachtet mag das vorteilhaft sein, lassen uns doch solche weiße Lügen ruhiger schlafen. Finanziell betrachtet hingegen sind sie meist verheerend. Also lassen Sie uns lieber von Wahrheiten sprechen, auch wenn sie unangenehm sind – wir hätten fünf davon im Angebot, eine unangenehmer als die andere. Möchten Sie jetzt wirklich noch weiterlesen? Bitte tun Sie es.

Die Kernthesen dieses Kapitels

1. Menschen neigen zu Herdenverhalten. Panik und Herdentrieb sind allerdings in Krisenzeiten keine guten Ratgeber.

2. Sie werden der Sachwertinflation kaum entgehen, eine panische Flucht in Backsteine, Münzen oder andere Exotika ist keine kluge Strategie.

3. Wir werden den Kosten der Euro-Rettung nicht entgehen können – in der ein oder anderen Form wird jeder von uns dafür zahlen müssen.

4. Wer den Kosten der Euro-Rettung entgehen will, kann dies nur um den Preis eines höheren Anlagerisikos – man sollte sich fragen, ob man zu diesem Risiko bereit ist und ob man es auch tragen kann.

5. Wohlstand entsteht nur durch Wirtschaftswachstum. Alles andere ist Illusion.

6. Eingedenk dieser Überlegungen sind die Folgerungen für die Anlagestrategie, dass die alten Grundsätze des Investierens noch immer gelten; die wichtigste Regel dürfte wohl sein, nicht die Nerven zu verlieren und möglichst nicht Opfer der Sachwertpsychose zu werden.

Wahrheit Nummer eins: Wir sind Lemminge. Menschen sind gesellige Wesen, eher Herdentiere – vor allem in Zeiten von Unsicherheit. Evolutorisch betrachtet kann das durchaus sinnvoll sein: Wird eine Herde gejagt, so bleibt sie besser zusammen – wer sich von der Herde entfernt, wird rasch Opfer der Jäger. Leider aber funktioniert diese Strategie nicht immer, bisweilen scheint es vor allem in unseren Zeiten besser zu sein, sich von der Herde fernzuhalten – wäre da nicht unser vermutlich tief im Unterbewusstsein verankerter Trieb, der Herde zu folgen. Wir werden zu evolutorisch gesteuerten Lemmingen. Nun mag es durchaus auch rationale Gründe geben, der Herde zu folgen, doch an den Finanzmärkten ist diese Strategie riskant, da niemand rechtzeitig zum Ausstieg klingelt. Und schon geht man zusammen mit der Herde unter. Den Letzten beißen die Hunde. In Zeiten der Vermögenspreisinflation raten wir Ihnen davon ab, blind der Herde zu folgen, gleich, in welche Richtung sie rennt. Ein kühler eigner Kopf und eine sachliche Lageanalyse bringen da oft bessere Ergebnisse. Und wenn Sie schon jemandem folgen wollen, so denken Sie an die alte Warnung: Trau, schau, wem! Unter Verdacht sollten dabei alle diejenigen Ratgeber stehen, die Panik verbreiten und nur einen idealen Ausweg zu kennen vorgeben. Eine weitere Warnung sollten Sie ebenfalls beachten, wenn Sie entscheiden, wessen Rat Sie annehmen wollen: Wes Brot ich ess, des Lied ich sing.

Wahrheit Nummer zwei: Wir können der Sachwertinflation nicht entgehen. Wenn alle Anleger wie Lemminge (siehe Wahrheit Nummer eins) ihr Geld in Sachwerten in Sicherheit zu bringen versuchen, weil sie aus Angst vor der Inflation fast jeden Preis dafür bereit sind, zu zahlen, dann haben Sie wenig Chancen, halbwegs ungeschoren davonzukommen, wie wir im Kapitel 10 erläutert haben. Nur in ganz speziellen Fällen werden Sie der Sachwertinflation ein Schnippchen schlagen: Sie kaufen einen Sachwert, bevor sein Preis zu steigen beginnt, verkaufen ihn auf dem Höhepunkt der Blase und konsumieren Ihren Gewinn anschließend, solange die Güterpreise noch nicht gestiegen sind. Ist eine dieser Annahmen nicht erfüllt, werden Sie der Sachwertinflation nicht entkommen. Das Problem solcher Phänomene ist, dass sie systemisch sind, sich also über die gesamte Wirtschaft ausbreiten und niemanden verschonen.

Wahrheit Nummer drei: Ob wir wollen oder nicht – wir werden für den europäischen Banken- und Währungsschlamassel bezahlen müssen, und tun es bereits. Das Phänomen der finanziellen Repression ist Realität: Die Europäische Zentralbank hält die Nominalzinsen niedrig, um die überschuldeten Südstaaten und deren Banken am Leben zu halten, und das geht zulasten der Sparer in den nordischen Ländern, also vor allem der deutschen Sparer. Wir werden diesen Kosten der Euro-Rettung nicht entgehen können, denn auch finanzielle Repression ist ein systemisches Risiko, dem wir nicht ausweichen können.

Wahrheit Nummer vier: Wer versucht, der finanziellen Repression zu entfliehen, handelt sich dafür das Hätte-ich-doch-bloß-nicht-Syndrom ein. Dieses Syndrom sieht wie folgt aus: Entnervt von der schleichenden Enteignung durch die niedrigen Vermögenserträge der finanziellen Repression beschließt der Sparer, dieser schleichenden Teilenteignung zu entfliehen, indem er sein Geld in riskantere Anlagen steckt, die höhere Erträge versprechen. Das Problem an dieser Strategie besteht darin, dass es höhere Erträge immer nur um den Preis eines höheren Risikos gibt, und ein höheres Risiko bedeutet, dass man seinen Einsatz auch rascher verlieren kann. So hässlich das klingt: Wenn Sie versuchen, der finanziellen Repression zu entkommen – was Sie nicht können, siehe Wahrheit Nummer drei –, kommen Sie vom Regen der Niedrigzinsen in die Traufe des Risikos. Und wenn das Geld dann futsch ist, sagt man sich: Hätte ich doch bloß nicht so riskant investiert.

Wahrheit Nummer fünf ist die vielleicht ernüchterndste: Reale Vermögenszuwächse entstehen nur durch Wirtschaftswachstum – ob uns das gefällt oder nicht. Der Punkt ist der: Sachwertinflation treibt lediglich die Preise von Vermögenswerten nach oben, sonst nichts – sie schafft kein zusätzliches Sozialprodukt, kein zusätzliches Gut, das man konsumieren könnte. Nur harte Arbeit und sinnvolle Investitionen in Kapitalgüter schaffen neue Güter, ein höheres Sozialprodukt und damit mehr Wohlstand. Wenn man dies erst einmal verdaut hat, wird auch schnell verständlich, warum wir in der Summe aus der Sachwertinflation keinen Gewinn schlagen können: Wenn durch sie keine zusätzlichen Güter und Werte geschaffen werden, dann besteht ihr einziger Effekt darin, die bestehenden Vermögen umzuverteilen. Es mag also sein, dass Sie mit viel Glück und Geschick Wahrheit Nummer zwei trotzen können und im Zuge der Sachwertinflation mit einem Gewinn das Spielfeld verlassen, aber für die Summe aller Bürger kann das dann nicht gelten – wenn keine neuen Werte geschaffen werden, kann man nur bestehende Werte umverteilen. Vermögenspreisinflationen sind gesamtwirtschaftlich Nullsummenspiele: Was einer gewinnt, muss ein anderer verlieren.

Wenn Sie diese fünf Wahrheiten akzeptieren, ist auch klar, was wir nicht leisten können: Wir können Ihnen kein Rezept dafür liefern, dem Euro- und Bankenschlamassel zu entgehen. Wer in diesem Jahrzehnt Vermögen sein Eigen nennt, muss sich damit abfinden, dass er diesen Krisen Tribut zollen muss. Jenseits dieser Erkenntnis allerdings lassen sich ein paar Ideen diskutieren, was in diesen turbulenten Zeiten zu tun ist. Oder was man besser lässt.

Geldanlage in Zeiten geldpolitischen Wahnsinns

Wer beim Online-Händler Amazon nach Büchern zum Thema Geld und Börse sucht, kann sich über eine zu geringe Auswahl nicht beklagen – fast 60 000 Titel bietet der Versandriese auf seinen Internet-Seiten an. Da ist für jeden Geschmacke etwas dabei: Erklärbücher zum Thema Börse, technische Analyse, Steuerrecht, Immobilienfinanzierung, Geheimnisse von Multimilliardären, Finanzinvestoren und Super-Tradern – ja selbst zum Thema Börse und Astrologie wird man hier fündig. Unser Ziel soll und kann es an dieser Stelle nicht sein, diesem Riesenfundus an Ratgebern einen weiteren hinzuzufügen. Stattdessen wollen wir einmal schauen, welche Konsequenzen wir aus den bisherigen Erkenntnissen über das Jahrzehnt der Krisen, die geldpolitische Antwort der Notenbanken und die Niedrigrenditen der finanziellen Repression ziehen können.

Diese Folgen können recht unterschiedlich sein, je nachdem, in welcher Phase in Ihrem Lebenszyklus und in welcher Lebenslage Sie sich befinden. Hinsichtlich der Altersvorsorge kann man zwischen drei Phasen unterscheiden: In der ersten Phase geht es darum, Studium oder Ausbildung, Auto, Haus oder andere Großanschaffungen zu finanzieren – durchaus auch über Kredit. Ein Teil dieser Großanschaffungen sind Investitionen, die es Ihnen ermöglichen sollen, mehr Geld zu verdienen, um damit diese Kredite wieder zurückzahlen zu können. In Phase Nummer eins geht es also vor allem darum, erstens sinnvoll zu investieren und zweitens günstige Kredite zu finden, mit denen Sie das alles finanzieren. Und man sollte dabei immer eine alte Ökonomenweisheit im Kopf behalten: Kredite sind *vorgezogener* Konsum.

Diese erste Phase sollte etwa zur Lebensmitte abgelöst werden von der zweiten Phase, in der Sie diese Verschuldung zurückführen – jetzt geht es darum, Rücklagen und ein Vermögen aufzubauen, um für das Alter vorzusorgen. Auf gut Deutsch heißt das: Sparen. Auch hier sollte man eine weitere Ökonomenweisheit nicht vergessen: Sparen ist *aufgeschobener* Konsum. Das Thema dieser Phase sind vor allem die Fristigkeit Ihrer Anlagen und ihre Sicherheit. Dabei gelten recht einfache Faustregeln: Je weiter Sie noch von Phase drei – dem Ruhestand – entfernt sind, umso riskanter dürfen Ihre Investments sein und umso länger ihre Laufzeiten. Das höhere Risiko geht einher mit höheren Erträgen, die längeren Laufzeiten geben Ihren Investments genügend Gelegenheit, sich von Rückschlägen zu erholen.

Der Grund dafür ist schnell geklärt: Wer noch 20 Jahre bis zum Ruhestand hat, kann Turbulenzen an den Vermögensmärkten gelassener hinnehmen und darauf setzen, dass sich die Werte seiner Investments wieder erholen – vorausgesetzt, er hat sorgfältig investiert. Wie wir gesehen haben, gilt dabei: Wächst unsere Wirtschaft real, schaffen wir es also, einen höheren Güterberg herzustellen, dann können wir auch einen realen Wertzuwachs bei unseren Investments erwarten – leider aber nur dann. Je näher Sie in Richtung der dritten Phase kommen, umso mehr sollten Sie das Risiko Ihrer Anlagen senken – die Zeit, Verluste aufzuholen, wird zunehmend knapper, also verzichtet man auf das Risiko. Bei Übergang in Phase drei sollten Sie möglichst nur noch in sichere Anlagen mit überschaubarer Laufzeit investiert sein.

In dieser dritten Phase, dem Ruhestand, wollen Sie Ihre Ersparnisse nutzen, um Ihren Lebensabend zu finanzieren. Jetzt gehen Sicherheit und Verfügbarkeit vor Rentabilität – statt riskant und langfristig sollten Ihre Ersparnisse erstens sicher und zweitens rasch verfügbar sein; Investments mit langer Laufzeit und hohem Risiko eignen sich nicht mehr. Unter den zahlreichen Nebenbedingungen der Vermögensanlage in dieser Phase fallen auch zentrale Fragen wie Erbschaften oder ein steigender Bedarf für Gesundheit und Pflege. Eine Möglichkeit, den Verzehr des ersparten Vermögens geordnet zu gestalten, besteht in Auszahlungsplänen, bei denen das Kapital umgewandelt wird in eine fest zugesagte monatliche Rente.

In dieser dritten Phase sollten Sie außerdem vermeiden, dem sogenannten King-Lear-Dilemma anheimzufallen: Als dieser König in Shakespeares Drama seinen Töchtern vorzeitig und mit besten Absichten sein Reich vermacht, springen diese anschließend nicht gerade freundlich mit ihm um. Klarer Fall: Wer die Kontrolle über sein Vermögen oder das Vermögen selbst zu früh auf- beziehungsweise weitergibt, hat anschließend nichts mehr zu melden; dieser Schritt will also wohlüberlegt sein, vielleicht auch um den Preis höherer Erbschaftsteuern.

Diese Einteilung einer Sparerkarriere in drei Phasen ist grundsätzlich nichts Neues. Worauf es uns hier ankommt, ist die Frage, was sich mit Blick auf diese drei Phasen geändert hat, seitdem die Notenbanken mit Geld um sich werfen. Die verblüffende Antwort: überraschend wenig. Beginnen wir einmal mit den Phasen eins und zwei.

Die erste Idee liegt auf der Hand: Kreditverträge überprüfen. Wenn schon Niedrigzinsen, dann bitte auch bei bestehenden Kreditverträgen – überprüfen Sie also, ob Sie laufende Kredite auf niedrigere Zinsen und bessere Konditionen umstellen können.

Aber was ist mit der möglicherweise drohenden Inflation? Hier raten wir zur Vorsicht: Sie sollten keinesfalls Immobilien und andere Sachwerte kaufen, nur weil Sie Inflation oder das Scheitern des Euro befürchten – oder weil andere es tun. Angst ist ein schlechter Investmentratgeber. Wie wir bereits erläutert haben, können Sie nur mit viel Glück der Sachwertinflation und ihren negativen Folgen entgehen. Wenn Sie aber beispielsweise in eine Immobilie investieren, um darin zu wohnen, so bleibt dieses Motiv von der Sachwertinflation weitgehend unberührt.

Aber wie sollte man die eigene Immobilie finanzieren? Wenn schon mit Krediten, dann mit möglichst langfristigen Krediten, in denen Sie sich die Niedrigzinsen langfristig sichern, und nur mit einem nicht zu geringen Eigenkapital. Ob es sich um Staaten, Banken, Unternehmen oder private Haushalte handelt, es gilt immer dasselbe: Je höher der Anteil an Eigenkapital bei einer Investition oder sonstigen Anlage, desto vorsichtiger investiert man und desto unwahrscheinlicher wird der wirtschaftliche Ruin.

Wie steht es mit diesem ominösen Eigenkapital? Dazu eine einfache Überlegung: Sie kaufen ein Häuschen für 100 000 Euro mit einem Eigenkapital von 10 000 Euro. Fällt der Wert des Hauses nun um fünf Prozent auf 95 000 Euro, so verlieren Sie die Hälfte Ihres eingesetzten Kapitals, bei einem Wertverlust von zehn Prozent ist Ihr gesamtes Kapital weg. Wenn Sie aber statt der 10 000 Euro sagen wir 20 000 Euro an Eigenkapital in Ihr Haus investiert haben, so verlieren Sie bei einem Preisrutsch von fünf Prozent nur ein Viertel Ihres Eigenkapitals. Kurzum: Je weniger Eigenkapital in Ihrer Immobilie steckt, umso rascher verlieren Sie alles, wenn die Immobilie einmal an Wert verlieren sollte. Wohnen Sie aber mit einem niedrigverzinslichen Kredit, den Sie aus Ihrem laufenden Einkommen bedienen können, werden Sie in dieser Immobilie auch einen möglichen Absturz der Immobilienpreise überstehen.

Aber warum sollten die Immobilien- und andere Vermögenspreise fallen? Aus einem einfachen Grund: Jede Vermögenspreisblase platzt früher oder später. Das ist letztlich die Lehre des gesamten zweiten Abschnitts dieses Buches. Wenn irgendwann klar wird, dass zu viel Geld zu lange zu wenig Werte gejagt hat, werden die künstlich aufgeblähten Preise wieder auf den Boden zurückgeholt – dann droht rasch die Überschuldung. Im schlimmsten Fall geschieht Ihnen das, was vielen Eigenheimbesitzern in den Vereinigten Staaten passiert ist: Sie finanzieren eine Immobilie über Kredit, die Immobilie verliert an Wert, und Sie sind schneller überschuldet, als Sie »Auf diese Steine können Sie bauen« sagen können.

Dieser Absturz könnte allerdings Spätfolgen zeigen, wenn Sie in die dritte Lebensphase kommen und Ihre Immobilie verkaufen wollen. Der Preis, den Sie dann dafür erzielen können, liegt möglicherweise deutlich unter Ihren Erwartungen. Deshalb Augen auf beim Immobilienkauf.

In der dritten Phase kann man sich vor Vermögensverlusten auch kaum dadurch retten, ein höheres Risiko einzugehen, um die von der Politik verursachten niedrigen Zinsen zu kompensieren. Wenn Sie dennoch versuchen, höhere Zinsen und Renditen zu erzielen, erkaufen Sie sich diese besseren Ertragsaussichten mit höheren Risiken und damit drohenden Vermögensverlusten. Wenn aber alle Vermögenspreisblasen platzen – und wir sehen keinen Grund, daran zu zweifeln –, dann sind auch riskantere Anlagen gefährdet; hier könnten die Verluste sogar höher ausfallen. In einer Lebensphase, in der Sie auf stabile Erträge angewiesen sind und keine Zeit haben, zu warten, bis sich die Preise wieder erholt haben, ist ein höheres Risiko einfach keine gute Idee.

Auf alte Hausmittel ist Verlass

Unter dem Strich ändert sich, wie Sie sehen, in der Vermögensanlage weniger, als man denkt. Die alten Hausrezepte kluger Vermögensbildung – Anlagen streuen, auf Kosten und Steuergesetze achten, geduldig und nicht gierig sein – verlieren auch in turbulenten Zeiten nichts von ihrem Charme. Die wichtigste aller Investmentregeln allerdings dürfte darin bestehen, nicht den Kopf zu verlieren. Das übliche Reaktionsschema eines Menschen umschreiben Psychologen mit den drei Begriffen Emotion – Cognition – Action, also Emotion, Abwägung, Handlung. Zuerst also reagiert man emotional auf eine neue Situation, dann denkt man nach, welche Handlungsmöglichkeiten verfügbar sind, und erst dann handelt man. In vielen Fällen allerdings springen Menschen von der emotionalen Betroffenheit direkt zur Aktion, und das kann dann Probleme bereiten. Hier lauert wieder das Hätte-ich-doch-bloß-nicht-Syndrom.
Es gibt Fälle, in denen es durchaus sinnvoll ist, auf das Denken zu verzichten: Sie wandern in einem dunklen Wald, plötzlich – ein Geräusch. Noch bevor sich Ihr Denken einschalten kann, um zu überlegen, ob es in diesem Wald gefährliche Tiere gibt, sind Ihre Fluchtinstinkte bereits aktiviert, und je nach Situation rennen Sie sofort los. In solchen Fällen ist ein Kurzschluss von Emotionen und Handlung vermutlich sinnvoll. An der Börse und bei der Geldanlage ist er es sicherlich nicht. Geldanlage ist eine Aufgabe, die in unseren evolutionär geprägten Handlungsmustern nicht vorgesehen ist; deswegen sind Emotionen hier in der Regel keine guten Ratgeber. Wenn Sie also versucht sind, mit der Herde zu rennen – lassen Sie es.

Das Sinnvollste, was vermutlich die meisten Privatanleger tun sollten, ist, sich professionellen Rat einzuholen. Da aber die meisten Berater ein Eigeninteresse haben, werden Sie nicht umhinkommen, sich mehrere Beratungen anzutun und eigenverantwortlich zu entscheiden (Sie erinnern sich: Das Trau-schau-wem-Prinzip trifft auf das Wes-Brot-ich-ess-des-Lied-ich-sing-Dilemma). Und das Wichtigste: Keine Panik. Es wird wohl durchaus teuer für uns, aber ein Trost bleibt: Unser Geldsystem wird nicht untergehen. Es sei denn, die Außerirdischen kommen.

15 Fazit:
Die Unsterblichkeit des Geldes

Unser Geld und die Außerirdischen

Franz Hörmann ist außerordentlicher Professor am Institut für Unternehmensrechnung an der Wirtschaftsuniversität Wien und ein gefragter Geldexperte – im Fernsehen sitzt er beispielsweise bei Herrn Beckmann in der Talkshow und plaudert über das Ende des Geldsystems, das er fordert und kommen sieht. Die interessante Frage ist natürlich, was danach kommt – was kommt nach dem Ende unseres Geldsystems?

Franz Hörmann hat da eine etwas eigenwillige Lösung: Wenn wir unser Geldsystem aufgeben, das er als »Raubsystem« bezeichnet, werden die Außerirdischen kommen, ihre Technologien mit uns teilen. Sollten wir uns allerdings uneinsichtig zeigen und an unserem Geldsystem festhalten, dann werden sie uns unter Kuratel stellen. Das wäre dann, so Hörmann, vergleichbar mit dem Aufräumen des Käfigs eines Meerschweinchens: Für die Zeit des Aufräumens setzt man das Schweinchen in einen Karton. So ähnlich werden es dann die Außerirdischen mit uns machen: Während sie unseren Planeten ausmisten, setzen sie uns auf einem anderen Planeten ab. Klar ist aber, dass es ohne die Abschaffung des ausbeuterischen Geldsystems keine Rettung durch die Außerirdischen gibt.

Wir denken, dass Franz Hörmann kaum eine Chance bekommen wird, seine Theorie empirisch zu testen, denn eine Abschaffung unseres derzeitigen Geldsystems steht nicht an – jedenfalls nicht für die nächsten, sagen wir, 500 Jahre. Vielleicht aber auch 5000.

Es gibt außer dem Rad und dem Feuer vermutlich nur wenige Erfindungen, die das Schicksal der Menschheit so verändert haben wie Geld – und so genial sind. Wenn es Geld nicht geben würde, müsste man es erfinden, nein, man würde es erfinden, so wie wir es schon tausendfach gesehen haben. Selbst in Kriegsgefangenenlagern etablierte sich sofort eine inoffizielle Ersatzwährung als Geld: Zigaretten. Und selbst Nichtraucher akzeptierten dieses Geld.

Der Vorteil der Zigaretten liegt darin, dass sie quasi eine wertbesicherte Währung sind, dieses Geld bezieht seinen Wert aus seinem Nutzwert – unser heutiges Geld hingegen besteht nicht aus Tabak, sondern aus Nullen und Einsen, es bezieht seinen Wert vor allem aus dem Vertrauen darauf, dass es etwas wert ist. Es ist dieses Vertrauen, das unser Geld so wertvoll macht, es ist dieses Vertrauen, das jetzt gefährdet ist. Die Notenbanken weltweit haben die Menge der Nullen und Einsen, mit denen wir bezahlen, dramatisch vervielfältigt, sie haben die Werte, die hinter diesen Nullen und Einsen stehen sollten, bis zur Unkenntlichkeit verwässert, sie haben den Tiger beim Schwanz gepackt und fragen sich, wie sie diesen nun loslassen sollen, ohne danach von ihm gefressen zu werden.

Geld ist eine komplizierte Erfindung, nicht jeder von uns versteht bis ins letzte Detail, wie es funktioniert, doch jeder weiß intuitiv um den Wert des Geldes. Man muss kein studierter Ökonom sein, um zu verstehen, dass der Wert unseres Geldes in Gefahr ist – unser Geldsystem befindet sich auf einer Schussfahrt mit ungewissem Ausgang. Politik und Notenbanken haben ein gigantisches Echtzeitexperiment gestartet, dessen Folgen noch völlig unklar sind: Inflation, Deflation, Vermögenspreisinflation, finanzielle Enteignung durch die Hintertür – das alles ist möglich, nicht alles davon werden wir verhindern können.

Die Ereignisse der vergangenen Jahre haben uns in ein Zeitalter der Ungewissheit katapultiert: Wir wissen nicht, welche Folgen der weltweite Anstieg der Geldversorgung haben wird, wir wissen nicht, ob die alten Rezepte zur Bekämpfung von Wirtschaftskrisen noch funktionieren, und wir wissen nicht, ob Politiker und Notenbanker die Geister, die sie riefen, wieder in die Flasche zurückstopfen können und werden.

Aber selbst in solchen Zeiten haben wir zumindest eine Gewissheit: Unser Geldsystem wird nicht untergehen. Wir werden wohl auf die Segnungen außerirdischer Technologien verzichten müssen, denn in irgendeiner Form muss und wird es immer Geld geben – anders ist eine arbeitsteilige moderne Wirtschaft nicht denkbar. Wir haben in diesem Buch versucht, zu zeigen, was zu tun ist, damit dieses Geldsystem wieder funktioniert. Vor allem gilt es, die unheilige Allianz von Politik, Banken und Notenbanken zu zerschlagen. Die Öffentlichkeit fordert seit Jahren immer wieder mehr Moral und Anstand von den Banken – diesen Anstand müssen wir auch von der Politik einfordern, die das große Geldkarussell erst so richtig in Schwung gebracht und die Notenbanken mehr oder weniger erpresst hat.

Die Folgen dieser Erpressung haben wir in diesem Buch hinreichend besichtigt: Wir wissen nun, dass das Bankensystem und das Finanzsystem wie ein Kartenhaus zusammenbrechen können, wenn Politiker und Notenbanker mit der Währung spielen. Wir haben gesehen, wie wichtig Geld- und Fiskalpolitik für den Wert des Geldes sind und wie anfällig Politik und Banken für Fehler sind, die uns dann alle sehr teuer zu stehen kommen. Wir erkennen, dass wir bereits jetzt für diese Fehler bezahlen, und die volle Wucht dieser Politik wird sich erst in vielen Jahren zeigen, wenn die Sparer sehen, was die Niedrigzinsen aus ihrer Altersvorsorge gemacht haben. Leider wird es dann zu spät sein, die dafür verantwortlichen Politiker zur Rechenschaft zu ziehen. Wir müssen jetzt handeln.

Der moderne Mensch hat gelernt, mit Geld umzugehen; der Politik scheint dieses intellektuelle Kunststück bisher nicht gelungen zu sein. Vielleicht müssen wir sie dazu animieren, indem wir sie dort treffen, wo es ihr wehtut – an der Wahlurne. Doch damit Politik und Banken dazu gezwungen werden, weniger Fehler zu machen, müssen wir verstehen, wie Geld funktioniert und wie es zu Geldkatastrophen wie Inflation, Deflation und Vermögenspreisblasen kommt. Nur wenn wir informierte Bürger sind, werden wir informierte Politiker bekommen. Also müssen wir lernen, wie Geld funktioniert. Wir hoffen, dass dieses Buch dazu einen Beitrag geleistet hat.

Literatur

Kapitel 1

Die Explosion von »SN 2008D« finden Sie bei:

o. V.: »Premiere: Supernova während der Explosion beobachtet«. In: *Spiegel online* vom 22. 05. 2008, http://www.spiegel.de/wissenschaft/weltall/premiere-supernova-waehrend-der-explosion-beobachtet-a-554620.html

Der Stern Beteigeuze hat es sogar in die Bild-*Zeitung geschafft:*

o. V.: »Supernova-Explosion im All: Bekommt die Erde eine zweite Sonne?«. In: *Bild online* vom 22. 01. 2011, http://www.bild.de/news/2011/supernova/erde-zweite-sonne-15644826.bild.html

Das Alan-Greenspan-Zitat:

Hagen, Hans von der: »Fed verspricht mehr Transparenz. Kleine Revolution bei der US-Notenbank«. In: *Süddeutsche.de* vom 04. 01. 2012, http://www.sueddeutsche.de/wirtschaft/fed-verspricht-mehr-transparenz-kleine-revolution-bei-der-us-notenbank-1.1250283

Zu Alan Greenspan:

Kahaner, Larry: *Alan Greenspan. Richtungsweisende Aussagen des US-Notenbank-Chefs zur weltwirtschaftlichen Entwicklung.* München 2000

Zur Aufblähung der Zentralbankbilanzen:

Hilsenrath, Jon: »Japan set to join the easy-money party«. In: *Wall Street Journal Europe* vom 25. 02. 2013, S. 9

Zum »Tod der Inflation«.

Bootle, Roger: *The death of inflation. Surviving and thriving in the zero era.* London 1996

William McChesney Martin:

Hodgson, Godfrey: »Obituary: William McChesney Martin«. In: *Independent* vom 21.08.1998, http://www.independent.co.uk/arts-entertainment/obituary-william-mcchesney-martin-1172986.html

Kapitel 2

Über John Law:

Braunberger, Gerald: »Aufstieg und Fall von John Laws Finanzsystem«. In: *FAZ.net* vom 02.04.2008, http://www.faz.net/aktuell/finanzen/fonds-mehr/historische-finanzkrisen-frankreich-1720-aufstieg-und-fall-von-john-laws-finanzsystem-1283673.html

Hamilton, Earl J.: »John Law of Lauriston: banker, gamester, merchant, chief?«. In: *American Economic Review* Vol. 57, No. 2, May 1967, S. 273–282

Jung, Alexander; Peiper, Dietmar; Traub, Rainer (Hrsg.): *Geld macht Geschichte. Kriege, Krisen und die Herrschaft des Kapitals seit dem Mittelalter.* München 2011

Von John Law:

Law, John: *Handel, Geld und Banken.* Berlin 1992

Geld auf der Insel Yap:

Bryan, Michael F.: »Island Money«. Federal Reserve Bank of Cleveland, 01.02.2004, https://www.clevelandfed.org/research/commentary/2004/0201.pdf

Mankiw, N. Gregory: *Makroökonomik.* Stuttgart 1998

Die Geschichte von Heinrich Hermann Kurschildgen:

Weitze, Marc Denis: »Alchemie: Goldmachen – geht es vielleicht doch?«. In: *P.M. Magazin* 03/2011, http://www.pm-magazin.de/r/geschichte/goldmachen-geht-es-vielleicht-doch

Etwas zu Bitcoins:

Bryans, Danton: »Bitcoin and Money Laundering: Mining for an Effective Solution.« In: *Indiana Law Journal* 89 (erscheint 2014)

Grinberg, Reuben: »Bitcoin: An Innovative Alternative Digital Currency«. In: *Hastings Science & Technology Law Journal* Vol. 4: 1, 2012, S. 159–208

Krugman, Paul: »Golden Cyberfetters«. In: *New York Times* vom 07.09.2011, http://krugman.blogs.nytimes.com/2011/09/07/golden-cyberfetters/?_r=1

Moore, Tyler: »The promise and perils of digital currencies«. In: *International Journal of Critical Infrastructure Protection* 6, 2013, S. 147–149

Sorge, Christoph; Krohn-Grimberghe, Artus: »Bitcoin – das Zahlungsmittel der Zukunft?«. In: *Wirtschaftsdienst* 10/2013, S. 720–722

Van Hout, Marie Clair; Bingham, Tim: »Responsible vendors, intelligent consumers: Silk Road, the online revolution in drug trading«. In: *International Journal of Drug Policy*, http://dx.doi.org/10.1016/j.drugpo.2013.10.009

Velde, François R.: »Bitcoin: A primer«. In: *Chicago Fed Letter*, 317, Dezember 2013

Kapitel 3

Der Goldschmied als Banker:

o.V.: »The goldsmith banker«. In: Deane, Carson (Hrsg.): *Money and Finance. Readings in Theory, Policy, and Institutions.* New York, London, Sydney 1966, S. 61–68

Zu den Hyperinflationen:

Fergusson, Adam: *When Money Dies. The Nightmare of Deficit Spending, Devaluation, and Hyperinflation in Weimar Germany.* New York 2010

Hanke, Steve H.: »Hyperinflation: Mugabe Versus Milosevic«. Cato Institute, 2008, http://www.cato.org/publications/commentary/hyperinflation-mugabe-versus-milosevic

Hanke, Steve H.; Krus, Nicholas: »World Hyperinflations«. In: *Cato Working Paper* vom 15.08.2012

Hardach, Gerd: »Kultur: Vor 80 Jahren wurde die größte Inflation der deutschen Geschichte überwunden. Billionen Mark für einen Dollar«. In: *VDI Nachrichten* Nr. 043 vom 24.10.2003, S. 8

Kindleberger, Charles P.: *Die Weltwirtschaftskrise. Geschichte der Weltwirtschaft im 20. Jahrhundert. Band 4.* München 1984

Zur Geschichte der Inflation:

Bernholz, Peter: *Monetary Regimes and Inflation. History, economic and Political Relationships.* Cheltenham 2003

Plickert, Philip: »Geld aus dem Hubschrauber«. In: *FAZ.net* vom 28.01.2009, http://www.faz.net/aktuell/wirtschaft/wirtschaftswissen/inflation-oder-deflation-geld-aus-dem-hubschrauber-1578638.html

Der Staat als Schöpfer des Geldes:

Knapp, Georg Friedrich: *Staatliche Theorie des Geldes.* Leipzig 1905

Lerner, Abba P.: »Money as a creature of the state«. In: *American Economic Review* Vol. 37, Mai 1947, S. 312–317

Auf der Homepage der Deutschen Bundesbank finden Sie Informationen zu den Schuldenkäufen der Europäischen Zentralbank:

Deutsche Bundesbank 2013, Outright-Geschäfte, http://www.bundesbank.de/Navigation/DE/Kerngeschaeftsfelder/Geldpolitik/Outright-Geschaefte/outright-geschaefte.html

Das Urteil des Bundesverfassungsgerichts zu Outright Monetary Transactions (OMT) ist auf der Homepage des Verfassungsgerichts nachzulesen:

BVerfG, 2 BvR 2728/13 vom 14.01.2014, Absatz-Nr. (1–105), http://www.bverfg.de/entscheidungen/rs20140114_2bvr272813.html

Zur Psychologie des Geldes:

DeVoe, Sanford E.; Iyengar, Sheena S.: »Medium of Exchange Matters: What's Fair for Goods Is Unfair for Money«. In: *Psychological Science* 21, 2010, S. 159–162

Gino, Francesca; Pierce, Lamar: »The Abundance Effect: Unethical Behavior in the Presence of Wealth«. In: *Organizational Behavior and Human Decision Processes* 109, 2009, S. 142–155

Lelieveld, Gert-Jan et al.: »A Penny for Your Pain? The Financial Compensation of Social Pain after Exclusion«. In: *Social Psychological and Personality Science* vom 10.05.2012, http://spp.sagepub.com/content/early/2012/05/10/1948550612446661

Liu, Jia (Elke); Smeesters, Dirk; Vohs, Kathleen D.: »Reminders of

Money Elicit Feelings of Threat and Reactance in Response to Social Influence«. In: *Journal of Consumer Research* 38, 2012, S. 1030–1046

Vohs, Kathleen D.; Mead, Nicole L.; Goode, Miranda R.: »The Psychological Consequences of Money«. In: *Science* 314, 2006, S. 1154–1156

Zhou, Xinyue; Vohs, Kathleen D.; Baumeister, Roy F.: »The Symbolic Power of Money. Reminders of Money Alter Social Distress and Physical Pain«. In: *Psychological Science* 20, 2009, S. 700–706

Kapitel 4

Der selbstbewusste Jean-Claude Trichet:

Hughes, Krista: »How Jean-Claude changed the ECB«. In: *Thompson Reuters Special Report* vom 09.11.2010, http://www.reuters.com/article/2010/11/09/uk-ecb-claude-idUKTRE6A837T20101109

Die garantierten deutschen Spareinlagen:

o.V.: »Finanzkrise. Regierung gibt Garantie für Spareinlagen«. In: *Manager Magazin online* vom 05.10.2008, http://www.manager-magazin.de/unternehmen/artikel/a-582284.html

Die Daten zu den Notenbankbilanzen:

o.V.: »Die große Flut«. In: *iw-Dienst* vom 31.01.2013, S. 6–7

Der größte Gläubiger der Vereinigten Staaten:

o.V.: »Mehr Staatsanleihen als China: USA werden größter US-Gläubiger«. In: *Spiegel online* vom 02.02.2011, http://www.spiegel.de/wirtschaft/soziales/mehr-staatsanleihen-als-china-usa-werden-groesster-us-glaeubiger-a-743111.html

Die Anleihekäufe der Bank of England:

Rásonyi, Peter: »Bank of England kauft Staatsanleihen. Dritte Lockerungs-Runde in Grossbritannien«. In: *NZZ online* vom 05.07.2012, http://www.nzz.ch/aktuell/wirtschaft/wirtschaftsnachrichten/dritte-lockerungs-runde-in-grossbritannien-1.17324414

Die Bank, die durch zwei Lottogewinne gerettet wurde:

Kindleberger, Charles P.: *Manias, Panics and Crashes. A History of Financial Crises.* Basingstoke 2011

Die Geschichte der deutschen Bankenpleiten:
Neßhöver, Christoph: »Deutschlands größte Bankenkrisen«. In: *Manager Magazin online* vom 24.01.2013, http://www.manager-magazin.de/unternehmen/banken/a-877700.html

Kapitel 5

Daten und Diagnosen zur Blase der Neuen Ökonomie:
Beck, Hanno; Prinz, Aloys: »Geldpolitik in der Bubble-Economy«. In: *Wirtschaftsdienst* Vol. 80, Heft 1, 2000, S. 28–36

Das Keynes-Zitat von Samuelson und das keynesianische System finden Sie in:
Felderer, Bernhard; Homburg, Stefan: *Makroökonomik und neue Makroökonomik.* Heidelberg 2005

Keynes und sein Leben zum Nachschlagen:
Braunberger, Gerald: *Keynes für jedermann. Die Renaissance des Krisenökonomen.* Frankfurt 2009

Koesters, Paul-Heinz: *Ökonomen verändern die Welt. Wirtschaftstheorien, die unser Leben bestimmen.* München 1999

Reiß, Winfried: *Mikroökonomische Theorie. Historisch fundierte Einführung.* München, Wien 2007

Zur Kontroverse zwischen Keynes und Hayek:
Wapshott, Nicholas: *Keynes Hayek. The Clash that Defined Modern Economics.* New York, London 2011

Die Stars der New Economy:
Bovensiepen, Nina: »Gefeiert, gefallen – und jetzt?«. In: *Süddeutsche.de* vom 19.05.2010, http://www.sueddeutsche.de/wirtschaft/die-stars-der-new-economy-gefeiert-gefallen-und-jetzt-1.907015

Kuhn Johannes: »Neuer-Markt-Jubiläum: Zocker, Zirkus, Dreistigkeit«. In: *Spiegel online* vom 10.03.2007, http://www.spiegel.de/wirtschaft/neuer-markt-jubilaeum-zocker-zirkus-dreistigkeit-a-470879.html

o.V.: »Neuer Markt: Die Liste der Pleiten und Skandale«. In: *Manager Magazin online* vom 20.01.2003, http://www.manager-magazin.de/finanzen/artikel/a-142482.html

Kapitel 6

Die Konjunkturpakete weltweit:

Müller, Ulrike Heike: »Konjunkturpakete weltweit: Große Pläne gegen den Abschwung«. In: *Financial Times Deutschland online* 2009, http://www.ftd.de/politik/international/:konjunkturpakete-weltweit-grosse-plaene-gegen-den-abschwung/460139.html

Konjunkturpolitik bei hoher Staatsverschuldung:

Nickel, Christiane; Tudyka, Andreas: »Fiscal Stimulus in Times of High Debt. Reconsidering Multipliers and Twin Deficits«. In: *European Central Bank, Working Paper Series* No. 1513, 2013

Die Gebrüder Lehmann:

Benders, Rolf: »Lehman Brothers muss Konkurs beantragen«. In: *Handelsblatt online* vom 15. 09. 2008, http://www.handelsblatt.com/unternehmen/banken/us-bankensektor-im-umbruch-lehman-brothers-muss-konkurs-beantragen/3021126.html

Wilhelm, Hannah: »Herr Lehmann, Herr Goldmann, Herr Sachs«. In: *Süddeutsche.de* vom 17. 05. 2010, http://www.sueddeutsche.de/geld/banker-aus-franken-herr-lehmann-herr-goldmann-herr-sachs-1.693287

Zur Regulierung des amerikanischen Immobilienmarktes:

Calomiris, Charles: »Banking Crises and the Rules of the Game«. In: *NBER Working Paper* No. 15403, 2009

Mccoy, Patricia A.; Pavlov, Andrey D.; Wachter, Susan M.: »Systemic Risk Through Securitization: The Result of Deregulation and Regulatory Failure«. In: *Connecticut Law Review* Vol. 41, No. 4, 2009, S. 493 – 541

Eine exzellente Darstellung der amerikanischen Immobilienkrise finden Sie hier:

Sachverständigenrat zur Begutachtung der gesamtwirtschaftlichen Entwicklung: *Jahresgutachten 2007/08. Das Erreichte nicht verspielen.* Wiesbaden 2007

Sachverständigenrat zur Begutachtung der gesamtwirtschaftlichen Entwicklung: *Jahresgutachten 2008/09. Die Finanzkrise meistern – Wachstumskräfte stärken.* Wiesbaden 2008

Alles, was Sie über Banken, Verschuldung und Hebel wissen müssen:
Admati, Anat; Hellwig, Martin: *Des Bankers neue Kleider. Was bei Banken wirklich schiefläuft und was sich ändern muss.* München 2013

Kapitel 7

Die Euro-Krise ausführlicher erläutert:
Sachverständigenrat zur Begutachtung der gesamtwirtschaftlichen Entwicklung: *Jahresgutachten 2010/11. Chancen für einen stabilen Aufschwung.* Wiesbaden 2010
Sinn, Hans-Werner: *Die Target-Falle. Gefahren für unser Geld und unsere Kinder.* München 2012

Der spanische Geisterflughafen:
Govan, Fiona: »Spanish ›ghost‹ airport's unused runway to be dug up«. In: *Telegraph online* vom 15. 02. 2012, http://www.telegraph.co.uk/news/worldnews/europe/spain/9084202/Castellon-airport-Spanish-ghost-airports-unused-runway-to-be-dug-up-to-meet-regulations.html#

Die griechischen Statistiken:
Mussler, Werner: »Schwere Fehler in der griechischen Statistik«. In: *FAZ.net* vom 12. 01. 2010, http://www.faz.net/aktuell/wirtschaft/europas-schuldenkrise/staatsdefizit-schwere-fehler-in-der-griechischen-statistik-1908399.html

Die Geschichte der Staatspleiten:
Rogoff, Kenneth; Reinhart, Carmen M.: *This Time is Different. Eight Centuries of Financial Follies.* Princeton 2009

Zur Staatsverschuldung grundsätzlich:
Beck, Hanno; Prinz, Aloys: *Abgebrannt. Unsere Zukunft nach dem Schulden-Kollaps.* München 2011
Beck, Hanno; Prinz, Aloys: *Staatsverschuldung. Ursachen, Folgen, Auswege.* München 2013

Kapitel 8

Zu Politik und Politikalternativen der EZB und anderer Notenbanken:

Atiyas, Izak et al.: *Think Tank 20: The G-20 and Central Banks in the New World of Unconventional Monetary Policy*. Washington 2013

Cochran, John H.: »*Understanding Policy in the Great Recession: Some Unpleasant Fiscal Arithmetic*«. In: *European Economic Review* 55, 2011, S. 2–30

Drometer, Markus; Siemsen, Thomas; Watzka, Sebastian: »The Monetary Policy of the ECB: A Robin Hood Approach?«. In: *CESifo Working Paper* No. 4178, 2013

Staatsschuldenkonsolidierung und die Effekte für Bankbilanzen:

Barajas, Adolfo et al.: »Too Cold, Too Hot, or Just Right? Assessing Financial Sector Development Across the Globe«. In: *IMF Working Paper* WP/13/81, 2013

Cimadomo, Jacopo; Hauptmeier, Sebastian; Zimmermann, Tom: »Fiscal Consolidation and Bank Balance Sheets«. In: *European Central Bank, Working Paper Series* No. 1511, 2013

Cour-Thimann, Phillipine; Winkler, Bernhard: »The ECB's Non-Standard Monetary Policy Measures. The Role of Institutional Factors and Financial Structure«. In: *European Central Bank, Working Paper Series* No. 1528, 2013

Goodhart, Charles A. E.; Ashworth, Jonathan P.: »QE: A Successful Start may be Running into Diminishing Returns«. In: *Oxford Review of Economic Policy* 28 (4), 2012, S. 640–670

Issing, Otmar: »A New Paradigm for Monetary Policy?«. In: *CESifo Working Paper* No. 2013/02

Martin, Christopher; Milas, Costas: »Quantitative Easing: A Sceptical Survey«. In: *Oxford Review of Economic Policy* 28 (4), 2012, S. 750–764

Shiratsuka, Shigenori: »Size and Composition of the Central Bank Balance Sheet: Revisitng Japan's Experience of the Quantative Easing Policy«. In: *Bank of Japan, Monetary and Economic Studies* Vol. 28, November 2010, S. 79–106

Entwicklung und Determinanten des Vertrauens in die EZB:

Bursian, Dirk; Faia, Ester: »Trust in Monetary Authority«. In: *SAFE Working Paper Series* No. 14, 2013

Bursian, Dirk; Fürth, Sven: »Trust me! I am a European Central Banker«. In: *SAFE Working Paper Series* No. 31, 2012

Ehrmann, Michael; Soudan, Michel; Stracca, Livio: »Explaining EU Citizens' Trust in the ECB in Normal and Crisis Times«. In: *European Central Bank, Working Paper Series* No. 1501, 2012

Kapitel 9

O-Ring-Theorie:

Kremer, Michael: »The O-Ring Theory of Economic Development«. In: *Quarterly Journal of Economics* 108, 1993, S. 551–575

Euro-, Schulden- und Bankenkrise:

Beck, Hanno; Prinz, Aloys: »The Trilemma of a Monetary Union: Another Impossible Trinity«. In: *Intereconomics* 1, 2012, S. 39–43

Selgin, George: »Incredible Commitments: Why the EMU is Destroying Both Europe and Itself«. In: *Cato Journal* 33(1), 2013, S. 143–154

Finanzielle Repression:

Deutsche Bundesbank: »Die Entwicklung staatlicher Zinsausgaben in Deutschland«. In: *Monatsbericht – September 2013*, S. 47–67

Giovannini, Alberto; Melo, Martha de: »Government Revenue from Financial Repression«. In: *NBER Working Paper* No. 3604, 1991

Mather, Scott: »A new Era of Global Financial Repression«. In: *Pimco Viewpoints* Juni 2011

McKinnon, Ronald I.: *Money and Capital in Economic Development.* Washington 1973

Neuerer, Dietmar: »Wer rettet die deutschen Sparer vor der EZB?«. In: *Handelsblatt online* vom 05.08.2013, http://www.handelsblatt.com/politik/konjunktur/geldpolitik/niedrigzinsen-vs-vermoegens bildung-wer-rettet-die-deutschen-sparer-vor-der-ezb-seite-all/8595848-all.html

Plickert, Philip: »Die heimliche Enteignung der Sparer«. In: *FAZ.net* vom 26.08.2012, http://www.faz.net/aktuell/wirtschaft/wirtschafts wissen/schuldenkrise-die-heimliche-enteignung-der-sparer-118686 71.html

Reinhart, Carmen M.; Kirkegaard, Jacob F.; Sbrancia, M. Belen: »Financial Repression Redux«. In: *Finance & Development* Juni 2011, S. 22–26

Reinhart, Carmen M.; Sbrancia, M. Belen: »The Liquidation of Government Debt«. In: *NBER Working Paper* No. 16893, 2011

»Ausweitung der Kampfzone«.

Houellebecq, Michel: *Ausweitung der Kampfzone.* Reinbek 2000

Kapitel 10

Die Angst vor Inflation:

Buhse, Malte: »Wo bleibt sie denn, die Inflation?« In: *Zeit online* vom 26.06.2013, http://www.zeit.de/wirtschaft/2013-06/inflation-angst-krise-deutschland

Cochran, John R.: »Inflation and Debt«. In: *National Affairs* Fall 2011, S. 56–78

Hanke, Steve: »Hyperinflation? No. Inflation? Yes.«. In: *Financial Sense* vom 26.03.2013, http://www.financialsense.com/contribu tors/steve-hanke/hyperinflation-no-inflation-yes

Schömann-Finck, Clemens: »Ja wo ist sie denn, die Inflation?«. In: *Focus online* vom 18.01.2013, http://www.focus.de/finanzen/news/ konjunktur/tid-29080/angst-vor-geldentwertung-ja-wo-ist-sie-denn-die-inflation_aid_901004.html

Sachwertpsychose:

Schmölders, Günter: »›Geldillusion‹ oder ›Angst vor Geldentwer tung‹?«. In: Schlemmer, Johannes (Hrsg.): *Enteignung durch Infla tion?* München 1972, S. 77–89 (»Sachwertpsychose«, S. 89)

Schmölders, Günter: *Psychologie des Geldes.* München 1982

Vermögenspreisblasen:

Holtemöller, Oliver: »Vermögenspreisblasen: Erklärungsansätze und wirtschaftspolitische Überlegungen«. In: *Wirtschaft im Wandel* 16 (12), 2010, S. 558–564

Hülsewig, Oliver; Wollmershäuser, Timo: »Makroökonomische Bedeutung von Vermögenspreisblasen. Eine Event-Studie für die G4-Länder«. In: *ifo Schnelldienst* 59 (19), 2006, S. 13–33

Scherbina, Anna: »Asset Price Bubbles: A Selective Survey«. In: *IMF Working Paper* WP/13/45, 2013

Kosten und Dauer von Vermögenspreisblasen:

Chauvin, Kyle; Laibson, David; Mollerstrom, Johanna: »Asset Bubbles and the Cost of Economic Fluctuations«. Discussion Paper, Harvard University 2009

IMF: *World Economic Outlook April 2003.* »Chapter 2: When Bubbles Burst«. S. 61–94

Immobilienmarkthysterien:

Brunnermeier, Markus K.; Julliard, Christian: »Money Illusion and Housing Market Frenzies«. In: *NBER Working Paper* No. 12810, 2006

Himmelberg, Charles; Mayer, Christopher; Sinai, Todd: »Assessing High House Prices: Bubbles, Fundamentals, and Misperceptions«. In: *Journal of Economic Perspectives* 19 (4), 2005, S. 67–92

Aktienmarkthysterien:

Campbell, John Y.; Vuolteenaho, Tuomo: »Inflation Illusion and Stock Prices«. In: *American Economic Review, Papers and Proceedings* 94, 2004, S. 19–23

Cohen, Randoph B.; Polk, Christopher; Vuolteenaho, Tuomo: »Money Illusion in the Stock Market: The Modigliani-Cohn Hypothesis«. In: *Quarterly Journal of Economics* 120(2), 2005, S. 639–668

Ende, Martin: *Vermögenspreisblasen und geldpolitische Handlungsalternativen. Eine Anwendung auf Aktienmärkte.* Frankfurt am Main 2012

Hahn, L. Albert: »Geldvermehrung und Börsenhaussen«. In: ders.: *Geld und Kredit. Währungspolitische und konjunkturtheoretische Betrachtungen.* Frankfurt am Main 1960, S. 313–324

Sharpe, Steven A.: »Reexamining Stock Valuation and Inflation: The Implications of Analysts' Earning Forecasts«. In: *Review of Economics and Statistics* 84(4), 2002, S. 632–648

Geldillusion:

Fama, Eugene F.: »Stock Returns, Real Activity, Inflation and Money«. In: *American Economic Review* 71(4), 1981, S. 545–565

Fisher, Irving: *Money Illusion*. New York 1928

Modigliani, Franco; Cohn, Richard A.: »Inflation, Rational Evaluation and the Market«. In: *Financial Analysts Journal* 37 (3), 1979, S. 24–44

Scheinkman, Jose Alexandre; Xiong, Wei: »Overconfidence and Speculative Bubbles«. In: *Journal of Political Economy* 111 (6), 2003, S. 1183–1219

Shafir, Eldar; Diamond, Peter A.; Tversky, Amos: »Money Illusion«. In: *Quarterly Journal of Economics* 112(2), 1997, S. 341–374

Shiller, Robert J.: *Irrational Exuberance*. Princeton, Oxford 2005

Darstellungen zur Freigeldlehre und das Zitat von Röpke finden Sie bei:
http://www.silvio-gesell.de/

Kapitel 11

Das Goethe-Zitat:

Goethe, Johann Wolfgang: *Faust: der Tragödie erster Teil*. Tübingen 1808 (das Zitat stammt aus der Szene »Studirzimmer«. Vers 1412)

»Quantitative & Qualitative Easing«, also extrem expansive Geldpolitik, als Auslöser der nächsten Krise:

White, William R.: »Overt Monetary Financing (OMF) and Crisis Management«. In: *Project Syndicate* vom 12.06.2013

White, William R.: »The Ultra-Easy Money Experiment«. In: *Project Syndicate* vom 12.06.2013

Zur Entwicklung Geldpolitik in den vergangenen Jahrzehnten:

Hester, Donald D.: *The Evolution of Monetary Policy and Banking in the U.S.* Berlin, Heidelberg 2008

Hetzel, Robert L.: *The Monetary Policy of the Federal Reserve: A History*. New York 2008

Meltzer, Alan H.: »Learning about Policy from Federal Reserve History«. In: *Cato Journal* 30 (2), 2013, S. 279–309

Taylor, John B.: »Monetary Policy During the Past 30 Years with Lessons for the Next 30 Years«. In: *Cato Journal* 33 (3), 2013, S. 333–345

White, William R.: »Is Monetary Policy a Science? The Interaction of Theory and Practice Over the Last 50 Years«. Federal Reserve Bank of Dallas, Globalization and Monetary Policy Institute, *Working Paper* No. 155, 2013, http://www.dallasfed.org/assets/documents/institute/wpapers/2013/0155.pdf

White, William R.: »Is Price Stability Enough?«. In: *BIS Working Papers* No. 205, 2006

Zu den Zielen von Geld- und Fiskalpolitik:

Bernholz, Peter: »The Implementation and Maintenance of a Monetary Constitution«. In: *Cato Journal* 6 (2), 1986, S. 477–511

Goodhart, Charles A. E.: *The Central Bank and the Financial System.* Cambridge 1995

Jordan, Jerry L.: »Honest Money«. In: *Cato Journal* 31 (3), 2011, S. 621–632

Jordan, Jerry L.: »Monetary Policy as a Fiscal Instrument«. In: *Cato Journal* 5 (3), 1986, S. 733–741

Kotlikoff, Laurence J.: »Fiscal Policy and the Future of the Euro«. In: *Cato Journal* 24 (1–2), 2004, S. 51–55

Miron, Jeffrey A.: »Should Policy Attempt to Avoid Financial Crises?«. In: *Cato Journal* 33 (3), 2013, S. 391–399

Reinhart, Carmen M.; Reinhart, Vincent R.: »Limits of Monetary Policy in Theory and Practice«. In: *Cato Journal* 31 (3), 2011, S. 427–439

Steil, Benn: »Debt and Systemic Risk. The Contribution of Fiscal and Monetary Policy«. In: *Cato Journal* 30(2), 2010, S. 391–396

Kapitel 12

Zu den institutionellen Reformen der Europäischen Währungsunion insgesamt:

Sachverständigenrat zur Begutachtung der gesamtwirtschaftlichen Entwicklung: *Jahresgutachten 2013/14. Gegen eine rückwärtsgewandte Wirtschaftspolitik.* Wiesbaden 2013, Kapitel 4, S. 156–207

Theorie der Banken:

Fama, Eugene: »Banking in the Theory of Finance«. In: *Journal of Monetary Economics* 6, 1980, S. 39–57

Kam, Eric; Smithin, John: »A Simple Theory of Banking and the Relationship between Commercial Banks and the Central Bank«. In: *Journal of Post Keynesian Economics* 34(3), 2012, S. 547–552

Banken- und Finanznetzwerke:

Dette, Tilman; Pauls, Scott; Rockmore, Daniel N.: »Robustness and Contagion in the International Financial Network«. Unter: arXiv: 1104.4249v2 [q-fin.GN] vom 07.07.2011

Minoiu, Camelia; Reyes, Javier A.: »A Network Analysis of Global Banking: 1978–2009«. In: *IMF Working Paper* WP/11/74, 2011

Sachs, Angelika: »Completeness, Interconnectedness and Distribution of Interbank Exposures – A Parameterized Analysis of the Stability of Financial Networks«. In: Deutsche Bundesbank, *Discussion Paper* No. 08/2010

Risikoübernahme von Banken und Finanzmärkten:

Buch, Claudia M.; Eickmeier, Sandra; Prieto, Esteban: »In Search for Yield? Survey-based Evidence on Bank Risk Taking«. In: Deutsche Bundesbank, *Discussion Paper* No. 10/2011

Uhlenbrock, Birgit: »Financial Markets' Appetite for Risk – and the Challenge of Assessing Its Evolution by Risk Appetite Indicators«. In: Deutsche Bundesbank, *Discussion Paper* No. 08/2009.

Die Fehler der Banken und die Notwendigkeit der Bankenregulierung:

Admati, Anat R. et al.: »Fallacies, Irrelevant Facts, and Myths in the Discussion of Capital Regulation: Why Bank Equity is *Not* Expensive«. In: *Reprints of the Max Planck Institute for Research on Collective Goods* 2010/42

Admati, Anat; Hellwig, Martin: *Des Bankers neue Kleider. Was bei Banken wirklich schiefläuft und was sich ändern muss.* München 2013

Hellwig, Martin: »Capital Regulation after the Crisis: Business as Usual?«. In: *Reprints of the Max Planck Institute for Research on Collective Goods* 2010/31

Europäische Bankenunion und Bankenregulierung:

Beißer, Jochen: »Bankenunion«. In: *Das Wirtschaftsstudium (WISU)* 12/12, 2012, S. 1585–1586

Deutsche Bundesbank: »Gemeinsame europäische Bankenaufsicht – Erster Schritt auf dem Weg zur Bankenunion«. In: *Monatsbericht – Juli 2013*, S. 15–34

European Commission: *Report by the High Level Expert Group on Structural Reforms of the EU Banking Sector.* Brüssel 2012

Krahnen, Jan Pieter: »Rescue by Regulation? Key Points of the Liikanen Report«. *SAFE White Paper Series* No. 9, 2013

Mersch, Yves: »Auf dem Weg zur Bankenunion – der weitere Fahrplan aus Sicht der EZB«. Rede auf der 16. Euro Finance Week, Frankfurt am Main am 18.11.2013, http://www.ecb.europa.eu/press/key/date/2013/html/sp131118.de.html

Lautenschläger, Sabine: »Eine Bankenunion für Europa: Welcher Bauplan ist der richtige?«. In: *ifo Schnelldienst* 01/2013

Sachverständigenrat zur Begutachtung der gesamtwirtschaftlichen Entwicklung: *Jahresgutachten 2013/14. Gegen eine rückwärtsgewandte Wirtschaftspolitik.* Wiesbaden 2013, Kapitel 5, S. 208–247

Sapir, André; Wolff, Guntram B.: *The Neglected Side of Banking Union: Reshaping Europe's Financial System.* Breugel 2013

Speyer, Bernhard: »EU Banking Union. Right Idea, Poor Execution«. In: DB Research, *EU Monitor* vom 04.09.2013

Zukunft der Banken:

Beck, Thorsten (Hrsg.): *The Future of Banking.* London 2011

Kapitel 13

Jeder gegen jeden und die Entenhausen-Antwort:

»Jeder gegen Jeden: Kandidat kegelt sich fast selbst raus«. http://www.youtube.com/watch?v=TdGXVBPCuw8

EZB versus EZB:

Berger, Wolfram; Kißmer, Friedrich: »Central bank independence and financial stability: A tale of perfect harmony?«. In: *European Journal of Political Economy* 31, 2013, S. 109–118

Die vielen Windows-Versionen:

Albert, Marco: »28 Jahre Microsoft Windows: Von Flops, Comebacks und OS-Legenden«. In: *PC Games Hardware online* vom 21.11.2013, http://www.pcgameshardware.de/Windows-Software-122001/Specials/Microsoft-Windows-Geschichte-799673/

Der deutsche Länderfinanzausgleich:

Bundesministerium der Finanzen: *Monatsbericht des BMF, Februar 2013.* »Ergebnisse des Länderfinanzausgleichs 2012«. S. 40–43, http://www.bundesfinanzministerium.de/Content/DE/Monatsberichte/2013/02/Downloads/monatsbericht_2013_02_deutsch.pdf?__blob=publicationFile&v=4

o.V.: »Klage gegen Finanzausgleich: ›Ja zur Solidarität, aber Nein zur Ungerechtigkeit‹«. In: *FAZ.net* vom 25.03.2013, http://www.faz.net/aktuell/politik/inland/klage-gegen-finanzausgleich-ja-zur-solidaritaet-aber-nein-zur-ungerechtigkeit-12127510.html

o.V.: »Länderfinanzausgleich: Bayern will nicht für andere Länder zahlen«. In: *Zeit online* vom 17.07.2012, http://www.zeit.de/politik/deutschland/2012-07/finanzausgleich-klage-bayern

Zur Transferunion:

Checherita-Westphal, Cristina; Nickel, Christiane; Rother, Philipp: »The Role of Fiscal Transfers for Regional Economic Convergence in Europe«. In: *ECB Working Paper* No. 1029, 2009

Engler, Phillip; Voigts, Simon: »A Transfer Mechanism for a Monetary Union«. In: Freie Universität Berlin, School of Business & Economics, Discussion Paper Economics 2013/2

Die Forderungen nach einem europäischen Finanzausgleich:

o. V.: »Ökonom fordert Finanzausgleich für arme Euro-Länder«. In: *Focus online* vom 21. 03. 2010, http://www.focus.de/finanzen/boerse/devisen/thomas-straubhaar-oekonom-fordert-finanzausgleich-fuer-arme-euro-laender_aid_491621.html

Schrinner, Axel: »Griechenland-Krise: Friedrich Merz fordert europäischen Finanzausgleich«. In: *Handelsblatt online* von 18. 05. 2011, http://www.handelsblatt.com/politik/deutschland/griechenland-krise-friedrich-merz-fordert-europaeischen-finanzausgleich/4188624.html

Die Kosten des europäischen Finanzausgleichs:

Ettel, Anja; Zschäpitz, Holger: »Deutschland zahlt, Europa kassiert«. In: *Welt am Sonntag* vom 28. 11. 2010, S. 33

Heinen, Nicolaus: »Transferunion Europa. Wie groß, wie stark, wie teuer?«. In: DB Research, *EU Monitor* vom 28. 06. 2011, http://www.dbresearch.de/PROD/DBR_INTERNET_DE-PROD/PROD0000000000275047/Transferunion+Europa%3A+Wie+gro%C3%9F%2C+wie+stark%2C+wie+teuer%3F.pdf

Konrad, Kai A.; Zschäpitz, Holger: »The future of the Eurozone«. In: *CESifo Forum* 2/2011, S. 46–49

Zur Fiskalunion:

Enderlein, Henrik et al.: »Completing the Euro. A Road Map towards Fiscal Union in Europe«. In: *Notre Europe* vom 26. 06. 2012, http://www.eng.notre-europe.eu/011-3317-Completing-the-EuroA-road-map-towards-fiscal-union-in-Europe.html

Heinen, Nicolaus: »Debt Brakes for Euroland. A Progress Report«. In: DB Research, *Research Briefing* vom 27. 11. 2012

Vetter, Stefan: »Do All Roads Lead to Fiscal Union? Options for Deeper Fiscal Integration in the Eurozone«. In: DB Research, *EU Monitor* vom 11. 04. 2013

Wolff, Guntram: »A Budget for Europe's Monetary Union«. In: *Bruegel Policy Contribution* vom 03. 12. 2012

Die auseinanderbrechenden Währungsunionen:

Knauß, Ferdinand: »Vom Scheitern einer europäischen Währungsunion«. In: *Wirtschaftswoche online* vom 10. 08. 2012, http://www.

wiwo.de/politik/europa/essay-vom-scheitern-einer-europaeischen-
waehrungsunion/6986728.html

Nitsch, Volker: »Have a break, have a ... national currency: When
do monetary unions fall apart?«. In: *CESifo Working Paper* No. 1113,
2004

Die Lehren aus den historischen Währungsunionen:

Beck, Hanno; Prinz, Aloys: »Fighting debt explosion in the European
sovereign debt crisis«. In: Intereconomics Vol. 47, Issue 3, 2012,
S. 185–189

Chown, John: *A History of Monetary Unions.* London 2003

Deo, Stephane; Donovan, Paul; Hatheway, Larry: Euro break-up –
the consequences. UBS Investment Research. Global Economic Perspectives, 6 September 2011, www.ubs.com/economics.

Theurl, Theresia: *Eine gemeinsame Währung für Europa. 12 Lehren
aus der Geschichte.* Innsbruck 2011

Kapitel 14

Zur Psychologie der Geldanlage:

Beck, Hanno: *Geld denkt nicht: Wie wir in Gelddingen einen klaren
Kopf behalten.* München 2012

Hirshleifer, David: »Investor Psychology and Asset Pricing«. In:
Journal of Finance 56 (4), 2001, S. 1533–1597

Grundlegende Literatur zur Geldanlage:

Beck, Hanno; Roth, Martin: *So funktioniert: Die Börse.* Frankfurt
am Main 2002

Beike, Rolf; Schütz, Johannes: *Finanznachrichten lesen – verstehen –
nutzen. Ein Wegweiser durch Kursnotierungen und Marktberichte.*
Stuttgart 2005

Schmidt, Günter: *Persönliche Finanzplanung.* Berlin, Heidelberg
2011

Zum Herdenverhalten:

Baddeley, Michelle: »Herding, Social Influence and Economic De-
cision-Making: Socio-psychological and neuroscientific analyses«.

In: *Philosophical Transactions of the Royal Society B, Biological Sciences* 365, 2010, S. 281–290

Cipriano, Mauro; Guarino, Antonio: »Herd Behavior and Contagion in Financial Markets«. In: *The B. E. Journal of Theoretical Economics* 8 (1), 2008, (Contributions), Article 24, http://www.bepress.com/bejte/vol8/iss1/art24

Lemieux, Pierre: »Following the Herd«. In: *Regulation* 26 (4), 2003, S. 16–21

Rook, Laurens: »An Economic Psychological Approach to Herd Behavior«. In: *Journal of Economic Issues* 40(1), 2006, S. 75–95

Socionomics Institute: »Herding Impulse«. http://www.socionomics.net/2011/04/herding-impulse/#axzz2mhrApoIn [06.12.2013]

Ökonomische Analysen des King-Lear-Dilemmas finden Sie hier:

Chami, Ralph: »King Lear's dilemma: Precommitment versus the last word«. In: *Economics Letters* 52, 1996, S. 171–176

Hirshleifer, Jack: »Shakespeare versus Becker: The importance of having the last word«. In: *Journal of Economic Literature* 15, 1977, S. 500–502

Kapitel 15

Die Ufos und der Geldexperte:

»Franz Hörmann über UFOs und Außerirdische«. http://www.youtube.com/watch?v=wCMh7b4pV1E

»Prof. Hörmann und die Ufos«. http://www.youtube.com/watch?v=iwNNJniSYyI

Etwas zu Zigarettengeld:

Burdett, K.; Trejos, A.; Wright, R.: »Cigarette Money«. In: *Journal of Economic Theory*, 99 (1–2), 2001, S. 117–142

Register

MARCEL FRATZSCHER

Die Deutschland-Illusion

Warum wir unsere Wirtschaft überschätzen und Europa brauchen

ca. 250 Seiten, ISBN 978-3-446-44034-0, auch als E-Book erhältlich

Deutschland sieht sich gerne als Hort der Stabilität in einem unsicheren Europa. Es ist stolz auf seine wirtschaftliche Leistungsfähigkeit und darauf, dass es ziemlich ungeschoren durch die Krise gekommen ist. Es feiert die stark gesunkenen Arbeitslosenzahlen der letzten Jahre als vollen Erfolg – und das zu Recht. Doch das schöne Bild trügt.

Deutschland hat seit dem Jahr 2000 deutlich weniger Wachstum zu verzeichnen als andere europäische Staaten. Zwei von drei Arbeitern sind heute schlechter gestellt als vor 15 Jahren. Die deutsche Wirtschaft und der Staat leben von ihrer Substanz. Marcel Fratzscher legt den Finger in die Wunde und benennt die wesentlichen Defizite, die für unsere Zukunft gefährlich werden können, vor allem unsere notorisch schwachen Investitionen. Und er räumt auf mit dem Irrglauben, wir kämen ohne Europa besser zurecht.

MARTIN HÜFNER

40 Geld-Fallen,
die Sie besser vermeiden

Warum alles falsch ist,
was wir über Wirtschaft wissen

ca. 260 Seiten, ISBN 978-3-446-44036-4, auch als E-Book erhältlich

Die Finanzkrise hat die Welt in ihren Grundfesten erschüttert.
Viele Menschen verstehen nicht mehr, wie Wirtschaft heute
funktioniert – und was das für sie konkret bedeutet. Martin Hüfner antwortet in Form eines fiktiven E-Mail-Wechsels auf die Fragen, die Anleger heute bewegen.

Es ist eine verkehrte Welt: Anleihen galten einmal als sicher, Aktien als riskant – heute ist es womöglich genau umgekehrt. Die
hoch entwickelten westlichen Staa-
ten ertrinken in ihren Schulden –
die vor kurzem noch vielgepriese-
nen Emerging Markets schwächeln.
Viele fallen in dieser Situation auf
populäre Slogans herein: Goldwäh-
rung garantiert Stabilität, viel Geld
führt zu hoher Inflation, Deflation
ist eine Katastrophe. Doch vieles davon ist falsch. Martin Hüfner greift
die wichtigsten Fragen rund um
Geld und Wirtschaft auf und erklärt
sie so, dass jeder es versteht.